서울대 일타 선배들의
최상위 공부법

ⓒ kt HCN 〈스튜디오S〉 서울대생 7인, 2025

이 책의 저작권은 저자에게 있습니다.
저작권법에 의해 보호를 받는 저작물이므로
저자의 허락 없이 무단 전재와 복제를 금합니다.

초중등부터 한발 앞서 준비하는 명문대 합격의 모든 것

서울대 일타 선배들의
최상위 공부법

• kt HCN 〈스튜디오S〉 서울대생 7인 지음 •

북라이프

* 이 책은 유튜브 〈스튜디오S〉 콘텐츠를 기반으로 기획했습니다. 책 출판을 위해 서울대생 7인이 원고를 새로 집필했으며, 글 구성 및 정리는 류정희 작가(ralralra0632@naver.com)가 담당했습니다.

서울대 일타 선배들의 최상위 공부법

1판 1쇄 발행 2025년 12월 8일
1판 2쇄 발행 2025년 12월 17일

지은이 | kt HCN 스튜디오S 서울대생 7인
발행인 | 홍영태
발행처 | 북라이프
등   록 | 제2011-000096호(2011년 3월 24일)
주   소 | 03991 서울시 마포구 월드컵북로6길 3 이노베이스빌딩 7층
전   화 | (02)338-9449
팩   스 | (02)338-6543
대표메일 | bb@businessbooks.co.kr
홈페이지 | http://www.businessbooks.co.kr
블로그 | http://blog.naver.com/booklife1
페이스북 | thebooklife
인스타그램 | booklife_kr
ISBN 979-11-24002-03-2   03370

* 잘못된 책은 구입하신 서점에서 바꾸어 드립니다.
* 책값은 뒤표지에 있습니다.
* 북라이프는 (주)비즈니스북스의 임프린트입니다.
* 비즈니스북스에 대한 더 많은 정보가 필요하신 분은 홈페이지를 방문해 주시기 바랍니다.

> 비즈니스북스는 독자 여러분의 소중한 아이디어와 원고 투고를 기다리고 있습니다.
> 원고가 있으신 분은 ms2@businessbooks.co.kr로 간단한 개요와 취지, 연락처 등을 보내 주세요.

프롤로그

성적표에는 담기지 않은 배움의 시간들

유튜브 〈스튜디오S〉 촬영을 준비할 때마다 꺼내보는 파일이 있습니다. 저의 초등학교, 중학교, 고등학교 생활 기록물들을 보관해 둔 이른바 '나의 학교생활'입니다. 두께가 8센티미터 정도 되는 세 권의 두꺼운 파일에는 생활기록부부터 성적표, 상장, 비교과 기록까지 저의 학창 시절이 오롯이 담겨 있습니다. 최근 출판사로부터 도서 집필 요청을 받은 후 원고 작성을 위해 다시 파일을 열어보게 되었습니다.

'중학교 전교 1등 졸업', '고등학교 전교 1등 졸업', '서울대학교 의과대학 입학'이라는 결과물 뒤에 어떤 노력과 좌절, 재기의 과정이 숨어 있었는지 되돌아보았습니다. 그리고 이내 지금 제가 이 자리에 있는 것이 당연하지 않음을, 온전히 혼자만의 결과물이 아님을 새삼 깨닫습니다. 항상 든든한 지원자셨던 부모님, 제가 성장할 수 있도록 지도해주셨던 선생님, 함께 웃고 함께 나아갔던 친구들, 여러 노하우를 공유해주셨던 선배님들까지. 치열했던 시간 속에서 끝나지 않을 것 같은 문제들을 헤쳐나가며 한 걸음씩 앞으로 나아갈 수 있었던 것은 주변의 도움 덕분이었습니다.

지금처럼 단풍이 들기 시작하면 처음으로 서울대학교 의과대학을 마주한 날이 떠오릅니다. 2017년 가을, 중학교 1학년이었던 저는 학교의 자유학기제 활동으로 친구들과 함께 서울대학교 의학박물관을 방문했습니다. 혜화역에서 나오자마자 보이는 서울대학교 의과대학 건물을 바라보며 막연하게 미래의 제 모습을 그려보던 순간이 아직도 선명합니다. 비록 찰나에 지나지 않는 순간일지라도 그러한 경험이 어린 학생들에게 의미 있는 영향을 줄 수 있다는 사실을 잘 알고 있습니다.

중학교 졸업식날, 졸업한 선배들이 대학 합격 소식을 전하러 모교에 방문하는 모습을 보면서 저도 언젠가 대학에 합격한 뒤 모교에 찾아오리라 다짐했습니다. 대학 입시가 성큼 눈앞으로 다가온 고등학교 시절에도 선배들의 입시 이야기를 들으면서 용기를 얻기도 했습니다. 서울대학교 의과대학 면접 고사가 있던 날, 면접장에 들어가는 수험생을 응원해 주던 의예과 학생회 선배들을 보며 부러움과 고마움이 공존했었습니다.

서울대에 합격한 지도 어느덧 3년이 다 되어갑니다. 그동안 모교 선생님을 찾아뵙고 고등학교 '진로 탐색의 날'에 강연자로 서기도 했습니다. 또한 의예과 학생회 활동을 하며 면접을 앞둔 수험생들을 응원하면서 과거에 제가 했던 다짐들을 하나씩 지켜나가고 있습니다. 학창 시절 동경하던 바로 그 자리에 제가 서 있음을 비로소 실감합니다. 그리고 그 기쁨만큼 책임의

무게 또한 깊이 느낍니다.

    앞으로 다섯 장에 걸쳐 '나의 학교생활' 파일 속 이야기를 들려드리려고 합니다. 제가 대단히 뛰어나거나 특출나서가 아니라 오히려 평범함 속에서 묵묵히 전진했기에 그만큼 해줄 수 있는 이야기가 더 많다고 생각합니다. 과거의 제가 그랬듯이 이 책 또한 누군가에게 '내가 이 책을 읽고 공부했는데 이제는 내가 그 위치에 와 있구나!'라는 생각이 들게 해주는 책이 되길 바랍니다.

서울대학교 의예과 23학번 최윤

프롤로그

아직도 공부의 이유를 찾고 있다면

유튜브 〈스튜디오S〉 첫 촬영 때 스무 살이었는데 어느새 스물여섯이 되어 있네요. 어머니는 가끔 저를 보며 "언제 이렇게 컸냐"고 징그러워하십니다. 상처는 안 받아요. 저도 가끔 거울 속 제 모습을 보면서 놀라니까요. 어머니는 징그럽다고 말씀하시면서 꼭 저의 어릴 적 이야기를 덧붙이십니다. 그러다 보면 저도 학창 시절을 떠올리게 되는데 시간이 지날수록 그 기억이 희미해지더군요. 글솜씨도 부족하고 성격도 부지런하지 못해 학창 시절의 기억을 흘려보내고 있었습니다.

그러던 올해 봄, 출판사에서 〈스튜디오S〉의 공부법을 담은 책을 출간하고 싶다는 연락을 받았습니다. '이 기회를 놓치면 내가 인생에서 책을 쓸 일은 없을 것 같다. 언제 또 내 이야기를 글로 쓸 수 있을까'라는 생각에 냉큼 참여하겠다고 했습니다. 제 경험이 누군가에게 도움이 될 수 있다는 사실에 기뻐서 원고를 집필하는 시간이 행복했습니다. 집필에 참여한 다른 학생들 역시 그러할 것이라 믿습니다. 이 책은 저희를 자랑하는 것이 아닌 독자님들의 공부에 조금이나마 도움이 되기 위해 만들었고, 책을 읽는 단 한 명이라도 자신의 길을 찾아 공부해 나간다면 그것만큼 보람찬 일은 없을 겁니다.

  이 책에는 저희의 학창 시절이 녹아 있습니다. 저를 포함한 7명의 서울대생이 살아온 삶과 생각이 담겨 있어 즐겁게 읽으리라 생각합니다. 저희가 공부하며 느끼고 체득한 것을 글로 옮긴 것이니 책을 읽으며 여러분과 맞는 공부법을 찾을 수 있길 바랍니다. 나에게 맞는 공부법을 찾지 못하더라도 책을 참고해 나만의 공부법을 만들 수 있도록 시도했으면 좋겠습니다. 숯을 날리지 않으면 골은 들어갈 수가 없잖아요.

  공부를 처음 시작해 방향을 잡지 못한 학생, 열심히 하지만 성적이 오르지 않아 답답하거나 성적이 언제 무너질지 몰라 불안한 학생까지. 지금도 열심히 공부하고 있는 대한민국의 중고등학생들이 이 책을 통해 공부의 즐거움을 발견하면 좋겠습니다. 또 공부에 어려움이 생기면 언제든 꺼내 볼 수 있도록 책상 한쪽을 든든하게 지키는 동반자 같은 책이 되기를 바랍니다.

  아, 동반자라고 베개 대신 베고 자면 안 됩니다. 열심히 썼으니까요.

서울대학교 언론정보학과 19학번 장현우

차례

프롤로그
성적표에는 담기지 않은 배움의 시간들 ··· 5
아직도 공부의 이유를 찾고 있다면 ··· 8

제1장
서울대 일타 선배 7인의 입시 이야기

교과서 각주까지 모조리 암기해 버리는 이상한 모범생 ··· 17
진심을 다하는 공부는 나 자신을 알아가는 과정이 된다 ··· 23
가슴 뛰게 하는 단 하나의 꿈을 향해 직진하다 ··· 27
중학생부터 주도면밀하게 계획했던 '의대'라는 꿈 ··· 32
노력의 가치를 처음 믿게 해준 공부라는 세계 ··· 37
고전문학과 위인전으로 쌓아 올린 나만의 길 ··· 42
호기심이 이끄는 대로 내 안의 화살표를 따라가다 ··· 48

제2장
초등 시기에 반드시 공부의 틀을 잡아라

- (국어) 독서와 한자 공부로 기초 체력 다지기 ··· 55
- (영어) 학원에 가지 않고 집공부와 학습지로 시작하기 ··· 63
- (영어) 학원에서 배운 내용을 내 것으로 만들기 ··· 72
- (수학) 빠르고 정확한 암산 실력과 수학 머리 깨우기 ··· 80
- (수학) 혼공으로 초·중등 수학 정복하는 학년별 로드맵 ··· 86
- (공통) 나를 서울대에 보내준 초등 공부 습관 ··· 92
- (필독) 서울대 의대 보낸 입시 고수맘의 교육법 ··· 96

제3장
고등학교에서 빛을 발하는 중등 공부 전략

- (국어) 수능 자신감을 키워 주는 중등 국어의 핵심 ··· 107
- (영어) 최대 난제인 문법 공부, 언제 어떻게 해야 할까? ··· 117
- (영어) 체계적인 반복 학습으로 스피킹과 어휘력 다지기 ··· 126

| 수학 | 절대 구멍 나면 안 되는 수학 핵심 개념과 문제 풀이 ··· 133
| 수학 | 고등 선행은 어디까지 어떻게 준비해야 할까? ··· 144
| 과학 | 내신 100점 받는 교과서 무한 반복 공부법 ··· 152
| 한국사 | 고등 내신 멘붕을 방지하는 암기 과목 공부법 ··· 161
| 공통 | 시간에 쫓기지 않고 책을 읽을 마지막 기회 ··· 169
| 중3 겨울방학 | 성적 급상승 골든타임을 위한 국어 공부 전략 ··· 174
| 중3 겨울방학 | 성적 급상승 골든타임을 위한 수학 공부 전략 ··· 181
| 중3 겨울방학 | 성적 급상승 골든타임을 위한 영어 공부 전략 ··· 185
| **필독** | 서울대생들의 고교 선택 A to Z
- 초등부터 선택한 전국 단위 자율형 사립고, 전사고 ··· 192
- 몰입에 최적화된 면학 분위기 속 국제고 ··· 199
- 의대를 목표로 전략적으로 선택한 일반고 ··· 211
- 이과 성향 강한 문과생이 택한 대원외고 ··· 214
- 스스로 깨우치고 탐구하는 곳, 영재학교 ··· 219

제4장
내신·수능 올 1등급 받는 고등 공부 전략

| 공통 | 중등 우등생도 멘털 털리는 고1 첫 시험 완벽 대비법 ··· 227
| 공통 | 1등급으로 가는 내신 시험 운영법 ··· 236
| 국어 | 장르별 지문 공략과 정답 추론법(1) 문학 ··· 242
| 국어 | 장르별 지문 공략과 정답 추론법(2) 비문학 ··· 254

| 국어 | 1등급 받는 내신 준비 공부법 ··· 260
| 필독 | 국어 수준별 공부법 ··· 264
| 영어 | 내신과 수능 둘 다 잡는 공부법은 따로 있다 ··· 268
| 수학 | 집요한 반복과 심화가 답이다 ··· 277
| 필독 | 수학 실수 경험과 극복법 ··· 289
| 사탐·과탐 | 문과생을 위한 과탐 공부법, 이과생을 위한 사탐 공부법 ··· 293

제5장
성공하는 입시를 위한 선배들의 필살기

성적을 올려 주는 나만의 맞춤형 플래너 작성법 ··· 303
공부 효율을 극대화하는 선배들의 3가지 비법 ··· 314
수행평가와 생기부, 면접까지 합격의 기술 ··· 321
성적 하락과 슬럼프를 이겨낸 나만의 멘털 극복기 ··· 331
| 필독 | 나를 서울대에 보내준 책 ··· 337
| 필독 | 중·고등학생에게 추천하는 책 ··· 344

제1장

서울대 일타 선배 7인의 입시 이야기

교과서 각주까지 모조리 암기해 버리는 이상한 모범생

정진용 원자핵공학과
- 비평준화 일반고 졸업
- 국제원자력기구 인턴십 수료

2020년 12월 24일 크리스마스 이브. 많은 사람들이 크리스마스의 따스한 분위기에 젖어 있을 무렵, 나는 방 안에서 깊게 숨을 들이쉬며 좀처럼 가라앉지 않는 긴장을 달래고 있었다. 12월 26일 발표 예정인 서울대 수시 전형 합격자 발표가 24일로 당겨진 것이다. 합격자 조회 사이트에 접속해 바르르 떨면서 수험 번호를 입력했다. 확인 창을 누르고 대기 순번이 줄어들기를 기도하며 다침내 결과를 확인했다. Admitted! 합격!

평생 잊지 못할 크리스마스 선물이었다. 지금도 가족들, 친척들,

친구들, 학교 선생님들께 합격 소식을 전했을 때 그들이 보내준 반응과 따뜻한 칭찬이 아직도 기억에 남는다.

"정말 축하한다 진용아. 네가 아니면 누가 서울대에 가겠니?"

입시에 당연한 것은 없다. 특히 내가 지원했던 서울대 수시 일반전형은 온갖 변수로 가득하기 때문에 결과가 나오기 전까지는 합격과 불합격을 예측할 수 없었다. 그러나 합격 발표가 난 순간만큼은 마치 나에게 당연히 주어져 있던 것을 내가 당당히 가져가는 듯한 벅찬 감정에 휩싸여 있었다. 5년 가까이 시간이 흐른 지금도 그때의 기억을 되짚을 때마다 흥분과 전율에 빠지곤 한다.

할 수 있다, 반드시 해내고야 말겠다!

'정진용'이라는 사람은 대학생이 된 지 오래다. 강의를 듣다가 펜을 잡은 채 그대로 졸기도 하고, 힘든 과제는 친구들에게 물어물어 겨우 제출하기도 하고, 어려운 과목은 시험 답안지에 빈칸이 숭덩숭덩 남아 있기도 하는 평범한 대학생 말이다.

그러나 대학생이 되기 전의 나는 때로는 무서울 정도로 집념과 오기, 승부욕을 가진 학생이었다. 아마 독기를 넘어서 광기에 가깝지 않았나 싶다. 시험 범위에 해당하는 교과서 전체를 각주까지 통째로 외워 버리거나, 잠을 자다가 꿈에 영어 부교재 지문이 나와 그대로 일어나서 해당 본문을 다시 외우고 잔다거나, 수행평가를 준비하느라 밤을 새우는 등 지금의 나로서는 다소 이해하기 어려울 정도로 광기에 가득 찬 공부를 했다. 어떻게 이렇게 12년을 보낼 수 있었을까? 지금은 과거의 내가 이상하다못해 경이롭게 느껴질 정도다.

광기의 시작은 초등학교 1학년 때부터였다. 2000년대 초반에 태어난 나는 초등학교 6년 동안 중간고사와 기말고사 등 각종 시험을 치르며 시험에 단련되는 환경에 있었다.

기억에 남는 첫 시험은 초등학교 1학년 때 봤던 국어와 수학 시험이다. (첫 받아쓰기에서 70점을 받았으나 다음 시험에서 100점을 받아 만회했기 때문에 넘어가도록 하자.) 총 한 문제를 틀려서 기분이 나쁘지 않았다. 집으로 돌아와 부모님께 시험지를 보여드리니 기뻐하셨고 나도 기분이 좋았다. 학년이 올라가도 나는 여전히 공부를 잘 하고 시험을 잘 보는 학생이었다. 초등학교 2학년 때는 어머니께서 학부모 상담을 다녀오신 후 내가 쓴 국어 문제의 답안지를 선생님들이 돌려보셨다는 얘기를 전해 주셨다. 그때 치솟던 행복과 자신감을 지금도 기억한다.

'공부를 잘 하는 모범생'이 된다는 것이 얼마나 기분 좋은 일인지를 나는 꽤 어린 나이에 깨달았다. 그리고 그 감정은 어마어마한 승부와 집념으로 발전했다. 어린 시절엔 괜히 내 장난감이 친구 것보다 좋은 것이면 좋겠고, 내가 친구보다 더 빨리 달렸으면 좋겠고, 팔씨름도 더 잘했으면 좋겠다는 마음이 생긴다. 나에게는 그것이 공부였다. 내가 다른 친구들보다 공부를 잘했으면 좋겠고, 학교에서 나보다 공부를 더 잘하는 사람이 없길 바랐다. 유치한 마음인데도 '유치해도 될 나이'였던 나에게는 큰 동기 부여로 다가왔다.

승부욕 하나로
전교 1등을 향해

중학교는 초등학교와 다른 지역의 학교로 다녔는데, 처음 보는 '공부 잘하는' 친구들이 많았다. 그곳은 중학생 때 성적으로 내신을 산출한 뒤 그 점수로 고등학교를 선택하는 고교 입시 제도가 남아 있는 비평준화 지역이었다. 당시 나는 조금 엉뚱하게도 이 상황을 즐겼던 것 같다.

'중학교에 올라오니 새로운 쟁쟁한 라이벌(친구)들이 생겼네? 심지어 점수를 합산해서 스코어(내신)를 낸다고?'

새로운 게임이 시작된 것이나 다름없었다. (내가 게임에 빠지지 않았던 것이 참 다행이다. 다행히도 내 게임 실력은 정말 끔찍할 정도로 형편없어서 게임을 하면 '더러워서 못해 먹겠네. 차라리 공부를 하고 말지' 하곤 했다.)

초등학생 때의 나는 우리 반에서는 물론이고 전교에서 공부를 제일 잘 하는 학생 중 하나였는데, 중학교에 진학하니 반에서 4등이 된 것이다. (그럼에도 전교 6등이었다. 우리 반이 특이했던 것 같다.) 내가 전교 1등을 하는 것이 절대로 당연한 일이 아니었음에도 1등을 탈환하고야 말겠다는 묘한 각오가 생겼다. 전교 1등이라는 목표를 이루기 위해 중학교 시절을 광기에 가까운 집념으로 보냈던 것 같다. 그렇게 나는 교과서 각주까지 모조리 암기해 버리는 요상한 모범생이 되었다.

중학교 2학년 2학기 때는 음악, 미술, 체육을 포함한 10과목의 중간고사와 기말고사, 수행평가를 모두 합산한 학기 말 성적이 나왔다. 평균 '99.66'. 10개 과목, 총 합산 학기 말 점수 1000점 중에서 3.4점 깎인 점수였다.

"네가 사람이냐!"

담임 선생님께서 내게 장난 가득한 칭찬을 하셨을 때 느낀 기분을 아직 잊지 못한다.

나는 중학교를 수석으로 졸업했고 남양주 소재의 명문고인 동화고등학교에 내신 차석으로 입학했다. 그리고 3년 후, 수시 일반 전형으로 서울대에 합격했다.

    집념과 승부욕, 광기, '오타쿠'스러운 공부 방식 등 내 학창 시절을 설명할 단어는 꽤 많다. 물론 과한 의욕과 목표를 이루고자 하는 마음이 스스로를 압박해 힘들 때도 많았다. 그러나 어렸을 때 이뤄낸 성취 경험과 '나는 할 수 있다'는 믿음, 가족의 사랑, 선생님들의 든든한 지지, 좋은 친구들의 우정과 응원을 바탕으로 나는 학창 시절을 무사히 마무리할 수 있었다.

진심을 다하는 공부는
나 자신을 알아가는 과정이 된다

최윤서 국어국문학과
- 지방고 졸업
- 고교 3년 영어 내신 100점
- 수시 6관왕

　서울대 입학은 내게 어느 날 갑자기 생긴 꿈이 아니었다. 울산에 살던 나는 초등학생 때 서울에 놀러 왔다가 서울대 캠퍼스를 걸으며 '샤' 조형물 앞에서 기념사진을 한 장 찍었다. 몇 년 뒤 갓 입학한 대학생이 되어 그 사진을 다시 꺼내 보자 묘한 기분이 들었다. 사진 속 나는 어린 초등학생이었고 지금은 그 정문을 매일 오가는 대학생이 되었다.

　서울대가 아니면 안 될 것 같다고 마음먹은 건 중학교 때였다. 중학교 수학여행 일정 중에 방문한 서울대는 마침 축제 기간이었다.

처음엔 공부 잘하는 학생들이 모인 멋진 학교라 좋아 보였고 다음은 내가 꿈꾸는 대학 생활이 이런 모습이겠구나 싶었다. 그때 결심했다.

'이왕 공부할 거면 서울대까지 한번 가보자!'

거창한 이유 없이 마음이 움직였고 그때부터 서울대 한 곳만을 바라보는 입시 레이스가 본격적으로 시작됐다.

모든 과정에 진심을 다해
한번 시작하면 끝까지!

나는 꾸준히 전교 1등을 지켜왔다. 특별한 비법이 있다기보다는 그냥 내가 할 수 있는 것들에 최고의 정성을 쏟으며 정직하고 착실히 공부했다. 나는 주어진 자원 중 시간을 가장 귀하게 여겼다. 시간은 누구에게나 똑같이 주어지는 거니까 시간을 어떻게 쓰느냐가 차이를 만든다고 믿었다. 고등학교 3년간 점심과 저녁을 간단히 해결한 후 자습실에 가서 공부했고, 질문이 생기면 선생님을 붙잡았다. 모르는 문제는 몇 번이고 문제집에, 노트에, 연습장에 네 번씩 풀었다. 개념 하나도 놓치고 싶지 않았고 한 글자도 날려 읽기 싫었다. 책상에 자를 두고 밑줄을 그어가며 읽었고 빈 A4 용지를 가득 채우며 공부했다. 그렇게 꾸준히 매일매일 쌓아 올리다 보니 수행평가 하나도 대충 넘기고 싶지 않은 독기 가득한 마음이 생겼다. 한번 시작하면 끝까지! 그게 내 스타일이었던 것 같다.

모든 과정에서 가장 중요했던 건 '진심'이었다. 누가 시켜서도 아니고 누구에게 보여 주기 위해서도 아니었기에 공부하는 내내 나 자신에게 계속 물었다.

'나 지금 잘하고 있는 걸까?'

그 질문에 매번 "응, 잘하고 있어"라고 자신 있게 대답하고 싶어서 더 열심히 했다. 성실함도 독기도 억지로는 오래 못 간다. 오직 내 마음이 이끄는 대로 공부했을 때 단순한 입시 준비가 아니라 나 자신을 만들어 가는 과정이 된다고 믿는다.

마음이 향하는 목표가 있다면
진심을 쏟아 보자

물론 공부가 늘 재미있었던 건 아니다. 그러나 공부하는 과정을 거치면서 나는 나와 더욱 친해졌다. 열심히 하면 할수록 나를 더 잘 알게 됐다. '나는 이런 스타일이구나', '이럴 땐 집중이 잘되는구나' 깨달아 간 결과가 지금의 나다.

　공부가 막연한 목표와 꿈을 구체적으로 바꾸는 작업인 것도 알게 되었다. 누군가는 어릴 적부터 구체적인 직업이나 꿈을 품고 자라지만 나는 그보다 어디에서 어떻게 성장하고 싶은지 먼저 질문을 던졌다. 제대로 해보면 어디까지 갈 수 있을지 궁금했고 서울대학교는 그 질문에 대한 가장 멋진 답이 될 것 같았다. 이곳에 와 보니 작은 시험 하나에 진심을 다하고 지나간 하루를 돌아보며 스스로를 다듬었던 날들이 지금의 나를 만들었다는 확신과 후회 없는 과거로 남아 있다. 어떤 목표든 그 마음이 진심이라면 공부는 반드시 그 길을 열어준다. 그리고 처음엔 나처럼 '그냥 좋아서' 시작해도 괜찮다.

　서울대학교에 너무 가고 싶은 마음에 공부했고 그 마음이 공부도 대학도 전부 내 편으로 만들어 줬다. 꼭 서울대가 아니어도 좋다. 마음이 향하는 목표가 있다면 그 감정에 온전히 충실했으면 좋겠다. 좋아하는 건 곧 진심을 쏟을 수 있다는 의미고 진심을 쏟는다면 공부도 대학도 모두 내 편이 될 테니까!

가슴 뛰게 하는
단 하나의 꿈을 향해 직진하다

장현우 언론정보학과
- 일반고 문과 전교 1등
- 수능 국어 상위 1퍼센트

인생에서 단 하루 잊을 수 없는 날을 꼽는다면 주저 없이 서울대학교에 합격한 날을 선택할 것이다. 2018년 12월 1일, 합격자 조회 사이트에서 '합격' 두 글자를 보자마자 어머니께 달려가 품에 안겨 펑펑 울었던 그날. 12년 동안 달려왔던 나에게 주어진 선물이자 인생에서 가장 행복했던 날로 남아 있다.

나는 처음부터 서울대를 목표로 공부했던 것은 아니다. 중학교 3학년 때까지 오직 축구선수만 꿈꾸던 학생이었다. 프로 선수가 된 나를 상상하며 거창한 꿈을 꾸었지만 사실 프로 구단 유소년 팀에 소속된 것도 아니고 그저 학교 대표 축구선수에 불과했다. 학교에는 나보다 축구에 재능 있는 친구들이 많았고, 설상가상으로 나는 발목 부상을 당해 결국 축구를 그만두게 되었다. 다시 생각해 보면 축구 선수가 될 수 있겠다는 생각이 희미해질 때쯤 발목을 다쳤으니 이를 핑계로 꿈을 포기한 셈이다. 축구를 정말 좋아했지만 그만둔 직후에는 텔레비전에서 중계하는 축구 경기도 보지 않았다. 내 실력이 부족해서 포기했다는 것을 인정하기 싫었고 더 열심히 하지 못한 후회도 남아 있었다. 그렇게 남들보다는 조금 빠르게 첫 번째 꿈을 포기한 채 고등학교에 입학했다.

축구선수를 꿈꾸던 중학생이
서울대에 간 이유

고등학교에서는 대입 수시 전형의 중요성을 특히 강조했다. 수시 전형을 준비하기 위해서는 꿈을 정해야 했고, 그 꿈이 전공 적합성으로 이어질수록 합격 가능성이 높아졌다. 꿈을 포기한 지 얼마 되지 않아 새로운 꿈을 찾자니 막막했다. 그러던 중 학교에서 전교생이 참여하는 KBS 〈도전! 골든벨〉 촬영 날짜가 잡혔고 사회자를 선발하는 오디션 공고를 보았다. 나는 어릴 때부터 발표하는 것을 좋아했고 남들 앞에서 말하는 것을 좋아했기에 공고를 보자마자 지원했다.

결과는 합격! 1학년인 내가 전교생 1,500명 앞에서 〈도전! 골든벨〉 사회를 보게 됐다. 처음에는 긴장을 많이 해서 목소리가 떨렸지만 시간이 흐를수록 행사에 몰입하기 시작했다. 행사가 끝난 뒤 문득 이런 생각이 들었다.

'나는 이 일을 할 때 행복하구나!'

많은 사람 앞에서 마이크를 잡고 진행하는 시간이 어떻게 지나갔는지 기억나지 않지만 그 시간이 내게 새로운 설렘과 즐거움을 준 것은 분명했다. 이후 한동안 보지 않던 해외 축구 경기를 다시 보게 되었다.

고등학교 1학년이던 2016년, 영국 프리미어리그에서 우승한 '레스터 시티 FC'를 처음 알게 되었다. 시즌 시작 전 이 팀이 우승할 확률은 5,000분의 1로 예측되었다. 동전을 튕겨 올렸을 때 세로로 서 있을 확률. 그 일이 실제로 일어난 것이다. 우승 장면을 보며 말로 표현하기 힘든 감정이 가슴에 휘몰아쳤다. 축구를 포기했을 때 느꼈던 좌절감, 〈도전! 골든벨〉 사회를 진행하며 느꼈던 뜨거움, 모두의 예상을 깨고 프리미어리그 우승을 차지한 축구팀이 주는 낭만과 통쾌함. 이 모든 것이 섞여 새로운 꿈이 생겼다. 내가 정말 사랑했던 축구, 많은 사람들 앞에서 마이크를 잡았을 때의 가슴 뛰는 즐거움. 이 두 가지를 합치면?

단순한 발상이지만 레스터 시티 FC가 프리미어리그에서 우승한 날 이후로 내 꿈은 스포츠 아나운서가 되었고 지금까지 단 한번도 바뀐 적이 없다. 많은 사람을 열광케 하는 스포츠의 희열과 행복을 가장 가까이서 전달하는 사람이 되고 싶다. 지금도 그 꿈을 향해 노력하고 있다.

공부는 미래의 나에게 주는 최고의 선물이다

스포츠 아나운서를 꿈꾸며 대학교 목표 학과를 언론정보학과로 정했다. 그 후 언론정보학과에 가기 위해 열심히 공부한 기억뿐이다. 고등학교 시절 가장 친한 친구가 나에게 "넌 왜 그렇게 공부를 열심히 해? 전교 1등 지키고 싶어서 그래?"라고 물어본 적이 있다. 그때는 정확히 대답하지 못했지만 지금은 확실하게 말할 수 있다. 가슴 뛰는 일을 하기 위해서. 아무런 걱정 없이 행복하게 할 수 있는 일을 하기 위해서라고.

 지금 이 순간에도 공부를 왜 해야 하는지 의문인 학생들이 많을 것이다. 당연히 생길 수 있는 의문이고 답을 찾지 못하면 막막한 기분이 들 테다. 하지만 나중에 진정으로 하고 싶은 일이 생겼을 때, 이 일 아니면 안 된다는 생각이 들었을 때 공부를 하지 않았던 탓에 그 일을 못하게 된다면 슬프지 않을까?

"하고 싶은 게 없으면 공부해라."라는 말이 참 가혹하게 들리겠지만 공부는 '미래를 위한 투자'라고 생각해보자. 미러의 내가 정말 하고 싶은 일이 생겼을 때 과거의 내가 미리 마련해 둘 수 있는 최고의 선물이라고.

나는 꿈을 심어줄 수는 없지만 그 꿈에 다가가는 최고의 도구는 공부라고 자신 있게 말해 줄 수 있다. 이 책을 읽는 지금, 꿈이 있든 없든 언젠가 생겨날 꿈을 위해 모든 경험을 쏟을 수 있길 바란다. 5,000분의 1 확률도 이루어졌다. 우리의 꿈도 그러하지 않을까?

중학생부터 주도면밀하게 계획했던 '의대'라는 꿈

조시준 의예과
- 일반고 내신 1.00 졸업
- 수시 의대 4관왕
- 수능 전 과목 오답 5개

대학 입학 후 과외를 하며 중·고등학생들과 이야기를 나눌 기회가 있었다. 일부를 제외하고 구체적인 꿈을 품은 아이들이 많지 않다는 사실에 적잖이 놀랐다. 나는 적어도 중학생 때부터 확실한 꿈이 있었기 때문이다.

내가 의대 진학을 목표로 실질적인 공부를 하기 시작하게 된 첫 기억은 중학교 2학년 때로 거슬러 올라간다. 호르몬 냄새가 지독하게 났던 교실. 당시 담임이었던 민승기 선생님은 진로 희망 조사지를 내밀며 우리에게 절대 잊을 수 없는 말을 남기셨다.

"문장형으로 적어 와라. 많이들 착각하는데 명사로 적는 것은 직업일 뿐이다. 꿈은 너희들이 그 직업을 가지고 무엇을 하고 싶은지 문장으로 말하는 거야."

그 당시 나는 영어 학원 안에 있는 작은 독서실에서 드라마 〈뉴하트〉를 보고 숨죽여 울며 흉부외과 의사가 멋있다고 생각하던 중2병 환자였다. 선생님 말씀을 듣곤 옳다구나 싶어 진로 희망 조사지를 빼곡하게 채워 냈다. 막연하게 공부 잘해서 대학에 잘 가는 것만을 목표로 삼지 않고 먼저 20년 후의 내 모습을 그려 본 뒤 그에 맞춰 5년 후의 모습을 구체적으로 계획했다.

'의사'라는 목표를 달성하기 위해서는 의과대학에 진학해야 했다. 나는 그때부터 의사가 되어 아픈 사람들을 치료하겠다는 분명한 꿈을 품고 필요한 노력과 시간을 아낌없이 투입하기 시작했다. 그 결과 입시에서 전략적으로 유리한 선택을 반복하며 의과대학에 입학할 수 있었다.

내가 의사라는 분명한 꿈 없이 그럭저럭 공부를 잘하는 것만 목표로 삼았다면 어떻게 됐을까? 아마 적당히 공부를 잘해서 적당히 좋은 대학교에 진학했을 것이고, 3학년이 된 지금은 졸업 후 무얼 해야 할지 골머리를 썩이고 있을 것이다.

아직 진짜 꿈을 이루기까지는 오랜 시간이 남아 있지만 나는 언제나 그래왔듯 흔들리지 않고 끝까지 정진할 것이다. 여러분에게도 꿈이 있는가? 그 꿈은 막연한 장래희망에 머물러 있는가, 아니면 실현을 향한 구체적인 계획으로 나아가고 있는가?

꿈을 분명하게 정하면
구체적인 계획이 생긴다

고등학교 3학년 때 서울대 의과대학 수시 1차 전형에 붙고 면접을 준비하며 처음으로 지원 동기에 대해 생각해 보았다. 단순히 꿈이 있어서 지원했다고 하면 진부하니 '왜 의대에 가야만 하는가?'라는 주제를 놓고 고민했다. 내가 왜 이런 꿈을 가지게 되었는지, 왜 다른 직업이 아닌 의사가 되고 싶은지 답을 찾아야 했다.

의외로 답은 간단했다. 아픈 사람을 돕는 건 의미 있는 일이었고 평생 한 가지 일만 해야 한다면 나는 이 일을 하고 싶었기 때문이다. 이 생각에 살을 붙인다면 다음과 같다.

나는 결코 혼자 힘으로 이 면접장까지 오지 않았다. 좁게는 부모님, 넓게는 나를 배려해 준 학교 선생님들과 친구들을 포함하여 사회로부터 커다란 도움을 받아 왔으니 내가 받은 도움을 사회에 환원하는 것은 나의 의무라고 믿는다. 세상에는 수많은 직업이 있고 각각의 직종은 모두 나름의 방법으로 사회에 기여하고 있다. 공대에 가서 엔진을 연구하더라도 사회에 기여하는 것은 분명하고 수학과에서 암호를 연구하더라도 사회에 기여하는 것이 확실하므로.

모두 의미 있는 일들이고 실제로 이런 진로를 고민해 보기도 했다. 그러나 진로를 정할 때 단지 직업이 갖는 의미만을 고려하는 것은 적절치 못하다. 그래서 나는 '평생 한 가지 일만 할 수 있다면 무엇을 할까?'라는 질문을 떠올렸고 이내 자신 있게 '의사'라고 답할 수 있었다.

물리학과 수학은 재미있지만 이 일을 평생 할 수 있을 것 같지 않다. 나는 어려서부터 죽어가는 사람들을 살리는 내 모습을 꿈꿔 왔고, 여전히 대학병원에서 환자들을 돌보는 것을 상상하면 가슴이 뛴다. 그렇기 때문에 나는 의과대학에 꼭 가야만 한다.

솔직히 나로서는 이보다 더 멋진 답변을 생각하기는 어려울 것이다. 면접장에서 떨지 않고 끝까지 말했더라면 더없이 멋졌을 텐데! 아무튼 나는 이런 생각을 가지고 의과대학에 지원했고 지금은 꿈에 다가가며 즐겁게 공부하고 있다.

의무교육과정에서
노력이 갖는 의미

고등학교 때 어머니께서는 사력을 다해 공부하라는 잔소리에 덧붙여 인생에서 한 번쯤 하얗게 불태워 본 경험이 있는 사람이야말로 정말 멋진 사람 아니겠느냐고 말씀하시곤 했다. 인생 목표가 '멋진 사람 되기'였던 나에게 딱 맞는 눈높이 조언이었다.

"나 그때 세상 누구보다 열심히 했어."

이렇게 말할 수 있는 사람은 얼마나 멋질까. 모두가 똑같은 과목을 공부하고 똑같은 시험을 치르는 만큼 초중고 12년은 어영부영 보내 버리기 쉽다. 이 시간을 그냥 흘려보내지 않고 최선을 다한다면 나중에 자랑할 거리가 생기는데 심지어 결과까지 달콤하다면? 속된 말로 일타 쌍피인데 안 할 이유가 있을까? 한 번 사는 인생 이왕이면 멋진 사람으로 살자. 적당히 하는 학생보다는 최선을 다하는 학생이 되는 게 멋지다.

노력의 가치를 처음 믿게 해준 공부라는 세계

이유림 국어국문학과
- 외고 졸업
- 외고 내신을 평정한 강철 멘털

나는 새 학년으로 진급할 때마다 학급회장이 되고 싶었다. 지금 생각하면 심부름을 도맡아 하는 학생일 뿐이지만 그때는 '회장'이라는 타이틀이 가져다주는 선생님과 친구들의 믿음이 자랑스러웠다. 회장이 되기 위해서는 중요한 조건이 한 가지 있었다. 바로 단원평가 성적을 잘 받는 것. 그래서 공부를 하기 시작했다.

학창 시절을 돌아보면 내 공부 동기는 거창하지 않다. 먼 미래의 성공보다 당장 일주일 뒤의 시험 성적이 더 간절했다. 좋은 성적을 받아 모범적인 학생으로 보이고 싶었다. 어떤 대학에 들어가겠다거나 어떤 직업을 가지겠다는 생각보다는 눈앞의 과제에서 최선의 결과를 내고 싶은 마음이 컸다. 시험 하나, 수행평가 하나, 작은 숙제 하나까지 성실히 임했다. 체육 시간에 배구 수행평가를 잘 보려고 집에서 비닐봉지에 바람을 넣어 툭툭 쳐가며 연습하기도 했으니까. 열심히 노력한 만큼 누군가 알아줬으면 하는 단순한 인정 욕구. 건강한 동기인지는 모르겠지만 결과적으로 내가 서울대에 입학하기까지 큰 동력이 되었다.

**복잡한 전략보다
단순한 뜀박질이 낫다**

거창하지 않다고 치열하지 않았던 건 아니다. 오히려 큰 목표를 보고 달렸다면 쉽게 지쳤을지도 모른다. 중학교부터 고등학교까지 최소 5년. 일찍부터 '서울대에 갈 거야!'라는 마음가짐으로 달려들었다면 앞으로 마주칠 엄청난 학습량과 경쟁자에 기가 죽었을 것이다. 입학 자격을 갖출 만큼의 실력을 쌓기까지 얼마나 더 공부해야 하는 걸까? 전국의 잘하는 친구들을 앞설 수 있을까? 막막하기만 했을 것이다. 그러나 일주일 뒤의 시험에 대비하고 내일 있을 수행평가를 준비하는 것은 비교적 해볼 만한 일 아닌가. 한 발 한 발 걸어가다 보면 길은 보인다.

중학교 3학년 끝 무렵 서류 마감을 보름 앞두고 생각지 않았던 외고에 지원했다. 전교권을 유지해 둔 덕에 준비 기간이 짧았음에도 합격할 수 있었다. 고등학교에 들어간 뒤에도 원대한 목표는 없었다. 서울 소재의 대학에는 갈 수 있을지 늘 불안했고 2학년 때까지 희망하는 대학도 전공도 불확실했다. 하지만 외고 입학 때부터 눈에 보이는 대로 다양한 활동에 참여해 둔 덕에 담임선생님의 추천으로 갑작스럽게 서울대 국어국문학과를 지망하게 되었을 때에도 관련 기록을 골라 전공 적합성을 어필할 수 있었다.

학급회장이 되고 싶다는 유치한 목표에서 시작됐지만 주어진 일을 최선을 다해 해나갈 때마다 나는 그보다 더 중요한 것을 이루어 가고 있었다. 바로 나에 대한 믿음. 다른 사람의 믿음을 얻고자 했는데 아이러니하게도 나 자신에 대한 믿음이 생겼다.

'나는 무엇이든 열심히 해내는 사람이구나. 어떤 일이 주어져도 후회 없이 온 힘을 쏟을 수 있겠구나.'

입시 공부를 하다 보면 한없이 작아지는 순간이 찾아온다. 외고 첫 중간고사에서 생전 처음 보는 성적표를 받았을 때가 딱 그랬다. 그러나 그 순간 지금까지 매사 최선을 다했다는 사실 하나가 나를 일으켜 세웠고 다시 달리게 했다.

거대한 목표에 조바심을 내기보다 눈앞의 목표에 온 힘을 다해 보

자. 복잡한 전략보다 단순한 뜀박질이 도움이 될지도 모른다.

스스로 이뤄낸 경험은
나를 지탱하는 뿌리가 된다

"왜 공부를 해야 하지? 사는 데 필요한 사칙연산만 잘하면 되잖아?"

　누구나 그렇듯 나도 공부가 정말 싫었다. 종일 그림만 그리고 놀고 싶었던 나에게 공부는 미운 방해꾼이었다. 책상에 앉아 우울하게 책을 펼칠 때마다 나는 불만을 토로했다. 불만의 요지는 지금 하는 국영수 공부가 실생활에 필요하지 않다는 것. 어느 정도는 일리 있는 말이다. 실제로 내가 기를 쓰고 공부했던 미분이니 적분이니 하는 것들을 고등학교 졸업하고는 볼 일이 없었고, 심지어 몇몇은 기억도 나지 않으니까. 그럼 공부할 필요가 없다는 말이냐, 또 그렇진 않다. 공부는 해야 한다. '대입을 위해서' 혹은 '교양을 갖추기 위해서' 같은 이유 때문은 아니다. 그보다 훨씬 중요한 이유가 있다. 바로 하면 된다는 성취감을 맛보기 위해서다.

　내가 서울대에서 만난 친구들에게는 공통적으로 자신감이 느껴진다. 그 자신감은 내가 가진 능력에 대한 자신이라기보다 내가 쏟을 노력에 대한 확신에 가깝다. 막막한 도전에 직면했을 때 걱정은 해도 의심을 하는 경우는 없다. 일단 하면 그에 따른 결과가 나올 것이라는 믿음 아래 뭐라도 한다.

나는 이 믿음의 근원이 성취 경험에 있다고 생각한다. 모두가 한때 불태워 봤고 이루어 봤으니까. 그러니 앞으로도 하면 될 것이라 자연스레 믿는 것이다. 인생 전체를 봤을 때 대입을 위해 공부한 시간은 사소할지 모른다. 그러나 그 과정에서 얻은 성취의 기쁨과 스스로를 향한 믿음은 장기적으로 자신을 지탱하는 뿌리가 되어줄 것이다.

뭐든 좋으니 불태워 보고 이루어 보는 경험은 중요하다. 다만 어릴 때부터 평범한 사람이 눈에 보이는 성과를 낼 수 있는 일은 흔치 않다. 그중에서 비교적 쉽게 접근할 수 있는 것이 공부다. 무엇에 덤벼야 할지 모르겠다면 공부를 추천한다. 단순한 성적이나 학위를 넘어 평생의 무기가 될 강철 마인드를 얻을 수 있으니까.

고전문학과 위인전으로 쌓아 올린 나만의 길

노규아 영어영문학과
- 국제고 졸업
- 수능 영어 만점자
- 수능 전 과목 오답 6개

'나는 (　) 덕분에 서울대에 왔다.'

〈스튜디오S〉 촬영 중 문장 속 괄호 안에 무엇을 넣을지 질문을 받은 적이 있다. 질문을 듣자마자 머릿속에 명확하게 떠오른 답이 있었다. 이미 스스로 생각해 보았던 질문이기 때문이다. 나의 답은 '끈기'였다.

나는 비상한 두뇌를 가진 학생도 진로가 뚜렷한 학생도 아니었다. 끈기 하나로 마라톤 같던 학창 시절을 버텨왔다고 자신할 수 있다.

'끈기 있게 공부해서 서울대에 갔다'라는 말은 자칫 상투적이거나 추상적으로 느껴질 수도 있다. "끈기도 결국 타고난 것이 아닌가." 혹은 "엉덩이 힘도 재능이다."라고 반문할 수도 있겠다. 하지만 모든 현상에는 인과관계가 작용하듯 나에게 지독한 끈기가 생긴 데에도 분명 이유가 존재했다.

비전을 가지면 세상을 대하는 태도가 달라진다

나는 어린 시절 문학 작품을 즐겨 읽었다. 책을 읽다 보면 주인공에게 몰입하여 나도 모르게 이런저런 공상에 빠지는 일이 빈번했다. 판타지 소설에 빠졌던 때에는 매일 밤 내가 소설 속 주인공이었다면 어떻게 행동했을지 상상의 나래를 펼치며 잠자리에 들었다.

급식 당번을 맡아 친구들에게 배식할 때에도 한 손에는 밥숟가락을, 다른 한 손에는 책을 들고 틈날 때마다 읽으면서 내용을 음미했다. 마음에 드는 책만 반복해서 읽었기 때문에 책을 많이 읽는다고는 생각하지 않았다. 하지만 친구들 눈에는 내가 대일 책을 손에 달고 사는 것으로 보였는지 학교에서 '책을 많이 읽는 아이'로 소문이 났다.

서양 고전문학을 처음 접했을 무렵에는 동네 도서관에서 샬럿 브론테의 《제인 에어》를 읽으며 펑펑 울기도 했다. 고달픈 삶에서도 자신의 주체성을 잃지 않고 인생을 살아가는 주인공의 당찬 모습은 아직 미숙하고 어렸던 내 자아의 성장에 큰 영향을 안겨 주었다.

문학 작품 다음으로 자주 읽은 책은 위인전이었다. 우리 집 책장 한켠에는 위인전 시리즈가 가지런히 놓여 있었다. 서른 권이 넘는 다양한 인물들의 전기를 담은 위인전 시리즈는 두께가 얇고 한 페이지 당 글자도 많지 않아 심심할 때마다 꺼내 읽기 좋았다. 위인전은 문학 작품처럼 허구의 내용이 아니라 실제 인물의 삶을 담고 있다는 점에서 또 다른 매력으로 다가왔다. 테레사 수녀와 간디의 희생 정신, 노벨상을 받은 과학자들의 집념을 보면서 가슴이 울컥할 정도로 깊은 충격과 감명을 받았다.

선망의 대상이 된 위인들의 생각이나 삶의 태도를 무의식적으로 답습하다 보니 평범한 삶에 안주하고 싶지 않다는 생각이 피어올랐다. 내 힘으로 사회를 긍정적인 방향으로 변화시키는 데 일조하고 싶었다. 오직 그것만이 인생의 의미를 남길 수 있는 일이라는 생각이 들었고 그렇게 세상에 대한 나의 비전이 되었다. 희망하는 직업은 끊임없이 바뀌었지만 나만의 비전, 즉 삶을 대하는 마음가짐은 그보다 더 고차원적인 목표로써 학창 시절 동안 나를 이끌어주는 원동력이 되었다.

내가 진정으로 원하는 것이 무엇인지 자문한다

푹 빠져서 읽었던 책을 통해 나는 모험심과 자유에 대한 갈망을 키워 나갔다. 대부분의 서양 고전문학에는 자기 정체성과 주체성에 대한 심오한 고민이 담겨 있었다. 이는 자칫 흘러가는 대로 살 수 있었던 순간마다 나를 멈춰 서게 했다. 인간이란 어떤 존재인지, 어떠한 삶을 살아야 하는지 끊임없이 고민하도록 만들었다.

어차피 한 번뿐인 인생이라면 내가 정말 원하는 것을 하면서 살아야 한다는 생각이 들었다. 진정으로 원하는 것이 무엇인지 찾기 위해 다양한 도전과 경험을 했다. 초등학교 시절에는 매 학기 학급 임원으로 활동했고, 중학교 때는 학년장을 맡아 학생자치활동과 관련된 다양한 경험을 쌓았다. 교내·외에서 열리는 대회에도 분야를 가리지 않고 적극적으로 참가해 부모님께서 놀라실 정도로 많은 상을 휩쓸어왔다.

예술과 체육 부문에서도 해보고 싶은 악기나 운동은 전부 해보았다. 주변에서 체육인이 될 거냐는 질문을 받을 정도였다. 부모님은 강제로 무언가를 하라고 말씀하신 적이 없었다. 대신 내가 하고 싶다는 의지를 보이면 무엇이든 최대한 많이 경험할 수 있도록 도와주셨다. 이러한 경험들이 자양분이 되어 공부에 대한 명확한 길이 보이기 시작했다.

공부는 악기 연주나 운동보단 노력한 만큼 실력이 오르고 결과가 더 잘 나오는 것 같아 혼자서도 충분히 해볼 만하다고 생각했다. 또 공부는 가장 환경적인 제약을 받지 않으면서도 내 비전을 실현할 수 있는 최적의 방법이었다. 하고 싶은 것은 대부분 해봤기에 더욱 후회 없이 공부에만 매진할 수 있었다.

한번은 중학교 방과 후 시간에 문학 선생님께서 학습지 한 장을 나눠 주셨다. 학습지 1번 문항에는 중요하지만 많은 학생들이 놓치고 있는 질문이 쓰여 있었다.

'나에게 가장 중요한 것은 무엇인가?'

머릿속에 '자유'라는 단어가 떠올랐다. 공부가 힘들어질 때면 '정말 이것이 내가 원하는 것인가?' 스스로 반문하면서 흔들릴 때도 있었다. 하지만 공부가 하기 싫다는 느낌은 내 육체를 편안히 만들고자 하는 뇌의 속삭임이었을 뿐 내 심장은 계속해서 공부하길 원했다.

그렇게 오롯이 내 자유의지로 공부했고 의지에 반하는 마음이 들 때마다 정말 중요한 게 무엇인지를 거듭 생각하면서 버텼다. 다른 학생들은 주변에서 늘 "공부 좀 해."라는 소리를 듣고 살다 보니 어느 순간부터 공부를 자기 의지가 아닌 의무로 받아들이는 경우도 많다고 한다. 공부를 의무가 아니라 자율적 선택에 따른 결과로 만들면 수동적인 공부에서 벗어날 수 있다.

계속해서 스스로 질문을 던져 보길 바란다. 만약 나에게 공부가 중요하다는 것을 스스로 깨닫고, 진실로 원하는 것이라는 마음의 소리를 듣는다면 계속해서 묵묵히 그 길을 걸어가 보길 바란다. 그렇게 한 발자국씩 앞으로 나아가다 보면 언젠가는 자신이 원하는 목적지에 도달해 있을 것이다. 그리고 내 자유의지로 걸어온 길은 돌아봐도 후회가 남지 않을 것이다.

앞서 내가 서울대에 올 수 있었던 이유로 꼽은 '끈기'에 대해 다시 이야기해 보자. 주변의 유혹을 견디며 자신의 의지로 목표를 향해 나아가는 것이 '끈기'가 아닐까. 머릿속 생각과 계획을 실천으로 옮기는 것이 실행력이라면 목표에 도달할 때까지 꾸준히 지속하도록 도와주는 것은 끈기다. 목표에 도달하기까지 실패를 거듭하더라도 포기하지 않고 계속 도전한 끈기는 내가 서울대에 오게 된 가장 큰 이유이자 앞으로의 꿈을 위한 영원한 동반자라고 할 수 있다.

호기심이 이끄는 대로
내 안의 화살표를 따라가다

최윤 의예과
- 전사고 전교 1등 졸업
- 수시 의대 6관왕

중학교에 입학한 지 얼마 되지 않았을 때 운동장에서 친구와 나눈 대화가 아직도 생생하다. 열 손가락을 펼치며 "이 안에 들면 좋겠다." 다시 한 손을 내리며 "여기 안에 들면 더 좋고." 마지막으로 오른손 검지 하나만 남기며 "여기 있으면 진짜 좋겠다."라고 말했다. 그리고 몇 달 뒤 그 대화는 현실이 되었다.

전교생이 공부한다는 강남구 대치동 학군지의 여자 중학교에서, 수재들이 모인다는 전국 단위 자율형 사립고등학교인 하나고에서 나는 어떻게 최상위권을 지키고 전교 1등으로 졸업할 수 있었을까?

그리고 어떻게 의대 여섯 곳을 모두 합격할 수 있었을까? (현 입시 제도는 수시 원서 여섯 장을 쓸 수 있는데, 서울대 의대를 프함한 의대 여섯 곳을 모두 합격하는 경우는 드물다.)

나중에야 안 사실이지만 부모님조차도 이러한 결과를 예상하지는 않으셨다고 한다. 그만큼 중학교 입학 당시 수학과 과학 선행이 압도적으로 빨랐던 것도 아니고 중학교 3년 동안 내신 학원 한 번 다니지 않았으며, 꼼꼼한 노트 필기와 완벽한 스케줄러를 작성하는 학생은 더더욱 아니었다. 오히려 책과 예술 세계에 빠져들고 뛰어노는 것을 좋아하던 발랄한 학생에 가까웠다. 그렇지만 나는 주어진 일에 단 한순간도 소홀함 없이 최선을 다했다. 이러한 태도는 학교생활과 학업에 더욱 집중할 수 있도록 이끌어 준 강력한 원동력이 되었다.

새로운 것을 알아가는
재미를 느끼다

역설적이게도 좋아하는 것을 원 없이 했던 만큼 부족함도 함께 느꼈던 것 같다. 어린 시절 부모님께서 책을 읽을 수 있는 환경을 제공해 주신 덕분에 집에 책이 많아 마음껏 읽을 수 있었지만 내게 필요한 모든 책을 갖고 있던 것은 아니었기에 독서에 갈증을 느낄 때면 자주 도서관에 갔다.

공부도 마찬가지였다. 처음부터 영어, 수학, 과학 등 모든 과목에서 앞서 나갔던 것은 아니었다. 그저 더 잘하고 싶고 더 알고 싶은 지적 욕구가 멈추는 날이 없었던 것 같다. 모르는 것을 이해하고 문제가 술술 풀리는 순간의 희열, 새로운 것을 알아가는 재미에 푹 빠졌다고나 할까.

영어 유치원을 다니지 않아 초등학교 저학년 때는 영어 실력이 탁월하지 않았다. 하지만 영어를 배우면서 '영어를 잘하면 더 많은 콘텐츠를 접할 수 있겠구나'라는 생각이 들었고 이러한 필요성이 공부로 이어지며 실력은 나날이 향상되었다. 차근차근 배워가며 한 계단씩 올라서는 성취감도 맛볼 수 있었다.

수학도 비슷했다. 초등학교 때 수학 학원을 다니지 않아서 진도가 빠른 것은 아니었지만, 스스로 선행 학습을 하며 개념을 깨닫고 문제를 푸는 과정이 재밌었다. 혼자 깊이 고민하며 공부한 덕분에 수학적 사고력과 자기주도 학습 능력 또한 한층 더 견고해졌다.

과학 역시 직접 실험하고 탐구하는 과정 자체가 즐거웠다. 중학교 3학년 여름방학 때는 주변의 만류에도 불구하고 한국중학생화학대회(중등 화학 올림피아드)를 준비했다. 누군가 말릴수록 오히려 더 도전하고 싶어졌고 부족함을 느낄수록 내면의 열정은 커졌다. 밤늦게까지 일반화학 교재를 들여다보며 전자의 이동과 물질의 상태를 고민하고 파고들던 시간은 지금까지도 내게 순수한 배움의 즐거움으로 남아 있다.

나의 경험을
들려줄 차례

서울대학교 의과대학에 합격한 뒤 주변 지인들에게 동기 부여부터 생활 습관, 구체적인 공부법까지 학창 시절에 대한 질문을 종종 받아왔다. 스스로는 별것 아니라고 생각했던 나의 공부 이야기가 한창 공부와 입시에 집중하고 있는 학생과 학부모님께 도움이 될 수 있다는 것을 느꼈다. 생각해 보면 나 역시 그랬다. 중학교에 입학할 즈음 훌륭한 학창 시절을 보낸 사람들의 공부 지침서를 읽으며 동기 부여를 받곤 했다.

나에게도 내 학창 시절 이야기를 전할 기회가 생겼다는 사실이 감사하면서도 신기하다. 부족한 점도 많고 그저 한 사람의 개인적인 에피소드일 뿐이지만 내 이야기를 통해 누군가 도움을 받을 수 있다면 그 또한 의미있는 일이라고 생각한다.

나도 모르는 사이에 공부 체력을 다지고 있었던 초등 시절부터 원하는 공부를 마음껏 하면서 내신, 선행, 비교과(봉사 활동, 특별 활동, 자격증 취득, 수상 경력 등 교과 및 성적 이외의 모든 영역) 활동 등 어느 하나 놓치지 않았던 중학교 시기, 비교과와 공부 사이에서 균형을 찾으며 대학이라는 더 큰 꿈을 위해 부단히 노력했던 고등학교 3년까지. 치열했지만 즐거웠고 힘들었지만 행복했던 12년간의 나의 학창 시절 공부 이야기를 지금부터 나누고 싶다.

제2장

초등 시기에 반드시 공부의 틀을 잡아라

▶ 스튜디오S 영상 보기

나민애 교수
독서 지도법

영어 문법 공부
시작 시기

국어

독서와 한자 공부로 기초 체력 다지기

서울대생들의 초등 공부 공통점은 풍부한 독서 경험이다. '책 읽는 어린이' 시절을 보내며 한자 공부까지 더해지면 K입시 기초 체력은 완성된다. 중학교 입학 후 확연히 어려워지는 교과서 어휘부터 수능 국어까지, 독서와 한자가 어떤 힘을 발휘하는지 들어 보자.

독서를 통해 쌓은 배경지식과 문해력

조시준 의예과

독서에 호기심을 갖게 된 밑바탕은 초등학생 시절로 거슬러 올라간다. 학교에서 독서기록장 숙제가 나오기 시작한 1학년 무렵부터 4학년 때까지 나는 어머니와 매주 도서관에 갔다. 화창한 날 달콤한 음료를 마시면서 책을 읽고 도서관 뒤뜰에서 스케이트보드를 타며 어머니와 나들이하는 기분을 느끼곤 했다. 그 경험은 아직까지 행복한 기억으로 남아 있다.

　도서관에서 책을 대출할 때 어머니와 나 사이에 작은 규칙이 있었다. 어머니께서 조사해 오신 책을 먼저 고른 뒤 내가 보고 싶은 책을 골라 담는 것이다. 우리 두 사람의 대출 카드로 총 열네 권 대출이 가능했는데 그중 꼭 네다섯 권은 내가 고른 만화책이나 재미 위주의 책이었다. 그땐 몰랐지만 지금 생각해 보면 '재미 위주의 만화책'을 고를 때도 어머니의 은근한 추천이 있었다. 그리고 그 책들은 내가 교양을 쌓는 데 크게 기여했다. 예를 들면 어머니의 추천으로 접했다가 푹 빠진 《아스테릭스》 시리즈는 프랑스에서 '국민 만화'라고 불릴 정도로 고전의 반열에 든 작품이었다.

　또 하나의 규칙은 독서 노트 작성하기였다. 나는 도서관에서 집으로 돌아오면 곧장 도서 리스트(제목, 작가, 번역가, 출판사, 출판연도 기록)를 만들었다. 매일 공부하기 전 학습 플래너를 작성하고 플래너 한 권을 다 쓰면 생기는 뿌듯함은 겪어본 사람이라면 알 것이다. 초등학교 때 어머니와 작성한 독서 노트는 나만의 '책 플래너'가 되었다. 그 주에 빌려 온 책들을 리스트에서 하나씩 체크해 가며 읽고, 노트 한 권을 꽉 채운 뒤 목록을 돌아보는 재미는 이루 말할 수 없을 정도였다. 덕분에 중학교에 진학해서 수행평가로 책을 읽어야 할 때도 독서가 과제가 아니라 '놀이'로 느껴졌다. 또 고등학교에 가서도 독서 노트를 꾸준히 작성한 습관이 학습 플래너를 체계적으로 관리하는 밑거름이 되었다.

어머니의 대출 리스트에 있던 책은 주로 초등학생을 타깃으로 한 수학·과학 분야의 책이었다. 처음에는 읽기 싫었지만 날이 갈수록 재미를 붙인 책이 있는데 바로 《과학공화국》 시리즈다. 이 시리즈를 (부모님의 권유로) 처음 접하는 학생들은 눈살을 찌푸리기 쉽다. 초등학생들이 읽기 쉽게 친근한 비유와 이야기로 쓰였지만 '가르치려 드는 느낌'을 지울 수 없기 때문이다. 하지만 이야기에 흥미를 붙이고 나면 어느새 논증을 통해 '과학 재판'의 결론을 유추하는 자신의 모습을 발견할 것이다. 논증을 통해 일상에서 벌어지는 현상을 과학으로 설명하는 연습을 하는 셈이다. 나는 이 시리즈를 읽으면서 자연스럽게 습득한 과학 상식과 논증을 바탕으로 주변 현상을 설명하곤 했다. 지금 생각해 보면 상당히 재수 없는 초등학생이 아니었을까 싶다.

초등학교 때 독서를 통해 쌓은 교양은 중·고등학교 입시에 두고두고 활용된다. 특히 중·고등학교 수행평가에서 독서로 쌓은 상식이 절대적으로 중요하다. 예를 들어 《과학공화국》 시리즈를 즐겨 읽은 학생이라면 일상 속 과학 현상을 예시로 들어야 하는 논술형 수행평가를 준비할 때 인터넷 검색에 의존하지 않고 글감을 풍부하게 떠올릴 수 있다. 학년이 올라갈수록 세부능력 및 특기사항(이하 세특)의 중요성이 커지므로 상식의 폭이 넓은 것이 비교과 측면에서도 훨씬 유리할 것이다.

또한 독서를 통해 쌓은 배경지식과 문해력은 수능 국어에도 직접적인 영향을 미친다. 수능 국어는 지문을 전부 이해하고 문제를 푸는 게 아니라지만 배경지식이 있는 학생이 상대적으로 유리한 것은 부정할 수 없다. 초등학생 때 배경지식을 쌓아 뒀다면 남들이 12분 동안 머리를 쥐어뜯으며 읽는 지문을 6분 만에 읽고 쉽게 문제를 풀 수 있다. 중·고등학교에 입학하는 순간부터 수능에 응시하고 시험장을 나오는 순간까지, 각 단계를 성공적으로 완수하는 데 초등 시기의 독서 경험이 절대적으로 중요하다.

'수능 국어는 집을 팔아도 안 될 놈은 안 된다'는 말이 입시판에 떠돈다. 우리 가족이 집을 팔지 않아도 됐던 결정적인 이유는 어려서부터 다져진 나의 다독·정독 습관 덕분이었다.

한자 공부는
어떻게 해야 할까?

장현우 언론정보학과

대학생이 된 이후 학부모님이나 후배들과 만나는 기회가 생기면 많이 받는 질문이 있다.

"초등학교 때 무얼 해놓아야 하나요?"
"어떤 공부를 미리 준비해야 입시에 도움이 되나요?"

영어와 수학 공부도 중요하지만 국어를 잘해야 다른 과목에서도 좋은 결과를 얻을 수 있다고 생각한다. 그래서 나는 이렇게 대답한다.

"한자 공부하세요!"

수학 문제를 잘 풀기 위해서는 문제의 조건을 제대로 이해하는 능력이 필요하다. 사회탐구와 과학탐구 과목은 개념부터 문제 풀이까지 모든 것이 한글 텍스트를 기반으로 한다. 한글 텍스트는 대다수가 한자어로 이루어져 있다. 그렇기에 어느 정도 수준의 한자를 알고 응용할 수 있는 실력을 갖추고 있다면 국어 공부에서 나아가 전 과목 공부에 큰 성과를 거둘 것이다. 그렇다면 어떤 식으로 한자 공부를 하는 것이 좋을까?

학습만화 활용하기

내가 톡톡히 효과를 본 것은 《마법천자문》 시리즈다. 초등학교 1학년 때 처음 《마법천자문》을 읽으며 한자에 관심이 생겼고 "바람 풍! 힘 력!"을 외치면서 장풍을 쏘아댔다. 《마법천자문》은 학습만화 중에서도 베스트셀러로 꼽히는데, 그 이유는 학습과 재미를 모두 갖추고 있기 때문이다. 처음 《마법천자문》을 봤을 때는 그저 '손오공의 재밌는 모험기'였는데 재밌어서 6~7회 반복해서 읽다 보니 이야기 속 한자에 자연스레 눈길이 갔다. 마침 아버지께서 한자를 잘 알고 계셨기에 서로 퀴즈를 내기도 하고 스스로 맞춰 보기도 하며 한자와 가까워졌다.

내가 어릴 때 한자를 가까이할 수 있던 이유는 단순히 재밌었기 때문이다. 단 한 번도 한자가 공부라고 생각하지 않았고 놀이라고 생각했다. 그렇기에 학습만화의 긍정적인 영향을 무시할 수 없고 어린이에게 최고의 학습 도우미가 되리라 생각한다.

《마법천자문》을 열심히 읽던 어느 날, 어머니께서 슬쩍 한자 급수 책을 내미셨다. 그때 처음 한자에 1급부터 8급까지 급수가 있다는 것을 알았다. 가장 쉬운 8급 한자를 살펴 보니 《마법천자문》에서 본 한자가 많았다. 石(돌 석), 火(불 화)같이 익숙한 한자를 보며 자신감이 생겼고 더 많이 공부해서 좋은 성적을 받고 싶다는 생각이 들었다. 이후 큰 어려움 없이 한자 공부를 시작해서 6급까지 취득하고 마무리했다. 한자의 음과 뜻을 하나하나 외우며 공부하긴 했지만 《마법천자문》의 영향으로 이 한자를 만화책에서는 어떻게 사용할지 상상하며 공부하자 한자가 어렵지 않게 느껴졌다.

한 가지 더 말하고 싶은 것은 '여러 감각을 사용하며 공부하는 것'이다. 한자를 눈으로 보고, 손으로 쓰고, 입으로 말하고, 머릿속으로 상상하는 등 다양한 감각을 활용해 공부하면 굉장히 도움이 된다. 이 부분은 고등 국어 공부법(242쪽)에서 자세하게 설명하겠다.

입시에 어떻게 적용할까?

한자를 알면 글을 읽고 이해하기 쉬워진다. 단어의 의미를 알면 대화나 문장의 앞뒤 문맥을 파악하기 수월하고 하나의 한자가 여러 단어에 쓰이므로 책을 읽거나 시험 문제를 풀 때 처음 보는 단어가 나와도 그 뜻을 유추할 수 있다. 이렇듯 한자는 한글 텍스트를 공부하는 데 분명한 장점이 있으며, 특히 입시에서는 국어 영역 '고전 시가'에서 가장 큰 도움이 된다.

고전 시가는 학생들이 문학에서 가장 어렵다고 느끼는 분야다. 단어가 생소하기 때문이다. 처음 보는 단어가 많고 그 중 한자어가 대다수를 차지한다. 모의고사나 수능에서는 어려운 단어는 주석을 달아 의미를 알려 주기도 하지만 그렇지 않은 단어는 한자를 병기한다.

예를 들어 '송죽' 松竹이라고 쓰여 있을 때 한자를 알지 못하는 학생은 이 단어가 무슨 뜻인지 모른 채 작품을 이해해야 하지만 송죽을 몰라도 松(소나무 송)과 竹(대나무 죽)이라는 한자를 각각 알고 있다면 단어를 조합해 송죽이라는 단어를 해석할 수 있다. 이렇듯 하나의 한자만 알아도 그 작품이 어떤 주제를 다루는지, 각 문장이 어떤 의미인지 해석할 수 있는 여지가 생긴다.

입시에 필요한 과목들은 지문이 길고 암기해야 할 부분이 많다. 지문을 통으로 외우기보다는 각 지문이 어떤 의미인지 이해하며 차근차근 공부해야 효율이 오른다. 그런 과정을 위해서는 우선 각 단어의 의미를 알고 있어야 하는데, 그 의미의 기반이 바로 한자다. 그러니 한자를 공부해 두는 것은 절대 손해가 아니며 들인 시간보다 더 큰 효율을 보여 준다는 점을 강조하고 싶다.

하지만 모든 초등학생이 나처럼 《마법천자문》을 쥐여주면 장풍을 쏘며 "바람 풍!"을 외치는 건 아니다. 〈스튜디오S〉에 함께 출연하는 진용이는 《마법천자문》을 아무리 봐도 흥미가 생기지 않았다고 한다. 대신 어릴 때부터 할아버지와 함께 신문이나 뉴스를 보며 고급 어휘를 자주 접해 또래들보다 한자어에 익숙했고 덕분에 중·고등학교 공부에서도 어휘 면에서 유리한 점이 있었다고 한다.

영어 어휘는 많이 외우면서 입시의 기반이 되는 한자를 공부하지 않는 것은 기초를 다지지 않은 채 국어 공부를 하는 것 아닐까? 학생마다 맞는 학습법은 다를 수 있으나 결국 우리는 입시에서 높은 점수를 받기 위해 선행하고 학원에 다닌다. 따라서 어릴 때부터 한자어에 익숙할수록 입시에 유리하다는 것 또한 분명하다.

> 영어

학원에 가지 않고 집공부와 학습지로 시작하기

똑같은 영어 유치원에 다녔더라도 외국어에 대한 흥미와 언어 감각에 따라 아웃풋은 천차만별이다. 또 영어 유치원이나 해외 캠프 경험이 없어도 외국어에 대한 관심과 부모님의 노력이 더해지면 그 이상의 결과를 낼 수 있다.

좋아하는 것과 영어를 항상 묶어서 생각하기

노규아 영어영문학과

언어는 특성상 손을 놓으면 금방 잊히기 마련이다. 나는 영어 유치원도, 해외 유학도 다녀온 적 없지만 영어를 자연스럽게 익힐 수 있었다. 그 이유는 영어를 계속 곁에 두었던 덕분이다. 더불어 집 안에서 늘 흘러나왔던 영어 라디오와 애니메이션도 큰 역할을 했다.

[리스닝] 자막 없이 애니메이션 보기

어렸을 때만 해도 태블릿 PC나 스마트폰이 요즘 같이 상용화되지 않았기 때문에 오로지 테이프나 라디오를 통해 영어 듣기에 몰입할 수 있었다. 어머니께서는 영어책 오디오북, 학습지 MP3 등 영어가 나오는 것은 무엇이든 집안에 틀어 놓으셨다.

당연히 알아듣지 못하는 내용이 대다수였다. 그런데 어느 순간 '저 사람이 대체 무슨 말을 하는 거지?' 호기심이 생기며 오디오가 수록된 영어책을 찾아 읽기 시작했다. 그렇게 책에 나온 영어 문장과 오디오를 대조하면서 영어 발음을 익혔다.

나는 이 공부법에 상당한 흥미를 느꼈다. 평소 따라 읽거나 말하기를 좋아했기 때문에 오디오의 발음과 내 발음이 정확히 일치할 때까지 반복해서 소리를 내뱉었다. 처음에는 발음이 뭉개지고 억양 차이도 났지만, 말하는 횟수가 거듭될수록 원어민 발음과 엇비슷해지는 것을 느꼈고 묘한 쾌감이 들었다. 번역에는 큰 의미를 두지 않고 우리말 번역을 읽기 보다는 맥락을 통해 이해하려고 노력했다. 그래도 궁금한 부분이 있으면 어머니의 도움을 받았다.

오디오북과 영어듣기가 지루해질 때는 애니메이션을 봤다. 당시에는 태블릿 PC가 거의 없었기 때문에 텔레비전으로 시청했는데 볼프강 모차르트의 어린 시절을 담은 애니메이션 〈리틀 아마데우스〉를 특히 좋아했다. 이 작품이 보고 또 봐도 늘 새로웠던 이유는 어머니께서 한글 자막을 틀어주지 않으셨기 때문이다. 애니메이션을 끝까지 본 뒤에도 완벽히 이해되지 않고 궁금한 점이 남아 있었으니 다시 봐도 새로웠다.

이외에도 텔레비전에서 나오는 영어 방송이나 기국 드라마를 자주 보았다. 텔레비전에서 송출되는 방송은 애니메이션처럼 한글 자막을 자유롭게 끄지 못했다. 그래서인지 자꾸 한글 자막으로 눈이 갔고, 어느 순간 영어를 듣는 것보단 한글을 읽으며 내용에 빠져들었다. 그런 나를 지켜보던 어머니는 한 가지 대응책을 마련했다. 바로 텔레비전 화면 하단에 반투명 종이를 붙여놓는 것이었다. 그렇게 우리 집 텔레비전에는 늘 반투명 종이가 붙어 있었다. 자막이 나오든 나오지 않든 한글 자막과 영영 멀어질 수밖에 없었다.

어린 시절의 나는 '이상한 게 붙어 있네?'라고 생각하며 대수롭지 않게 받아들였다. 아니, 어쩌면 어머니 몰래 종이를 떼어 버린다고 해도 다시 원상태로 붙여 놓을 자신이 없었기 때문일지도 모른다. 아무튼 우리 집 텔레비전에 붙은 반투명 종이는 늘 견고하게 자신의 자리를 지켰고 마법의 부적처럼 나의 영어 실력을 향상하는 데 일조했다. 〈리틀 아마데우스〉처럼 내가 좋아하는 비디오를 몇 번이고 돌려보는 게 일상이었고, 영어 방송이나 미국 드라마는 적당히 이해하면서 넘어가며 언젠가는 드라마 내용이 완전히 이해되는 순간이 올 것이라 생각했다.

[리딩] 서양 고전 원서 읽기

초등학교 시절 나는 판타지 소설을 즐겨 읽었다. 그중 가장 좋아하는 판타지 소설은 다름 아닌 《해리 포터》였다. 도서관에 가면 책장 한 줄을 전부 차지할 만큼 긴 시리즈였지만 전권을 몇 번이고 반복할 정도로 재미있게 읽었다. 내가 《해리 포터》를 좋아했던 건 단순히 스펙터클한 줄거리 때문만은 아니었다. 책에 쓰인 한 문장 한 문장이 뇌에 또렷이 박혀 상상력을 자극할 정도로 생생한 조앤 롤링의 상상력과 표현력에 빠져든 것이다.

《해리 포터》를 향한 애정은 자꾸만 새로운 영역을 넘보게 했다. 우리말 책을 정복하고 나니 원서가 궁금해지기 시작했다. 한국어판은 정말 원서를 그대로 번역한 걸까? 실제 작가의 문체는 어떨까? 어머니께 말씀드리자 《해리 포터》 영화 DVD와 원서 전집을 사주셨다. 한국어 번역본은 한 편을 여러 권으로 쪼개어 권수가 많았지만 원서는 총 일곱 권이었고 한 권에 모든 내용이 담겨 있어서 매우 두꺼웠다.

어머니는 원서 한 권을 다 읽을 때마다 해당 영화 DVD를 한 편씩 보여 주겠다고 약속했다. 내용을 모르는 상태에서 읽었다면 언제 다 읽을지 눈앞이 캄캄했을 테지만 이미 내용을 빠삭하게 알고 있었기 때문에 사전을 뒤적거리지 않아도 내용이 술술 읽혔다. 어려운 단어들이 대부분이었지만 맥락으로 어느 정도 유추가 가능했다. 만약 모르는 단어들을 전부 찾아가면서 읽었다면 끝까지 읽지 못하고 중간에 포기했을 것이었다.

　일곱 권 가량의 두꺼운 《해리 포터》 원서를 읽고 나니 영어 원서 읽기에 자신감이 붙었다. 그 후로 원본이 궁금해지는 책들은 늘 원서를 찾아보게 되었다. 서양 고전문학에 흥미가 생기기 시작했을 무렵에는 샬럿 브론테의 《제인 에어》와 올더스 헉슬리의 《멋진 신세계》 등 인상 깊게 읽은 책들 위주로 원서를 함께 읽어보았다.

　원서를 읽을 때는 한국어 번역본을 읽을 때와 마음가짐이 달라진다. 가공되지 않은 작가의 문체를 그대로 마주하는 순간에는 가슴이 두근거렸다. 글의 구성이 깔끔하고 간결하게 맞아떨어지는 비문학 에세이와 달리 문학 작품의 원서를 읽으면 한 문장 한 문장 따라가기가 버거울 정도로 섬세한 표현력과 풍부한 어휘를 읽어낼 수 있었다.

　영어영문학과를 선택하게 된 계기를 거슬러 올라가면, 내 마음을 움직인 서양 고전문학의 원서를 찾아 읽기 시작한 초등학생 시절이 가장 결정적인 순간이 아닐까 하는 생각이 든다.

느려도 내게 맞는 학습법 찾기

이유림 국어국문학과

영어에 대한 흥미는 어린 시절의 즐거운 학습 경험에서 비롯되었다. 여섯 살 때 〈튼튼영어〉 학습지를 시작으로 처음으로 영어를 접했다.

일주일에 한 번 선생님이 집에 방문하면 동요에 맞춰 춤을 췄다. 알파벳은 몰라도 영어가 재미있다는 건 알았다. 그러다 여덟 살 때부터 〈윤선생 영어〉 학습지를 통해 본격적으로 영어를 배웠다. 30분짜리 테이프를 학습하고 30분간 원어민 성우를 따라 녹음하는 루틴이 하루 동안 내가 하는 영어 공부의 전부였다. 다른 친구들에 비해 학습량은 적었으나 차근차근 공부한 덕에 영어에 재미가 붙었다. 하루 한 시간, 적은 시간이지만 매일매일 집중력을 발휘해 공부하는 습관이 잡혔다.

초등학교 6학년 때까지 학습지를 했던 나는 어학원을 다니는 주변 친구들 사이에서 이례적인 케이스였다. 조바심이 나지 않았던 것은 아니다. 벌써부터 중학교 수준의 원서를 다루는 어학원 교재를 볼 때면 기가 죽었다. 그럼에도 불구하고 적당한 수준의 영어 공부를 고집했던 것은 '각자 성향에 맞는 공부가 따로 있다'는 엄마의 철학 때문이다. 다른 친구들이 무엇을 배우든 상관하지 말고 나에게 맞는 방법대로 꾸준히 하면 된다고. 엄마는 강제로 끌고 가면 아예 그만둬 버리는 나의 청개구리 성향을 진작에 아셨던 것 같다.

학년이 올라갈수록 영어는 엄청난 분량과 난이도로 학생들을 괴롭힌다. 기본적으로 모두가 영어를 잘하는 상황에서 내신의 승패를 가르는 핵심은 주어진 범위를 얼마나 디테일하게 파고드느냐에 달렸다. 텍스트를 한 번이라도 더 분석하고 이해하려는 지구력이 중요하다. 부담 없이 꾸준히 쌓아온 내 영어 공부는 장기전에서 빛을 발했다. 만약 일찍부터 영어에 질렸더라면 이 과정이 몇 배는 더 어려웠을 것이다.

한 가지 아쉬운 점이 있다면 초등학교 때부터 회화를 충분히 해두면 좋았겠다는 점이다. 외고에는 해외 경험이나 원어민 수업으로 회화 실력이 뛰어난 친구들이 많다. 나는 외고에 입학은 했지만 좋은 성적을 내기가 쉽지 않았다. 특히 영어는 막막하기만 했다. 교과서와 문법에 충실하면 되었던 중학교 내신과 달리 공부량이 외울 수 없을 정도로 방대했고 회화라는 새로운 복병이 눈앞을 캄캄하게 만들었다. 무엇보다 나와 경쟁할 친구들의 영어 실력은 이미 너무 뛰어났다. 친구들에 비해 내 스피킹 실력은 미진한 수준이었기 때문에 짧은 시간 안에 실력 차이를 채우느라 힘들었다.

'각자 성향에 맞는 공부가 따로 있다.'

나는 이 말에 동의한다. 공부 속도와 방법은 개인마다 달라야 한다. 특히 초등 시기에는 어느 정도 수준을 해야 한다는 정량적 기준이 없다고 생각한다. 다만 꾸준한 학습을 통해 공부 습관을 형성하는 것, 그리고 지치지 않고 달릴 수 있도록 흥미와 지구력을 기르는 것이 핵심이 아닐까 싶다.

라디오 듣기와 독후감 쓰기로
생활 속에서 익히기

최윤서 국어국문학과

나는 영어 공부를 언제부터 시작했다고 딱 잘라 말하기 어렵다. 어느 순간 자연스럽게 하고 있었다. 영어는 결국 '언어'라는 생각이 들어서 될 수 있는 한 자주 보고, 듣고, 말해 보려 했다.

초등학생 때 내 하루 루틴 중 하나는 자기 전에 EBS 라디오를 틀어 두는 거였다. 그중에서도 아침 7~8시쯤 나오는 팝송 프로그램을 거의 알람처럼 들었다. 무슨 말을 하는지는 정확히 몰라도 매일 듣다 보니 자연스럽게 귀가 열렸다. 나중에는 가사를 따라 부르고 뜻을 찾아보는 게 일상이 되었고 영어 듣기와 어휘에 조금씩 자신감이 붙었다.

또 영어를 실제로 사용해 볼 수 있는 기회를 적극적으로 찾아다녔다. 방학마다 열리는 영어 캠프나 영어 영재 프로그램 같은 활동에 빠지지 않고 신청했고, 그 안에서 영어로 대화하고 발표하면서 슬슬 영어가 시험 과목이 아닌 말이 통하는 언어라는 감각을 익힐 수 있었다. 수업이 끝나면 영어로 한 마디 더 하려고 원어민 선생님께 질문하거나 농담도 던졌다.

무엇보다 가장 기억에 남는 건 영어 원서 읽기다. 처음에는 얇은 동화책부터 시작했지만 점차 익숙해지면서 《해리 포터》나 《나니아 연대기》처럼 긴 소설도 읽을 수 있게 됐다. 단어 하나하나를 다 이해하지 못해도 익숙한 줄거리와 분위기 덕분에 끝까지 읽고 싶어졌고 덕분에 독해력도 자연스럽게 향상됐다. 그러다 보니 문장 구조나 표현도 체득하게 됐다.

원서를 다 읽고 나면 영어로 독후감을 쓰는 연습도 했다. 처음엔 단순한 줄거리 요약으로 시작했지만 점점 내 생각을 표현하며 다양한 단어를 활용했다. 이 과정이 영어 글쓰기에 대한 두려움을 줄여줬고, 수능 영어에서 빈칸 추론이나 요지 찾기 같은 고난도 문제를 풀 때도 큰 도움이 됐다. '글을 읽고 핵심을 파악해서 요약하기' 훈련을 자연스럽게 해왔기 때문이다.

그렇게 다져 놓은 영어 실력은 중학교에 진학해서도 흔들리지 않았다. 중학교 내내 영어 성적은 100점이었고, 고교 시절에도 영어는 늘 1등급을 받았으며 한 문제를 틀리거나 100점을 유지했다. 돌아보면 초등학교 때 했던 영어 원서 읽기와 독후감 쓰기가 내 영어 실력을 가장 탄탄하게 만든 기반이었다.

어린 시절 영어 공부는 생활 속에서 자연스럽게 익히는 게 좋다. 그래서 초등학생 친구들에게는 영어 원서 읽기를 강력히 추천한다. 읽다 보면 익숙해지고, 익숙해지면 재미를 느끼고, 재미있으면 결국 실력이 된다. 언젠가 영어로 내 생각을 자연스럽게 쓰는 날이 올 것이고 그게 진짜 실력이라는 걸 확신하게 될 것이다!

> 영어

학원에서 배운 내용을
내 것으로 만들기

초등 시기에 학원에 다니며 영어 공부에 흥미를 잃지 않고 꾸준히 공부한 경험이 입시 영어 정복에 어떤 역할을 할까? 문·이과를 아우르는 경험을 들어 보자.

어학원에서 '언어'로서
영어를 제대로 공부하기

조시준 의예과

나는 어릴 때 흔히 말하는 '엄마표' 영어로 영어 공부를 시작했다. 초등학교 3학년 때부터는 사교육으로 전환해 학원에 다니며 본격적으로 영어를 공부했다. 학원에 다니기 전에는 매주 어머니와 함께 도서관에서 영어책과 딸림 자료(CD)를 대여해서 읽는 것부터 시작했다. 나는 초등학생들에게 유명한 《Magic Tree House》 시리즈부터 시작해서 동네 어린이 도서관에 있는 책을 전부 섭렵했다. 독서와 CD 청취를 병행하면서 어머니와 미국 교과서를 밑줄 치고 읽으며 기초적인 문장 분석법을 배웠다. 주어에는 'O', 동사에는 '밑줄', 목적어에는 '□'를 치는 식으로 말이다.

이후 동네 보습학원에서 영어 말하기 위주로 공부를 하다 4학년부터는 어학원으로 옮겨 본격적으로 '언어로서의 영어'를 공부하기 시작했다. 항상 단어 암기 숙제가 귀찮았기 때문에 어휘 시험은 재시험도 종종 봐야 했지만 원어민 선생님과 영어로 농담을 주고받으며 즐겁게 학원에 다녔다. 어학원에서는 3개월마다 정기평가를 했는데 원어민 선생님과 나눴던 대화 덕분에 승급은 매우 빠른 편이었다. 한 번도 유급하지 않고 3개월마다 승급을 반복하여 중급 레벨인 '테라'$_{Tera}$에서 6학년 무렵에는 최고 레벨인 '마스터스'$_{Masters}$까지 올라갔다.

내가 다닌 어학원 커리큘럼의 목표는 영어로 읽고 말하고 쓰는 것을 익히며 토플 점수를 따는 것이었다. 어학원에서 공부한 덕분인지 이후 수능식 독해와 한국식 문법을 제외하면 영어 실력을 쌓기 위한 공부를 추가로 하지 않아도 됐다.

어학원에서 최고 레벨이 된 후 갑자기 딱딱해진 수업을 몇 달간 듣다 보니 어학원이 많이 따분했다. 또 초등학교를 졸업할 즈음 수학과 과학에 시간을 '몰빵'하다시피 했기 때문에 오랫동안 다닌 어학원을 그만두고 중학교 내신을 위해 한국식 영어 공부를 시작하며 영어 실력을 유지·보수하는 방향으로 공부 계획을 전환했다.

이후 6년간 한국식 영어 공부에 찌들어 지금은 영어를 한 마디도 할 수 없는 지경이 되긴 했지만 초등 때 쌓아 둔 영어 베이스는 이후 내신에서 복잡하고 많은 지문을 암기할 때, 수능 영어를 시간 안에 정확히 풀 때(실제로 그다지 큰 노력을 기울이지 않았는데 모의고사와 수능은 항상 시간을 꽤 남기고 만점이 나왔다), 대학에 입학한 후 신입생 시험으로 텝스TEPS를 칠 때 등 인생의 각 단계에서 커다란 도움이 되었다. 그래서 영어는 초등학교 시절부터 단순 암기 과목이 아닌 언어로서 대하고 익숙해지는 것이 중요하다고 생각한다.

원어민 선생님 옆에
껌딱지처럼 붙어 있기

노규아 영어영문학과

초등 시기 영어 말하기를 공부할 때 한 가지 팁이 있다. 영어를 전혀 모르는 상태에서 무작정 말하기보다는 어느 정도 충분히 영어 듣기 실력이 쌓이고 기본적인 커뮤니케이션이 가능한 상태에서 실전 말하기 공부를 시작하는 것이다. 그러면 자신감을 잃지 않으면서도 영어 실력에 가속도가 붙는다.

해외에 나가지 않고 국내에서 영어 말하기를 연습할 수 있는 환경이 충분하다는 것은 정말 다행스러운 일이다. 초등학교 시절 내가 영어 말하기 실전 연습을 하는 데 가장 효과적이었던 방법은 영어 학원에서 원어민 선생님 옆에 껌딱지처럼 붙어 있는 것이었다. 당시 몇 번이나 영어 학원을 옮긴 뒤 마침내 정착한 어학원은 모든 수업을 원어민 선생님과 함께하는 곳으로, 내가 원하던 영어 교육 환경과 딱 맞아떨어졌다.

내 영어 실력이 어학원에서 어느 레벨에 속해 있는지는 크게 신경 쓰지 않았다. 나보다 더 높은 반에서 공부하는 학생들도 막상 원어민 선생님 앞에서는 말할 때 소극적인 경우가 대다수였다. 수업 시간에 나는 가장 말을 많이 하는 학생이었고 원어민 선생님은 질문에 늘 성실하게 답변해 주셨다. 덕분에 영어 실력도 향상하고 수업도 원활하게 흘러갈 수 있었으니 일석이조였다.

수업 시간보다 더 중요한 시간은 쉬는 시간이었다. 쉬는 시간을 알리는 종이 울리면 원어민 선생님들이 모여 있는 곳에 가서 장난을 치며 놀았다. 조금 틀리게 말해도 창피하지 않았고 미숙해도 모두가 당연하게 받아들였다. 덕분에 쉬는 시간만큼은 다른 친구들의 눈치를 보지 않고 더욱 자유롭게 원어민 선생님과 대화할 수 있었다.

집에서도 말하기 연습을 멈추지 않았다. 원어민 선생님과 말하는 것을 즐거워하는 내 모습을 본 어머니께서는 집에서도 필리핀 원어민 선생님과 일대일 화상 영어를 할 수 있도록 해주셨다. 그러다 보니 어느 순간부터 어학원 원어민 선생님들과의 대화 수준도 조금씩 올라가기 시작했다. 처음에는 장난을 치는 수준의 말하기였다면 나중에는 제법 진지한 대화도 나눌 수 있게 되었다.

언어로서의 영어에서
과목으로서의 영어, 일상 속 영어까지

정진용 원자핵공학과

영어! 수능에서 절대평가화 되며 그 중요성이 이전보다 덜해진 과목일까? 아니면 평생을 함께해야 하는 언어일까? 나는 중·고등학교 내신과 수능을 거치며 영어를 하나의 '과목'으로 겪기도 했고 해외 인턴을 다녀오며 일상에서의 '언어'로 겪기도 했다. 지금부터 내가 겪었던 다양한 성격의 영어를 되짚어보겠다.

처음 접한 언어로서의 영어

처음 영어를 접했던 때는 일반 유치원에서 영어 선생님께 알파벳이 무엇인지, 알파벳은 어떤 소리가 나는지 배우는 정도였다. 초등학교 1학년 때 처음 영어 학원에 갔던 날이 기억난다. 수업이 끝나갈 때가 되니 화장실에 너무 가고 싶었다. 그러나 상대는 원어민 선생님! 알파벳과 아주 기초적인 단어만 뜨문뜨문 알고 있던 내가 "선생님, 수업 중에 죄송합니다만 잠시 화장실에 다녀와도 되겠습니까?"라고 할 수 있을 리가. (당시에는 아마 한국어로도 이렇게 정중하게 못 말하지 않았을까 싶다.) 손을 들고 얘기를 하려는데 말은 안 나오고 화장실은 가고 싶은 상황. 결국 보디랭귀지로 방방 뛰며 얘기를 했더니 다행히도 선생님이 바로 알아차리셔서 무사히 화장실에 다녀올 수 있었다.

당시 내가 다녔던 영어 학원은 원어민 선생님들이 수업을 주로 진행하는 어학원이었다. 영어로 말하고, 영어로 쓰인 원서를 읽고, 어휘를 외우고, 문법을 공부했다. 물론 배운 내용이 머리에 다 들어오지는 않았다. 지금 와서 생각해 보면 내가 공부하기에는 아무래도 어려웠던 문법과 단어들이었다. (그때 더 열심히 했어야 했는데!)

그러나 이때 얻은 가장 큰 수확은 영어를 '언어'르 받아들일 수 있게 된 것이다. 형용사, 동사, 관사의 활용 같은 문법 용어의 이름은 잘 몰라도 적어도 영어로 내 생각을 쓰고 말할 수 있는 정도는 되었다. 덕분에 초등학생 때 나는 반에서 영어로 말을 제일 잘하는 아이가 될 수 있었고 이는 자연스레 영어에 대한 자신감으로 이어졌다.

시험 과목으로서 영어

그러나 '시험 과목'으로서 영어를 공부를 무시할 수는 없는 법. 초등학교 6학년이 되었을 때 집 근처로 영어 학원을 옮기게 되었다. 이 학원에도 원어민 선생님이 계셔서 계속 영어로 대화할 수 있었지만, 이전에 비해 확실히 문법과 어휘 공부의 비중이 증가한 '한국적'인 영어 공부를 하게 되었다.

이 책을 읽는 부모님 세대는 《성문 종합 영어》를 보며 공부했을 것이다. 내가 다녔던 영어 학원의 문법 수업도 《성문 종합 영어》를 기반으로 진행되었다. 누군가는 '너무 오래된 방식 아닌가?' 하고 생각할 수도 있다. 하지만 나는 '오래된 방식이라기 보다는 '정통' 방식이라 말하고 싶다. 나는 이 책이 《수학의 정석》과 비슷한 포지션이라고 생각한다. 오래되었고 한때는 해당 과목의 바이블이었으며, 지금은 잘 안 쓰지만 가치가 바랜 책은 아니라는 점이 비슷하게 느껴진다.

《성문 종합 영어》에는 외워야 하는 내용도 지엽적인 내용도 많지만 이 책을 교재로 쓰며 노련하고 경력 많으신 선생님의 수업을 들으니 학교를 다니며 영어 시험을 망친 적이 거의 없었다. 특히 문법의 쓰임새를 익히기 좋았고 상당한 작문량 때문인지 내신 시험의 서술형 문제에서 강했다. 수능 영어 역시 매우 가뿐하게 1등급을 받을 수 있었다.

이처럼 초등학교 시기에 언어로 친숙해진 영어를 기반으로, 중고등학생 시기에 시험 과목으로서의 영어에 대비하기 위한 실력을 체계적으로 쌓고 좋은 성과를 얻을 수 있었다.

다시 접하게 된 일상 속 영어

그렇게 대입도, 서울대 학생들의 영어 분반 결정을 위한 텝스 시험도 말끔히 마무리했다. 대학에서 들었던 영어 수업도 A^+ 성적을 받으며 모든 것이 물 흐르듯 흘러가는 것처럼 보였다. 그러나 전혀 새로운 경험을 하며 내 영어 실력이 아직 부족함을 느끼게 되었다.

나는 2024년 9월부터 2025년 2월 말까지 약 6개월 동안 오스트리아 빈에 위치한 국제원자력기구 IAEA에서 인턴으로 근무했다. 국제기구인 만큼 이곳의 공용어는 영어였다. 모든 사람이 영어로 대화하고 영어로 회의했다. 한국에서 23년간 살아온 내가 전적으로 영어로만 의사소통을 해야 하는 근무 환경에 놓인 것은 생에 처음 겪는 신선한 충격이었다. 물론 영어를 큰 불편함 없이 할 수 있었기에 심각한 문제가 생기지는 않았지만 주변 사람들이 고급 어휘와 문법을 바탕으로 정제된 표현을 사용하는 모습을 보며 나는 아직 갈 길이 멀다고 느꼈다.

나는 초등학생 때 영어로 말하는 것에 익숙해졌고 수험기에는 문법 실력과 어휘력 향상에 집중했다. 인턴 생활을 하면서는 이 둘의 조화를 이루는 것이 중요하다는 점을 깨닫게 되었다. 언어로, 시험 과목으로, 다시 일상으로 받아들이게 된 영어. 영어 공부는 아마 평생 끝이 없을 것 같다.

수학

빠르고 정확한 암산 실력과
수학 머리 깨우기

수학은 대학 입시의 승패를 좌우하는 중요 과목이다. 선행을 시작하는 학년은 점점 낮아지고 심화 학습을 하지 않으면 불안한 시대가 됐다. 서울대 학생들은 초등 시기에 무엇에 중심을 두고 어떻게 수학을 공부했는지 들어 보고 나만의 학습 방향을 잡아 보자.

'수학은 재미있다'
자기 세뇌 학습법

조시준 의예과

수학을 잘하려면 '알을 깨고' 나와야 한다지만 수학에는 알껍데기가 열몇 겹씩 있는 것 같다. 나는 중학교 2학년 때까지 수학을 잘하진 못했다. 학원에서 시험을 쳐도 전체 등수는 늘 중간에서 꼬리 어디쯤 있었으니까. 하지만 꾸준히, 하나하나, 알껍데기를 깨고 나오니 대학에 올 즈음 나는 어느 정도 수학 마스터가 되어 있었다.

본격적인 수학 사교육은 초등학교 5학년이 될 즈음부터 받기 시작했다. 그전까지는 직장에서 퇴근하신 어머니와 함께 수학 선행을 하며 한 학기에서 1년 정도 과정을 미리 공부했다. 어머니께 과외를 받듯 개념 설명을 듣고 《큐브수학》, 《최상위 수학》 등 문제집을 두세 권씩 풀며 기초를 다졌다. 어머니께서 공부를 '시켰다'기보다는 나와 '같이 공부했다'는 표현이 조금 더 정확할 것 같은데, 가끔씩 정말 어려운 문제가 나오면 아버지도 동원되어 함께 해결했을 정도로 온 가족이 수학 공부를 도와줬다. 당시엔 새로운 내용을 배운다는 것이 신나서 수학을 좋아했다.

학원에 등록하기 전까지 수학은 그저 쉬엄쉬엄 공부하는 과목이었지만, 학원을 다니기 시작하면서 많은 과제와 승반에 대한 스트레스 때문에 점점 지쳐 갔다. 현행에서는 심화학습을 하고 선행에서는 진도를 최대한 나가며 현행과 선행을 병행했는데 중학교에 올라갈 때 중등 과정이 끝나 있는 정도의 빠르기였다.

수업은 재밌었지만 문제는 숙제였다. 현행 과정에선 어려운 심화 문제를 풀고 선행 과정에서는 많은 문제를 풀어야 했으니 버거운 날들의 연속이었다. 그러다 마음을 고쳐먹었다. 어차피 해야 하니 재미라도 붙이자고 마음 먹은 뒤 꾸역꾸역 숙제를 다 해가기 시작했다. 수학 과목에서 늘어 놓는 형이상학적인 이야기에도 귀를 기울이고 개념을 이해하려 노력했다.

재미있다고 믿자 마음의 경계도 허물어졌다. 모르는 사이에 실력도 단단해졌다. 이것이 내가 깨고 나온 첫 번째 알껍데기다. 억지로라도 수학은 내게 '꼭 필요한 것', '재미있는 것'이라고 믿으며 주어진 공부를 끝까지 하는 자세를 길러보자.

사고력 수학은 필수

과외를 하며 학생들을 가르치다 보면 수학 머리가 열려 있는 학생과 아무리 설명해도 이해하지 못하는 학생이 있다. 그다지 머리가 좋지 않았던 나도 결국엔 수학 머리가 열렸으니 지능 차이만은 아닐 것이다. 어렸을 때 수학의 언어와 사고방식에 얼마나 익숙해지느냐의 차이가 아닐까. 결국 많이 써 본 머리가 열리는 것이라 생각한다.

수학 공부에서 흔히 하는 대표적인 오해는 '양치기'(매우 많은 양의 문제를 풀어 성적을 올리려는 전략)가 만능이라는 착각이다. 문제를 많이 풀어 보는 연습은 꼭 필요하지만 단순히 유형서를 한 권 붙잡고 양치기를 한다고 해서 점수가 저절로 오르는 것은 아니다. 반복할수록 정답률은 높아지겠지만 수학의 원리와 약속을 이해하지 못한 채 자기만의 '괴상한' 논리를 적용해 봤자 남는 것이 없다. 수학의 논리를 충분히 이해했다고 확신하기 전까지 무작정 양치기에 매달리는 것은 위험하다.

반대로 '사고력 수학', '경시 수학'처럼 출제자가 기상천외한 의도를 심어 놓은 문제들은 유형이라고 할 만한 게 별로 없다. 정답의 실마리를 찾기 위해 개념을 논리적으로 변형해야 하고, 풀이 과정에서도 각 단계가 까다롭기 때문에 끊임없이 의심해야 한다. 이 과정에서 비로소 수학의 원리를 깨우칠 수 있으며 수학적 사고력과 논리력이 크게 증진된다. 나는 초등학교 때 수학 학원에서 경시대회 교재인 《3% 올림피아드》를 풀었다. 잘하진 못했지만 문제를 해결하려고 노력하는 과정에서 앞서 말한 알껍데기가 한 꺼풀 더 벗겨졌다.

 배운 내용을 기계적으로 적용하는 것이 아니라 개념을 마음속에 심고 수업을 안 들은 것처럼 문제에 부딪혀 보는 것이다. 머릿속으로 개념을 요리조리 굴리면서 끼워 맞춰가다 보면 유형이 보이고 규칙이 보이고 약속이 보인다. 초등학생 때부터 많은 시간과 노력을 투자해서 어려운 문제를 하나씩 스스로 해결하다 보면 어느 순간 수학 머리가 열린다.

 나는 그 깨달음이 중학교 3학년 때 찾아왔다. 문제를 풀던 중 문득 '알겠다!'는 생각이 들면서 갑자기 웬만한 문제들은 전부 풀 수 있었다. 몇 년간 같은 레벨에 머물렀던 학원에서도 단숨에 최고 레벨까지 올라가며 그간의 설움도 풀었다. 같은 방식으로 수능 유형에 익숙해지는 연습을 한다면 수능의 킬러 문항까지는 특출난 재능이 없어도 풀 수 있을 것이다.

주산과 학습지로 단련한
수학 기초 체력

정진용 원자핵공학과

초등학교 6학년 때 처음 수학 학원에 갔다. '꽤 늦게 학원을 다니기 시작했네?'라고 생각할 수도 있다. 요즘은 '7세 고시'라는 말도 있으니까. 그렇다고 초등학교 5학년 때까지 탱자탱자 놀기만 했을까? 나는 학교 방과 후 주산 교실을 다니며 〈씽크빅〉 학습지를 풀고 있었다.

"주산? 그거 완전 옛날에나 하던 거잖아?"

주산을 과거의 유산처럼 여기는 사람도 있을 것이다. 그러나 내가 방과 후 주산 교실을 다니면서 얻은 것은 화려한 주판 컨트롤(?) 실력이 아니라 '빠르고 정확한 계산 능력'이었다. 실제로 주판을 들고 다니지는 않지만 머릿속에 주판을 띄워 계산하는 습관이 생긴 것이다. 자연스럽게 계산 속도가 매우 빨라졌고 실수는 그에 반비례하여 줄어들었다.

복싱을 처음 배울 때 줄넘기만 시킨다는 말, 다들 들어봤을 것이다. 줄넘기를 잘하면 자연스럽게 복싱 실력이 늘까? 그건 아마 아닐 것이다. 그렇다면 줄넘기를 왜 시킬까? 정답은 기초 체력을 쌓기 위해서다. 나 역시 초등 시절 주산을 배우며 수학의 '기초 체력'을 탄탄히 길렀다. 빠르고 정확한 계산 능력은 수학적 사고력이 필요한 문제를 접하게 되었을 때 시간을 벌어준다는 점에서 매우 큰 도움이 된다. 하지만 암산 실력만으로는 훌륭한 '계산기'는 될 수 있어도 대단한 '수학적 사고력'을 기를 수는 없다.

주산 외에도 나는 〈씽크빅〉 학습지를 꾸준히 했다. 학습지를 풀면서 학교 시험에서 흔하게 접할 수 있는 유형들을 배울 수 있었고 일정 수준의 '수학적 사고력'을 기를 수 있었으며 매주 학습지를 풀며 자연스럽게 학습 관리도 할 수 있었다.

가끔은 수업에 도움이 되는 교재들이 동봉되어 올 때는 새로운 장난감을 받은 기분이었다. 어머니께서는 직장 생활로 바쁘신 와중에도 늘 학습지를 채점한 뒤 오답 정리를 하라고 지도해 주셨다.

그렇다고 언제까지나 주산과 학습지에만 의존할 수는 없는 법. 나는 초등학교 6학년 때 처음으로 수학 학원에 다니기 시작했다. 이전까지 수학 선행 학습을 딱히 한 적이 없었기 때문에 처음에는 $f(x)$ 같은 기호를 받아들이는 것이 어려웠다. (그리고 지금은 원자핵공학과에 다니며 정말 기이하게 생긴 수식들에 둘러싸여 고통받고 있다.) 그러나 앞서 얘기했듯 수학 기초 체력이 탄탄했고 일정 수준의 수학적 사고력 역시 존재했기 때문에 빠른 속도로 적응할 수 있었다. 또 계산이 매우 빠르고 정확했기 때문에 더 많은 문제를 더 짧은 시간 안에 더 정확히 풀 수 있었다. 앞서 나가는 것은 조금 늦었지만 빨리 달릴 수 있는 학생이 된 것이다.

수학

혼공으로 초·중등 수학 정복하는 학년별 로드맵

초·중등 시기에 수학 학원을 다니는 것이 필수이자 당연한 것은 아니다. 혼공으로 능동적으로 공부한 경험이 어떻게 폭발적인 힘을 발휘하는지 찬찬히 따라가 보자.

초등학교 6년, 나의 수학 독학기

최윤 의예과

나는 초등학교 6년 동안 학원에 다니지 않고 혼자서 수학을 공부했다. 부모님께 문제 풀이 방법을 묻기도 하고 때로는 높은 오답률에 속상해하기도 했지만, 수학 문제와 씨름하고 논리적 전개 과정을 고민하던 시간은 수학적 사고력과 함께 스스로 생각하고 공부할 수 있는 학업의 기초 체력을 길러주었다.

초등학교 시절 수학 공부는 연산, 선행, 사고력, 현행 및 심화 학습으로 이루어져 있었다. 1학년부터 6학년까지의 공부 과정을 정리하면 다음과 같다.

1~2학년

초등학교 저학년 때는 수학 공부(문제 풀이)에 큰 시간을 쏟지 않았다. 학교 수업에 충실하고 단원평가와 중간고사, 기말고사를 치르는 정도였다. 대신 수학 스토리텔링 책을 통해 자연스럽게 수학적 사고를 접하며 수학이라는 학문을 재미있게 받아들였다. 특히 《양말을 꿀꺽 삼켜버린 수학》을 좋아해서 10회 넘게 반복해서 읽기도 했다.

초등학교 저학년은 연산의 기초를 다지던 시기였다. 초등학교 입학 때쯤 동네 문화센터에 주산을 배우러 다녔는데 공부라기보다는 일주일에 한 번씩 친한 친구를 만나서 놀 수 있다는 생각에 3년 정도 즐겁게 주판을 두드렸다. 그러나 친구와 놀기 위해 다녀서였을까. 암산 속도는 빨랐지만 간혹 정확성이 떨어져 고생했던 기억이 있다. 특히 중·고등학교 시절 계산 실수를 바로잡고자 많은 노력을 기울여야 했다. 아직 초등학생이라면 계산 속도와 정확도를 모두 높이는 연습을 꾸준히 하면 좋겠다.

3~5학년

초등학교 3학년 때부터 본격적으로 수학을 예습하기 시작해 5학년 무렵에는 초등 과정과 중등 과정 선행을 모두 마칠 수 있었다.

초등 선행 과정은 한 학기의 진도마다 문제집 한 권만 풀고 넘어 갔다. 중등 수학은 초등 수학보다 오개념이 생길 확률이 높다고 생각하여 EBS 중학 인강을 활용했다. 특히 중등 기하 단원은 'EBS math' 사이트의 영상을 통해 재미있게 공부했다. 5~10분 정도의 짧은 영상물은 스토리텔링과 애니메이션을 통하여 입체 기하나 작도법과 같은 내용을 가시적으로 설명해 주었다. 예를 들어 같은 호를 공유하는 원주각의 크기가 모두 같다는 사실을 연속된 영상으로 보여 주면서 이미지로 개념을 받아들일 수 있도록 했다. 가볍게 시청할 수 있었기 때문에 인강으로 개념을 모두 익힌 상태에서 문제를 풀기 싫은 순간에 이 애니메이션 영상을 보면서 쉬어가는 시간을 가졌다.

문제집은 《개념원리》 또는 《RPM》을 활용하여 공부했다. 두 교재 모두 개념을 실제 문제에 적용하는 연습에 적합했으며, 초등 과정보다 어려워진 수학 내용을 내 것으로 만드는 데 도움이 되었다.

이 시기에 나는 내 페이스대로 선행 학습을 하면서 현행 심화와 사고력 문제 풀이도 병행했다. 초등 6년 동안 그리고 그 이후에도 선행을 핑계로 현행을 소홀히 한 적이 단 한 번도 없다. 오히려 현행을 항상 더 우선순위로 생각했다. 평소에는 《영재사고력수학 1031》, 《팩토》, 《문제 해결의 길잡이》, 《왕수학》, 《성균관대학교 경시대회 수학 기출문제집》을 풀었으며 초등학교 내내 중간·기말고사와 교내수학경시대회를 열심히 준비했다. 이 과정에서 접한 사고력 및 심화 문제들은 중·고등 과정에서 접하는 문제와 성격이 달랐다. 초등 수학 범위 안에서 논리적으로 추론하고 타당한 분류 체계를 세우는 연습을 할 수 있었고, 이러한 과정은 수학적 사고력을 향상시키는 데 도움이 되었다.

6학년

초등학교 6학년 때는 고등 수학 과정에 진입하며 2009 개정 수학 I(현재 고등학교 1학년 과정)《수학의 정석》을 독학했다. 개념 부분을 밑줄 쳐 가며 정독하고 예제와 유제를 풀었다. 그 후《수학의 정석》연습문제를 빠짐없이 풀었는데 이 과정이 쉽지만은 않았다. 마음처럼 잘 풀리지 않는 문제에 스스로가 답답하기도 했고, 중등 수학에 비해 개념에서 문제로 적용되는 간격이 크게 느껴졌다.

일차적으로 문제 풀이를 하고 나서 다시 고민하는 시간을 가졌다. 그럼에도 풀리지 않는 문제는 부모님께 질문하거나 해설지를 확인한 뒤 다시 풀었다.

부모님께서 문제 풀이를 도와주신 것은 어떻게 수학적 사고를 하는지 익히는 데 큰 도움이 되었다. 부모님께서도 스십 년 전에 배우신 내용이다 보니 기억이 아닌 논리에 입각하여 문제를 풀어 주셨기 때문이다. 문제 풀이 스킬이나 유형별 공략법이 아니라 순수한 수학적 사고 과정을 바로 옆에서 지켜볼 수 있었고 나 역시도 이를 체득하게 되었다. 2009 개정 수학I은 중학교 입학 전에 진도를 모두 마칠 수 있었다.

초등학교 시절 수학 공부를 함에 있어서 강조하고 싶은 것은 선행을 할 때 진도에 급급하지 말라는 점이다. 한 학기에 무조건 한 학기 이상 선행을 나가야 한다거나 어느 시기에 어디까지 진도가 마무리되어야 한다는 강박 없이 나는 내 속도대로 진도를 조절했다. 어떤 학기는 몇 주 만에 마무리하기도 했고 어떤 학기는 몇 번을 반복했다.

중학교 입학 직전, 이과 최상위를 노리며 영재학교나 한국수학올림피아드KMO를 준비하는 또래 학생들과 비교했을 때 나의 수학 선행 진도가 압도적으로 빠른 편은 아니었다. 그러나 속도가 전부는 아니다. 학원에서 정한 스케줄에 따라 본인에게 맞지 않는 진도로 선행하다 보면 제대로 이해하지 못한 채 계산 방법과 유형을 외워서 문제를 풀게 될 확률이 높다.

모든 내용이 온전히 본인의 것이 된 다음, 이후 과정으로 넘어가야 선행량이 쌓일수록 속도가 붙는 선순환의 고리를 만들 수 있다. 조금 느리더라도 기다림이 필요하다.

초등학교 때 차곡차곡 연산 실력을 쌓는 것도 수학 기초 체력에 꼭 필요한 과정이다. 또한 중·고등학교에 비해 시간이 많은 초등 시기에 충분한 시간을 투자하여 혼자 깊게 고민해 보는 것이 중요하다. 이 과정을 거치며 수학 머리가 큰다. 현행 심화와 사고력 문제가 도움이 되는 지점도 바로 이 부분이다.

내가 수학을 흥미로운 학문으로 인식할 수 있었건 것은 온전히 내 속도에 맞게 능동적으로 공부한 습관 덕분이라고 생각한다. 고난도 문제를 고민하다가 맞힐 때의 기쁨과 빨리 더 많은 내용을 알고 싶은 욕심이 수학 공부의 원동력이 되었던 것이다. 몇 시간 동안 전개한 논리가 완벽하게 들어맞았을 때의 짜릿함과 《수학의 정석》에 처음 내 이름을 적을 때의 희열을 모두가 경험할 수 있으면 좋겠다.

공통

나를 서울대에 보내준 초등 공부 습관

'때가 되면 공부하겠지', '고학년 돼서 시작하면 되겠지'라는 생각으로 보낸 초등 시절을 후회하지 않으려면 무엇을 해야 할까? 초등 시기 다른 건 몰라도 공부 습관을 갖춰 놓는 것이 중요하다고 입을 모아 말하는 이유를 들어 보자.

공부가 자연스러워지는 시간 만들기

장현우 언론정보학과

초등학교 1학년 때부터 어머니는 저녁 8시가 되면 나를 의자에 앉히고 내 앞에서 책을 읽거나 가계부를 쓰는 등 무언가를 하셨다. 그럼 나는 어머니가 하는 일을 구경하거나 책을 읽거나 학습지를 풀었는데, 그렇게 나만의 공부 시간이 생겼다. 매일 저녁 8시부터 1시간에서 1시간 30분 정도 앉아 있는 습관을 들이기 시작했고 자연스레 그 시간에 앉아 있는 것은 당연한 일이 되었다.

이 습관은 고등학교 3학년 때까지 이어졌다. 나에게 저녁 8시는 공부하지 않으면 불안한 시간이 되었다. 초등 시기에 형성한 공부 습관의 힘은 〈스튜디오S〉 채널에 출연한 많은 교육 전문가도 입을 모아 이야기하는 부분이다.

또 한 가지 초등 습관이 고등학교까지 파워를 발휘한 경험이 있다. 나는 고등학교 때 역사 과목을 좋아했다. 친구들이 이상한 눈초리로 "너는 어떻게 역사를 좋아할 수 있냐?"고 질문할 정도로 역사는 좋아하기 힘든 과목이자 지긋지긋한 암기 과목으로 치부되었다. 역사는 대표 암기 과목인 만큼 공부량이 많다. 양도 많은데 생전 처음 들어 보는 이야기를 '시험 봐야 하니까 외워라!'라고 한다면 누구도 공부하고 싶지 않을 것이다. 오히려 거부감이 들 텐데 이 거부감을 없애는 것이 역사 공부의 출발점이라고 할 수 있다. 내가 역사 과목을 좋아하게 된 배경에는 초등학생 시절 어머니께서 읽어주셨던 역사책의 영향이 컸다.

초등학교 4학년 무렵부터 어머니는 매일 밤 잠들기 전에 내 방에 들어오셔서 책을 읽어주셨다. 《엄마의 역사 편지》라는 책으로 엄마가 딸에게 들려주는 편지 형식으로 되어 있어 듣기가 편한 데다 마치 라디오에서 흘러나오는 역사 이야기를 듣는 듯해 재밌었다. 어머니는 책을 읽어주다가 내가 잠들면 방에서 나가셨다. 책 내용도 좋았지만 어린 나이에 엄마와 함께 했던 추억이 좋은 기억으로 남아 역사를 어렵게 느끼지 않게 되었다고 생각한다.

　공부는 거부감이 생기기 시작하면 더욱 손이 가지 않는다. 그렇기에 초등학생 때 공부를 놀이처럼 생각하고 어렵지 않다는 자신감을 갖게 하는 것이 꼭 필요하다. 많은 학부모님이 자녀가 어릴 때 애니메이션을 보여주고 팝송을 들려주며 영어와 가까워지게 만드는 것처럼 다른 과목도 마찬가지다. 자녀가 공부를 잘하는 것과는 별개로 싫어하지 않게 될 것이다. 나는 이러한 방식으로 역사 과목에 진입하기 쉬웠고 이후 중·고등학교 시기에는 나만의 방식으로 역사를 공부할 수 있었다.

　초등학교 때 해야 하는 일은 남들보다 빠르게 선행을 나가고, 문제를 많이 풀고, 학원을 많이 다니는 것만이 전부가 아니라고 생각한다. 자녀가 공부를 싫어하지 않도록 만들어 주고, 일상에 공부가 스며들 수 있도록 습관을 잡아 준다면 이후 공부가 훨씬 수월해질 것이라 확신한다. 어느 학원에 갈지 고민하는 것보다는 먼저 어떻게 즐겁게 공부할 수 있을지 생각해 봤으면 한다.

꾸준히 앉아서 집중하는
엉덩이 힘 기르기

최윤서 국어국문학과

나 스스로 '이건 정말 잘했다!' 싶은 공부 습관이 하나 있다면 단연코

'매일 공부하기'이다. 내겐 매일 같은 시간에 책상 앞에 앉는 게 익숙한 일이었고 그 시간이 되면 '앉아야 할 시간이다' 하고 몸이 먼저 반응하는 느낌이었다. 엉덩이 힘도 재능이라는 말이 있는데, 초등부터 쌓은 엉덩이 힘이 중·고등 시기 공부량을 결정짓고 집중력이나 효율면에도 큰 영향을 주었다. 누가 시켜서 억지로 했다기보다 자연스러운 내 하루의 일부였다. 내가 엉덩이 힘을 기를 수 있었던 건 나의 첫 번째 공부 멘토였던 '엄마' 덕분이다.

초등학교 때 엄마는 늘 내 옆에서 같이 공부를 해주셨다. 내가 책상에 앉으면 엄마도 앉아 책을 읽거나 문제집을 채점해 주셨다. 어떤 날은 내가 "문제 좀 내줘!" 하면 진짜 선생님처럼 퀴즈를 내주셨고, "엄마 나 이거 외웠는데 들어볼래?" 하면 들어 주며 아낌없이 칭찬해주셨다. 텔레비전을 끄고 같이 집중하는 그 분위기 덕분에 공부가 '혼자 하는 외로운 것'이 아니라는 느낌이 들었다.

학교 단원평가에서 100점을 맞았을 때 엄마는 기쁨의 순간들을 절대 가볍게 넘기지 않으시고 "와~ 잘했네!" 하며 마음껏 칭찬해 주셔서 나는 다음 시험도 더 열심히 준비하고 싶었다. 그렇게 작은 성취들이 쌓여서 공부에 진심인 사람으로 자라게 된 것 같다.

무조건 오래 앉아 있는 게 중요한 건 아니지만 꾸준히 앉아서 집중할 수 있는 힘은 분명 필요하다. 나는 그 힘을 초등학생 때 엄마와 함께 공부하며 천천히 키웠다고 생각한다.

서울대 의대 보낸 입시 고수맘의 교육법
― 조시준 학생 어머니 박다래님

▶ 스튜디오S
인터뷰 영상 보기

서울대 학생들의 공부법 이야기를 듣다 보면 "어머님이 누구니?"라는 말이 절로 나온다. 실제로 〈스튜디오S〉 영상에는 학생들의 부모님을 모셔 달라는 댓글이 꾸준히 달리는데 가장 섭외 요청이 많았던 분은 조시준 학생의 어머니였다.

한 마디 한 마디 버릴 것 없는 선배맘의 인터뷰 내용과 미처 방송에 나가지 못한 내용을 담았다. 조시준 학생의 표현을 빌리자면 '엄마는 코치, 나는 선수' 같은 학창 시절을 보냈다고 하는데 어머니께서 초중고 각 시기마다 어떤 코치 마인드로 임했는지 들어 보자.

Q. 미취학 시기는 교육보다 양육에 공을 많이 들이는 시기인데 가장 중점을 둔 부분은 무엇인가요?

저는 어떤 일이든 '이것만은 하지 말자' 같은 원칙을 가지고 사는 편입니다. 그러면 좋은 상황에 놓일 때든 안 좋은 상황에 놓일 때든 제가 저를 컨트롤할 수 있게 되더라고요. 아이들이 어렸을 때도 몇 가지 원칙을 갖고 양육했어요.

첫 번째는 '아이가 거부당하는 느낌을 받게 하지 말자'입니다. 원하는 것을 해 주지 않더라도 이유를 설명한 후 거절하고 아무리 바쁘고 급한 일이 있어도 엄마를 부르면 아이한테 들려가려고 노력했어요. 이런 노력이 아이에게 '엄마는 언제라도 내가 필요할 때 와 줄 거야'라는 믿음을 주지 않았을까 싶고 지금까지 저를 신뢰하는 이유가 아닐까 생각합니다.

두 번째는 '싫어하는 것 절대 안 시키기'입니다. 아무리 아이라도 싫어하는 게 있다고 생각했어요. 싫어하는 이유를 논리적으로 설명을 못할 뿐이지 아이도 싫어할 권리가 있어요. 싫어하는 음식, 같이 놀고 싶지 않은 친구, 싫어하는 수업 등이 있을 수 있는 거죠. 예를 들어 싫어하는 음식이 있다면 모양을 바꿔서 먹여 보고, 냄새가 안 나게 먹여 봅니다. 그랬는데도 아이가 알아채고 먹기 싫어한다면 진짜 싫어하는 음식인 거잖아요. 그럼 인정하고 수용해 줬던 것들이 '내가 설명하면 통하는구나'라는 생각이 들게 만들어 줬던 것 같아요.

이 두 가지를 관통하는 핵심은 아이를 하나의 인격체로 존중하고, 아이에게 존중받고 있다는 느낌을 주는 것입니다. 다만 모든 요구를 들어줄 수는 없기에 거절할 때는 반드시 그 이유를 설명했어요.

아이에게 해롭거나 부모 능력이나 상황이 안 되는 일도 있는데, 예를 들어 너무 바쁜 시기에 놀이공원에 가자고 하면 해줄 수 없잖아요. 그럼 못 가는 이유를 설명했어요. 아이가 처음에는 이해하지 못할 수 있지만 크면서 점차 이해하지 않았을까 생각했습니다.

Q. 초등학교 시기부터 본격적인 학습에 들어가는데 초등 6년간 공부시키면서 고수한 교육 원칙은 어떤 것인가요?

우리집에는 절대로 깰 수 없는 규칙이 하나 있어요. 하고 싶은 것과 해야 하는 것을 분리해서 생각하는 것입니다. 하고 싶은 것과 해야 하는 것이 다르다는 건 아이들도 알아요. 그런데 그 순서가 중요하죠. 아이를 키우면서 '게임을 몇 시간 이상 하면 안 돼!' 같은 얘기는 별로 한 적이 없어요. 게임이 하고 싶으면 숙제 먼저 끝내야 합니다. 해야 할 일을 하고 난 다음에야 자기가 하고 싶은 뭐든 할 수 있다는 것을 당연한 것으로 알고 컸어요.

또 하나는 공교육에서 시도할 수 있는 모든 것을 경험하게 하자는 것입니다. 모든 시도는 가능성 확인의 기회이며, 실패하더라도 능력을 한 단계 높일 수 있는 기회로 여겼어요. 그래서 방과 후 수업으로 중국어, 첼로, 각종 교내 대회 참가, 과학 탐구와 발명 교실, 영어 연극 경연대회, 여러 대학의 캠프나 사이버 수업, 심지어 '이런 것도 있어?' 싶은 리코더 합주 대회까지 도전하게 했습니다.

그 외에 사교육으로는 아이가 로봇을 굉장히 좋아해서 로봇 학원은 꾸준히 보내 줬는데 로봇을 만드는 과정에서 역학 등에 대한 감각을 체득하고 로봇을 움직이게 프로그램을 짜는 과정에서 코딩에도 익숙해지게 되었어요. 공교육 안팎으로 여러 경험을 하게 하는 과정에서 한 번도 '이거 해!'라고 강요한 적은 없었어요. 이거 하면 이런 점이 좋고 이건 이래서 재미있겠다고 아이 눈높이에서 말했습니다. 대개는 하고 싶어 했고 그럼에도 하기 싫어하는 것들은 미련 없이 포기했습니다.

코치로서 저는 교육 관련 카페에 가입해서 열심히 자료 조사를 하고 읽을 책 리스트를 만들어 주었어요. 텔레비전은 케이블 설치를 안 해서 지상파만 나왔기 때문에 재미있는 다큐멘터리나 영어 애니메이션을 찾아서 보여 주고 집에서 공부할 때 문제집을 채점하고, 오답 챙기고, 공부 방식을 잡아 주려고 노력했어요.

예를 들어 사회 과목 공부의 경우 교과서에 제시된 내용을 완전하게 이해해야 암기가 가능하다는 것을 알려 주는 식이었어요. 책을 만드는 사람 입장에서 단원의 구성, 단원 안의 소단원 구성, 문장을 구성할 때 어떤 키워드를 놓고 이 내용을 썼을지 생각하며 정리하다 보면 외워질 수밖에 없다고 알려 주었죠. 그렇게 한 학기만 같이 해 주면 그다음부터는 아이도 스스로 체득해 나갔던 것 같습니다.

Q. 사춘기 복병까지 등장하는 중등 시기는 어떤 코치셨나요?

사춘기를 맞이하면서 고민을 많이 했는데, 이런 얘기를 들은 적이 있어요. '아이가 어른으로 성장하기 위해서 반드시 넘어야 할 산은 부모다.' 부모라는 산을 설득하지 않고 부모 뜻을 거스르지 않은 채 계속 살게 되면 나이가 많아져도 어른이라고 볼 수 없다는 얘기였죠. 내 아이가 너무 예쁘지만 좋은 어른이 되려면 조금씩 부모를 거스르고 설득해서 자기가 하고 싶은 대로 할 수 있는 기회를 줘야 한다고 생각했어요. 그래서 아이와 갈등이 있을 때는 '아이가 이기게 하자'는 생각으로 대화했습니다. 아이가 원하는 바가 있을 때 엄마를 설득시키기 위해서 알게 한 것이 있습니다.

① 내가 진짜로 원하는 게 무엇인지, 인생에서 내가 어떻게 살고 싶은 건지 생각하기.
② 나의 결정이 상식에 맞는 합리적인 결정인지 '이런 이상한 결정이 어딨어?'라는 말을 듣지 않기 위해 고민하기.
③ 자신의 결정에 책임을 져야 한다는 걸 알게 하기.

이러한 것들을 알아 가는 과정에서 조금씩 성장할 것이라 생각했습니다. 사춘기 최대 갈등 요소 중 하나인 휴대폰 규칙 같은 경우 큰아이를 키우면서 잔소리가 소용없다는 것을 경험했기에 게임이나 휴대폰 등에 제한을 두지는 않았습니다. 하지만 거실에서만 휴대폰 충전이 가능하도록 장치하고 PC방 출입은 금지했어요. 그것이 부모가 할 수 있는 최소한의 규제였다는 것을 아이 본인도 인정했고 이것만은 지키려 노력했습니다.

중등 코치로서 또 한 가지 충실히 임했던 업무는 '식당차' 운영입니다. 학원 라이드 중에 식사 해결을 위해 차에 트레이를 비치하고 균형 있는 영향 공급과 편의성 있는 메뉴, 후식까지 제공해 줬습니다. 이 습관은 고등학교 모의고사 때 수능 도시락을 싸 가서 먹어 보며 수능 도시락을 대비하는 데까지 이어졌어요. 어떻게 그런 수고까지 하냐는 질문을 받은 적이 있지만 중·고등 내내 식당차를 운행해 온 입장이라 전혀 고되지 않았습니다.

Q. 중학교 시절의 큰 관문인 고교 선택 과정은 어떠셨나요?

돌이켜 보면 입시 과정에서 고등 진학 결정이 가장 힘들었어요. 영재학교를 준비하다 의대 진학으로 방향을 튼 후 전국 자사고와 광역 자사고, 명문 일반고(이사 고려)와 동네 일반고를 비교하며 의대 지원에 유리한 학교 선택을 위해 발품을 팔았습니다.

전국의 각 고등학교 자료를 수집하고 입시 설명회에 참석해서 교육과정 편제표를 확인했으며, 진학 실적 및 특징적 활동과 동아리 활동 등을 종합적으로 알아보며 공부했어요. 몇몇 학교 같은 경우 진로 교사와 따로 상담까지 받았던 기억이 있습니다.

입시 결과를 해석할 때도 학교 학생들의 능력치 대비 아웃풋을 살피며 수시에 강한 학교인지 정시에 강한 학교인지 파악하고, 결국 내 아이가 그 학교 실적에 포함될 가능성이 있는지 타진해서 정했던 것 같습니다. 결국 집 앞 일반고로 최종 선택을 했는데 아이가 고교 결정에 아쉬운 마음도 있었겠지만 엄마가 고생하는 것을 보았기 때문에 결정을 신뢰했다고 생각합니다.

당시 직장과 친정 부모님 건강 문제로 바쁜 시기였지만 '잠을 줄여서 할 수 있는 일이면 뭐든지 한다'는 마음으로 생활했어요. 돌아보면 그때 어떻게 그랬지 싶은 생각도 드는데 직장맘으로서의 미안함이 원동력이 되어 24시간을 쪼개어 썼던 기억이 납니다.

Q. 고등학교 3년, 아이가 꾸준히 공부할 수 있게 서포트하는 것이 결코 쉬운 일이 아닌데 어떤 마인드로 임하셨나요?

중학교 때까지 정말 에너지를 많이 썼는데 고등학교 가니까 오히려 할 일이 없어지고 대부분 본인 몫이 되었습니다. 아이가 필요로 하는 학원 수업을 알아봐 주고 시간표 맞춰 등록해 주는 등의 역할이 주가 되었는데요. 그럼에도 하루하루 널을 뛰는 고등 3년을 버틸 수 있었던 데에는 저만의 작은 원칙이 있었습니다.

하나는 '불안을 내보이지 말자'. 사실 수험생 엄마들은 매일 천국과 지옥을 왔다 갔다 합니다. 수시를 준비하다 보면 계속 살얼음판을 걷는 것처럼 불안한데 그 감정을 아이한테 보이면 안 된다고 생각했어요. 입시 기간 중 계획이 틀어져 아이가 좌절하고 실망하고 불안해 할 때 저는 동요 없이 플랜 B를 제안하며 아이를 불안하게 만들지 않으려고 노력했어요.

또 하나는 '욕심을 드러내지 말자'입니다. 예를 들어 아이가 "나 원하는 대학에 못 가면 어쩌지?" 이런 얘기를 하는 날이면 (엄마 마음은 철렁하지만 최대한 밝은 목소리로) "다른 곳 가도 엄만 너무 좋고 자랑스러워. 노력하고 시도했는데 안 되면 그것도 의미 있는 것이니 후회만 없으면 된다."라고 얘기해 주곤 했습니다.

그럼에도 아이가 흔들리고 슬럼프가 올 때는 "인생에서 어느 한 시기 정도는 치열하게 살아보는 경험이 필요해. 그 경험을 고등 시기에 하는 경우 열매가 달콤할 거야."라고 조언하는 대문자 T 엄마이기도 했습니다.

Q. 자녀와의 소통을 위해 특별히 노력하신 점 있으신가요?

특별한 노력은 없었던 것 같아요. 아기 때부터 본인이 가족으로부터 사랑받는 걸 알고 있었기 때문이 아닐까 싶습니다. 그러나 좋은 인성을 갖춘 사람으로 키우기 위해 해 준 말은 있습니다.

"먼저 인사해라! 세상 사람들은 모두 너를 좋아할 준비가 되어 있다."

제3장

고등학교에서 빛을 발하는 중등 공부 전략

▶ 스튜디오S 영상 보기

**EBS 윤혜정 선생님
국어 영역별 공부법**

한국사 만점 공부법

중학 수학 혼공법

고교 선택 기준

국어
수능 자신감을 키워 주는 중등 국어의 핵심

'국어는 집을 팔아도 안 된다'는 말이 있다. 책을 많이 읽으면 국어 점수가 따라올 것이라는 긍정 회로도 금물. 고등 국어와 어떻게 다른지, '불국어'라는 수능 국어는 어떻게 대비해야 하는지 핵심을 살펴 보자.

문법·문학·비문학
제대로 된 수능 국어 공부법

최윤 의예과

중학교 국어 시험은 암기만 잘해도 고득점을 받을 수 있다. 그래서 국어 실력이 높지 않아도 스스로 국어를 잘한다고 착각하기 쉽고, 중학교 때 공부법을 그대로 고등학교에서도 적용하다가 첫 국어 시험에서 낭패를 볼 수 있다.

    중학교 시기에는 제대로 된 국어 공부법으로 국어 기초 실력을 차곡차곡 쌓아야 한다. 나는 국어 시험이 까다롭기로 유명한 대치동 학군지의 여자 중학교를 다니며 중간고사와 기말고사 때 고등학교 수준으로 깊이 있게 공부하며 국어 실력을 쌓아 나갔다. 3년간 차곡차곡 공부한 덕분인지 고등학교 1학년 첫 중간고사에서 전교생 중 유일하게 국어 100점(그 당시 국어 시험이 매우 어려워 국어 시험 전교 2등이 90점대 초반이었던 것으로 기억한다)을 받으며 내 공부법에 확신을 갖고 자신감 있게 고등학교 생활을 시작할 수 있었다.

[문법] 고등 문법까지 한번에 다지기

중·고등학교에서 배우는 문법은 단계적으로 이어지는 나선형 구조를 가진다. 고등학교 '언어와 매체' 과목에서 배우는 문법 내용을 중학교 과정에서 더 쉽게 미리 다룬다는 뜻이다. 따라서 중학교 3년 동안 내신 공부를 할 때마다 고등학교 과정의 문법 내용까지 철저히 공부한다면 중학교 내신뿐만 아니라 고등학교 내신과 수능까지 큰 도움이 된다.

중학교 국어시험의 문법 공부는 교과서 내용을 완벽히 암기하면서 기본을 다지는 것으로 시작했다. 그 후 추가적으로 수능 개념서를 읽고, 수능·모의고사 문법 기출을 모아둔 교재 《마더텅 수능 기출문제집》, 《수능대비 자이스토리》 등을 풀었다. 여기서 문제를 풀 수 있다는 것은 타인에게 설명할 수 있을 정도로 완벽하게 이해했다는 뜻이다.

예를 들어 중학교 교과서에서 다루는 '음운의 변동'에는 교체, 첨가, 축약, 탈락의 정의와 예시만 간단하게 제시된다. 그러나 나는 교과서 내용에서 더 나아가 사잇소리 현상이나 경음화가 나타나는 상황까지도 구체적으로 학습했다. 그래서 중등 내신 시험에 문장을 발음대로 적는 고난도 서술형 문제가 출제되었을 때도 확신을 갖고 쉽게 답을 적어낼 수 있었다.

이미 고등 수준의 문법 틀이 갖추어져 있었기에 고등학교 진학 후 학교 수업 내용에 대한 이해가 쉬웠고 내신 출제 방향까지도 예측이 되었다. 특히 상대적으로 중요도가 떨어져 수업 중 간략하게만 설명하고 넘어가는 문법 개념들이 있는데 고등 문법까지 다 알지 못하는 상황이었다면 이런 포인트를 놓쳤을 확률이 높다. 설령 놓치지 않았더라도 사소한 부분을 공부하기 위해 시간을 많이 들여야 했을 것이다.

이렇게 중학교 3년간 제대로 다져둔 문법 공부 덕분에 고등학교 내신에서도 빈틈이 없었다. 또 수능에서도 언어와 매체를 선택하여 문법 공부에 많은 시간을 투자하지 않고도 수능 국어 만점을 받을 수 있었다.

[문학] 기본 개념을 기반으로 선지 판단 능력 기르기

중학교 내신 문학 시험은 선생님께서 수업 시간에 설명해 주신 내용을 암기만 하면 쉽게 풀 수 있으나 고등학교 내신과 수능 문학 고득점은 단순 암기만으로는 부족하다. 따라서 중학교 때부터 문학 개념을 바탕으로 선지를 판단하는 사고과정을 익히는 것이 좋다.

먼저 국어 개념을 공부해 문학을 이해하고 해석할 수 있는 기초를 닦아 놓아야 한다. '공감각', '은유적 표현', '청유형' 등 문학 개념어의 정의와 예시를 이해하는 것이나 고전시가의 주제별 특징을 파악하는 것이 이 과정에 속한다.

그후 중학교 교과에서 배우는 문학 작품이 수능이나 모의고사에서 출제된 적이 있다면 해당 작품의 기출 문제를 풀어 보며 작품에 대한 이해도를 높여야 한다. 이 과정에서 수능 유형에 친숙해지는 것은 덤이다. 나는 중학교 1~2학년 때 학원 도움 없이 EBS 윤혜정 선생님의 '개념의 나비효과' 강의로 고등학교 문학 개념을 모두 공부했고, 《매3문》과 같은 교재로 혼자 수능 국어 맛보기를 진행하며 고등학교 국어 문학 공부의 초석을 다졌다.

[비문학] 독해력 향상이 중요하다

중학교 시절에 비문학 공부라고 할 만한 것은 특별히 없다. 글을 읽고 이해하는 독해력을 향상시키는 것이 중학교 때 해야 할 비문학 공부라고나 할까? 교재 한 권을 더 풀어 본다고 해서 독해력이 향상되지 않는다. 그보다는 독서가 중요하다. 초등학교 때보다 폭넓고 깊이 있는 독서가 가능하기 때문이다. 중학교 독서의 중요성에 대해서는 169쪽에서 더 자세하게 다룰 예정이다.

글 자체를 이해하는
연습을 하자

장현우 언론정보학과

점점 수능 비문학 지문의 난이도가 높아지면서 정직한 독해로는 글을 읽기 힘들어하는 학생들이 많아지고 있다. 상황이 이렇다 보니 중학생 때부터 난이도 있는 글을 미리 접하며 연습할 필요가 있다고 생각한다.

나는 중학생 때 문학보다 비문학에 초점을 맞춰서 공부했고, 지문을 읽는 동안 문제의 답을 찾는 연습이 아닌 글 자체를 이해하는 연습을 했다. 글을 제대로 이해하고 텍스트와 친해지는 것은 국어뿐 아니라 다른 모든 과목의 학업 성취도에도 큰 영향을 주기에 연습이 필요하다고 생각한다.

문제를 풀지 않고 지문만 읽어도 괜찮다. 문단의 핵심어와 주제, 글 전체의 주제, 논리가 이루어지는 구조를 찾아내는 연습을 하는 것도 좋다. 모든 과목이 그렇듯 천천히 하다 보면 비문학의 감을 잡아갈 수 있으리라 생각한다.

가장 기본적으로 지문을 읽을 때 가져야 하는 태도는 1)글을 쓴 사람이 나에게 무엇을 이야기하고 싶은지 2)그 이야기를 전달하기 위해 어떤 방식을 사용하고 있는지 3)이야기의 근거가 글에서 체계적으로 서로 연결되어 있는지 세 가지를 찾는 것이다. 지문 읽는 연습을 할 때 어떻게 적용해야 하는지 2023학년도 수능 국어의 지문

(113쪽)을 통해 비문학 분석을 해보겠다. 글을 어떻게 보면 좋은지 따라와 보길 바란다.

1문단에서는 조문의 규정, 불확정 개념의 정의와 예시를 설명하고 있다. 예시에서는 '손해 배상 예정액'이라는 단어를 제시했고, 그것을 법원이 어떻게 판단하는지 소개하고 있다. 지문을 읽으며 어떤 내용이 나오는지, 그 내용이 무슨 의미인지 생각하는 것이 전체적인 글의 구성을 이해하는 데 큰 영향을 끼치기에 신경 써서 읽을 필요가 있다. 1문단의 마지막에서는 '손해 배상 예정액'과 관련된 내용을 언급하고 있기에 자연스럽게 이 내용이 2문단과 연결될 것이라 예상할 수 있다. 2문단에서는 경우에 따른 손해 배상금의 지급 방법에 대한 설명이 나와 있는데, 각각의 경우를 구분해야 문제를 제대로 풀어낼 수 있기 때문에 지문 옆에 아래 방식으로 조그맣게 정리해 둔다.

손해 배상 예정액으로 다루어지는 경우
- 채권자가 손해를 증명함
- 손해 배상액이 정해져 있음(채권자의 증명 필요 없음)
→ 위의 두 경우 법원의 감액 가능

2문단 마지막 부분에서 "손해 배상 예정액과는 달리 법원이 감액할 수 없다."라는 부분을 통해 손해 배상 예정액은 법원의 감액이 가

2023학년도 수능 국어 문항

[10~13] 다음 글을 읽고 물음에 답하시오.

법령의 조문은 대개 'A에 해당하면 B를 해야 한다.'처럼 조건과 효과로 구성된 조건문으로 규정된다. 하지만 그 요건이나 효과가 항상 일의적인 것은 아니다. 법조문에는 구체적 상황을 고려해야 그 상황에 ⓐ맞는 진정한 의미가 파악되는 불확정 개념이 사용될 수 있기 때문이다. 개인 간 법률관계를 규율하는 민법에서 불확정 개념이 사용된 예로 '손해 배상 예정액이 부당히 과다한 경우에는 법원은 적당히 감액할 수 있다.'라는 조문을 ⓑ들 수 있다. 이때 법원은 요건과 효과를 재량으로 판단할 수 있다. 손해 배상 예정액은 위약금의 일종이며, 계약 위반에 대한 제재인 위약벌도 위약금에 속한다. 위약금의 성격이 둘 중 무엇인지 증명되지 못하면 손해 배상 예정액으로 다루어진다.

채무자의 잘못으로 계약 내용이 실현되지 못하여 계약 위반이 발생하면, 이로 인해 손해를 입은 채권자가 손해 액수를 증명해야 그 액수만큼 손해 배상금을 받을 수 있다. 그러나 손해 배상 예정액이 정해져 있었다면 채권자는 손해 액수를 증명하지 않아도 손해 배상 예정액만큼 손해 배상금을 받을 수 있다. 이때 손해 액수가 얼마로 증명되든 손해 배상 예정액보다 더 받을 수는 없다. 한편 위약금이 위약벌임이 증명되면 채권자는 위약벌에 해당하는 위약금을 ⓒ받을 수 있고, 손해 배상 예정액과는 달리 법원이 감액할 수 없다. 이때 채권자가 손해 액수를 증명하면 손해 배상금도 받을 수 있다.

불확정 개념은 행정 법령에도 사용된다. 행정 법령은 행정청이 구체적 사실에 대해 행하는 법 집행인 행정 작용을 규율한다. 법령상 요건이 충족되면 그 효과로서 행정청이 반드시 해야 하는 특정 내용의 행정 작용은 기속 행위이다. 반면 법령상 요건이 충족되더라도 그 효과인 행정 작

> 용의 구체적 내용을 ⓐ고를 수 있는 재량이 행정청에 주어져 있을 때, 이러한 재량을 행사하는 행정 작용은 재량 행위이다. 법령에서 불확정 개념이 사용되면 이에 근거한 행정 작용은 대개 재량 행위이다.
> 행정청은 재량으로 재량 행사의 기준을 명확히 정할 수 있는데 이 기준을 ㉠재량 준칙이라 한다. 재량 준칙은 법령이 아니므로 재량 준칙대로 재량을 행사하지 않아도 근거 법령 위반은 아니다. 다만 특정 요건하에 재량 준칙대로 특정한 내용의 적법한 행정 작용이 반복되어 행정 관행이 생긴 후에는, 같은 요건이 충족되면 행정청은 동일한 내용의 행정 작용을 해야 한다. 행정청은 평등 원칙을 ⓒ지켜야 하기 때문이다.

능하다는 것을 추론할 수 있다. 이렇게 자그마한 부분을 통해 문제의 선지가 만들어지므로 글을 이해하며 읽지 않으면 지문만 들여다보며 답을 찾게 되는 것이다.

위약벌로 증명된 경우
- 위약벌에 해당하는 위약금 수령 가능
- 법원의 감액 불가 + 채권자가 손해 액수 증명 시 손해 배상금 수령 가능

다시 한번 정리하면 1문단에서는 조문을 통해 '불확정 개념'을 소개하며 그 예시로 손해 배상 예정액을 제시했고, 2문단에서는 그것을 받아 손해 배상금의 지급 경우를 분류했다.

지문을 이런식으로 정리하며 읽지 않고 3문단을 읽기 시작하면 머릿속에 물음표가 생길 수밖에 없다. 2문단까지 신나게 손해 배상과 관련된 이야기를 하다가 3문단의 시작이 '불확정 개념'이기 때문이다. 앞에서도 언급했듯 손해 배상은 '불확정 개념'의 예시로서 지문에 등장한 것이기에 이 지문의 메인 주제는 '불확정 개념'이라고 보아야 한다.

실제로 2023학년도 수능 답안지에는 이 지문의 주제가 '법조문에 사용된 불확정 개념과 이에 대한 재량 판단'이라고 적혀 있고 이것은 글의 시작부터 차근차근 읽어 나가며 이해하는 것이 얼마나 중요한지 알려 주는 대목이다. 1문단에서 설명한 '불확정 개념'의 예시(민법)를 2문단에 설명하며 불확정 개념이 무엇인지 더 자세히 알려 주는 것이고, 3문단과 4문단에서는 '불확정 개념'이 사용되는 다른 법(행정 법령)과 그 속에 들어 있는 다른 개념을 간단히 말해 주고 있다. 만약 이 지문을 읽고 핵심이 '손해 배상 예정액'이라고 대답한다면 지문을 잘못 읽은 것이고 지문에서 우리에게 이야기하고자 하는 의도를 파악하지 못한 것이다.

당연히 중학생이 위 수능 지문같이 어려운 지문을 읽어낼 필요는 없다. 본인의 수준에 맞는 글부터 시작해 천천히 읽으며 글의 핵심을 파악하고, 글쓴이가 글을 통해 나에게 이 개념을 설명하기 위해 어떤 방식을 채택하고 있는지 생각해 보는 과정이 반복되면 글의 구조를 쉽게 파악해 나가는 자신을 발견할 수 있을 것이다.

국어는 고등학교 때 공부를 시작해서는 점점 고득점 받기가 힘든 과목이 되어 가고 있다. 영어와 수학도 물론 중요하지만 고등학교에 가서 남들과 다른 차이를 만들어 내고 싶다면 국어 공부를 미리 대비해 보는 것은 어떨까?

> 영어
>
> # 최대 난제인 문법 공부, 언제 어떻게 해야 할까?

엄마표 영어든 어학원을 다니든 일정 시기가 되면 한국식 문법 공부를 시작해야 한다는 무언의 압박을 받게 된다. 서울대생들은 초등학교 때 문법에 발을 담그고 고등학교 입학 전에는 완성해 두라고 조언한다.

문법 개념과 용법
연결해서 공부하기

이유림 국어국문학과

문법 개념의 구조화

과외를 할 때 문법 공부를 시작한다고 하면 도망 가듯 피하는 학생들을 많이 봤다. 충분히 이해한다. 복잡해 보이고 재미도 없으니 두려울 만하다. 그러나 한국에서 영어 성적을 잘 받고 싶다면 문법 공부는 필수다. 시험에서 누가 울고 웃느냐를 가르는 기준이 되기 때문이다.

내가 중학교에 다닐 때는 영어 시험에서 대부분의 문제가 문법을 기반으로 출제되었다. 고등학교 때는 독해의 비중이 커지기는 했지만, 고난도 문제가 문법과 결합되어 나왔다. 이미 알고 있겠지만 이런 고난도 문제는 수능에서 필수적으로 한 문제 출제된다.

문법의 장점은 한번 제대로 공부해 놓으면 계속 우려먹을 수 있다는 것이다. 반대로 제대로 공부해 놓지 않으면 수능 때까지 발목이 잡힌다. 다행히 나는 전자에 속했고 두려움 없이 문제를 풀어 갔다. 오히려 문법이 나오면 반갑기까지 했다. 정해진 논리 안에서 추론하면 되므로 익숙해지면 틀릴 일이 없기 때문이다.

문법 공부를 본격적으로 시작한 건 중학교 1학년 때였다. 인생 첫 기말고사를 준비하며 학원에서 수업을 들었지만 무엇 하나 머리에 들어오지 않았다. 수동태, to 부정사 등 대충 어떻게 생겼는지 알겠으나 막상 문제를 풀어 보면 죄다 오답이었다. 지금 돌이켜 보면 그때 내 문제는 방대한 문법 개념들이 구조화되지 않았다는 데 있었다.

예를 들어 '운도예의가'를 열심히 외치며 '운명, 의도, 예정, 의무, 가능'을 외워 봤자 어디에 쓰는 용법인지 모르면 말짱 도루묵이다. '운도예의가'는 to 부정사 중에서도 형용사적 용법, 그중에서도 be 동사 다음에 to 부정사가 오는 경우의 다섯 가지 해석 방법을 뜻한다.

핵심은 상자 안에 상자를 넣듯이 개념을 분류하고 정리하는 것이다. 먼저 to 부정사라는 커다란 상자를 열면 '명사적 용법', '형용사적

> **to 부정사의 구조와 용법 정리**
>
> ① 명사적 용법
> ② 형용사적 용법
> ┌ be 동사 ⊕ to 부정사
> │   운명/의도/예정/의무/가능
> └ 명사 ⊕ to 부정사
> ③ 부사적 용법

용법', '부사적 용법' 세 개의 상자가 있다. 그중 '형용사적 용법' 상자를 열면 'be 동사 다음에 to 부정사가 오는 경우'와 'be 동사 다음에 to 부정사가 오지 않는 경우' 두 개의 상자가 있다. 그중 'be 동사 다음에 to 부정사가 오는 경우'를 열면 '운명, 의도, 예정, 의무, 가능' 작은 상자 다섯 개가 들어 있는 셈이다. 시험을 볼 때도 이 상자를 차근차근 꺼내 가며 문장을 분석한다면 오답은 현저히 줄어든다.

나만의 문법 사전 만들기

둥둥 떠다니는 개념이 정리되기 시작한 것은 중학교 2학년 때였다. 학교 프린트물에 적힌 예문까지 달달 외웠던 것이 도움이 되었고, 무엇보다 '나만의 문법 사전'을 만들면서 실력이 크게 늘었다. 그러니 문법이 두렵다면 나만의 문법 사전을 만들어 보길 권한다. 사전이라고 해서 거창할 건 없다. 시험장에서 머릿속으로 차근차근 열어 볼 수 있도록 개념들을 정리하는 과정이라고 생각하면 된다.

  우선 그동안 풀었던 문법 문제집과 학교 프린트물을 꺼내 보자. 가지고 있는 자료들을 종합하여 노트 한 권을 만드는 것이다. 모든 단원을 정리할 필요도 없다. 주요 단원인 문장의 기초, 시제, 수동태, 부정사, 분사, 가정법, 관계사 정도만 정리해도 충분하다. 나만의 문법 사전을 만들 때 핵심은 다음과 같다.

① 소화해서 적기

  나만의 문법 사전 만들기는 단순히 교재들을 편집하는 작업이 아니다. 이해한 바를 정리하는 과정이다. 만약 수동태 단원을 정리한다면 문제집과 프린트에 나온 수동태 관련 내용을 일단 전부 읽어봐야 한다. 읽다 보면 교재별로 공통된 부분과 다른 부분이 나온다. 공통된 부분은 해당 단원의 뼈대로 사용하고, 다른 부분은 내용을 서로 맞추어 보며 '왜 다르게 썼을까?' 고민해 보자. (가끔 이 과정에서 새로운 사실을 발견할 때가 있는데, 그럴 때 문법의 재미를 느낀다) 공통된 부분을 기준으로 숫자와 소제목을 붙이고, 그 아래 설명을 키워드 위주로 간결하게 정리한다. 교재마다 다른 부분은 따로 숫자를 붙이든 소제목 아래에 넣든 내가 이해한 방식에 맞게 분류하면 된다.

② 예문 중시하기

  개념을 아무리 달달 외워도 개념을 어떻게 적용하는지 모르면 문제를 풀 수 없다. 설명 아래에 예문을 한 문장씩 적어 두면 나중에 보아도 이해하기 쉽다. 처음 교재들을 읽어볼 때도 예문을 중심으로 소화하는 것이 문제를 풀 때 효과적이다.

③ 예외 사항 기억하기

예외는 시험의 꽃이다. 실제 시험에서는 예외를 떠올릴 수 있느냐 없느냐가 점수로 직결된다. 기본 개념 문제는 대부분이 맞히므로 예외를 묻는 문제에서 실력이 갈린다. 나는 예외 사항을 빨간색 펜으로 표시해 두고 시험 직전에 빨간 글씨만 한 번에 훑어보기도 했다.

문법 개념을 나만의 언어로 소화하고, 예문을 함께 적고, 예외 사항은 눈에 띄게 구분하는 것. 세 가지를 잘 지켜 문법 사전을 만들면 방대한 개념이 어느새 머리 안에 정돈되어 있을 것이다.

다만 이 일련의 과정은 많은 시간이 필요하다. 그러니 시험과 수행평가의 연속인 고등학교 때보다 중학교 때 이 과정을 거치는 것이 좋다. 초등학교 고학년부터 중학교 1학년까지 많은 문제를 풀어 보며 문법 용어에 익숙해지고, 중학교 2~3학년 때 체계적인 정리를 통해 본격적으로 문법을 완성하는 것이 이상적인 로드맵이다. 특히 비교적 시간 여유가 있는 방학을 잘 활용해 문법 공부를 해두면 앞으로 다가올 시험에서 든든한 무기가 될 것이다.

학기 중에는 틈틈이
방학 때는 집중적으로

노규아 영어영문학과

고등 영어 내신에서 고득점을 받고 싶다면 문법이 탄탄해야 한다. 솔직히 고백하면 나는 문법 공부를 별로 좋아하지 않았다. 그래서 문법 파트 중에서도 반드시 암기해 놓아야 하는 부분을 소홀히 했더니 고등학교 내신 기간에 문법 문제를 대비하기 위해 고생했던 기억이 있다. 특히 국제고는 수업 시간에 배운 독해자료를 분석하고 암기하는 것만으로도 내신 대비 시간이 부족하므로 고등학교 올라가서 문법 공부를 보충할 시간은 거의 없다. 따라서 중학교 3학년이 되기 전이나 늦어도 그해 여름방학까지 문법 공부를 확실하게 끝내 놓아야 한다.

나는 평소 수능 모의고사와 토플 문제집을 메인으로 공부했고 문법은 방학 시즌에 특강 수업을 들으며 공부했다. 특히 텝스 문법 파트나 수능 영어 모의고사에 나오는 문법 문제를 풀면서 내용을 수시로 복습하고 헷갈리는 부분은 정리하는 방식으로 틈틈이 점검해 나갔다.

문법 공부에 재미를 느끼는 학생도 있겠지만 대부분은 나와 비슷할 것이다. 그러니 한 번 공부할 때 최대한 빈틈없이 이해하고 넘어가는 것을 추천한다. 애매하게 공부하면 학교 수업에서 중간 단원 쯤 진도를 나갔을 때 앞부분 내용을 잊기 쉽고 문제를 풀 때 헷갈릴 수밖에 없다. 그러면 공부의 효율이 떨어지고 문법에 대한 자신감을 잃어 포기하게 될 가능성이 크다. 처음 공부할 때 개념을 정확히 이해하고 핵심만 정리해서 제대로 암기해 놓아야 한다. 그 후 문제 풀이 등을 통해 수시로 점검하면서 문법 지식이 머릿속에 정착하도록 만들어 놓자.

방대한 한국식 영문법
내 것으로 만드는 법

최윤 의예과

내가 다녔던 중학교는 국어 시험뿐만 아니라 영어 시험도 대치동 일대에서 어렵기로 유명한 학교였다. 영어를 잘하는 학생도 많았고 외국어고등학교로 진학을 준비하는 학생도 많았기에 선생님들께서 어렵게 가르치셨던 것 같다. 그래서 내신 시험에서는 지문 속 문법적 오류를 모두 찾아 고치기(총 몇 개를 고쳐야 하는지 알려주지 않았다)나 고난도 영어 작문 서술형 문제와 같이 높은 정확도를 요구하는 문항들이 까다롭게 출제되는 경향이 있었다. 그 덕분에 중학교 3년 동안 문법을 철저하게 공부하며 완전히 내 것으로 만들 수 있었다.

처음 한국식 영문법을 접한 것은 초등학교 6학년 때 《중학 영문법 3800제》라는 교재를 통해서였다. 문장의 형식부터 to 부정사, 수동태, 관계사, 특수 구문 등 처음 접하는 문법은 방대하게만 느껴졌고 한국식 영문법 공부는 어린 나에게 그다지 재미있지 않았다.

요즘은 초등학교 저학년부터 한국식 영문법 공부를 한다는데 개인적으로는 추천하지 않는다. 어린 시절 영어를 언어로써 재미있고 자연스럽게 익힐 수 있는 귀한 시간을 놓쳐 영어에 대한 흥미마저 잃을 수 있기 때문이다. 어느 정도 영어 실력이 쌓이고 한국식 영문법 체계를 이해할 수 있는 초등학교 6학년부터 중학교 입학 전까지가 한국식 영문법을 공부하기 시작할 적절한 시기라고 생각한다.

한국식 영문법은 내용이 방대하다. 외워야 할 것들도 많고 학생들이 어렵게 느낄 만한 사항도 많다. 그렇기 때문에 처음부터 무리하게 시작하기보다는 가볍게 시작해서 반복 학습으로 차근차근 실력을 쌓아 가는 '나선형 학습'이 효과적이다. 나는 중학교 3년 동안 내신 기간을 제외하고는 꾸준히 영어 학원을 다녔는데, 학원 수업을 통해서 계속 난이도를 높여가며 문법을 반복적으로 학습했다. 또한 어려운 내신 시험에 대비하기 위해 스스로 완벽하고 철두철미하게 공부하며 문법을 마스터해 나갔다.

처음에는 정확한 이유를 설명하지 못하고 '감'으로 풀던 문제도 어느 순간 명확한 이유를 설명하며 풀이할 수 있게 되었고, 대치동 고등 내신 문법 심화 문제까지도 어렵지 않게 풀 수 있었다.

문법 공부의 기반에는 영어를 '언어'로 받아들이는 자세가 있다. 영어 실력이 좋고 영어와 친숙할수록 문법적 내용을 쉽게 흡수할 수 있기 때문이다. 예외나 관용구 등도 학습 부담이 아닌 '이미 아는 당연한 내용'으로 받아들이므로 문법 공부는 한층 수월해진다. 예를 들어 May 기원문이 'May+주어+동사'의 어순을 갖춘다는 것을 학문적으로 받아들이면 어색할 수 있으나 《헝거 게임》원서를 읽으며 "May the odds be ever in your favor."라는 유명한 문구를 접했다면 이를 쉽게 이해할 수 있다.

 나 역시 영어를 어렸을 때부터 독서와 영상 매체를 통해 접하며 의사소통을 위한 친숙한 언어로 여겼다. 중학교 시절 매일 아침 'TED-Ed' 영상을 시청하는 것은 하루를 시작하는 즐겁고 의미 있는 루틴이었다. 소설 《해리 포터》를 좋아해 원서를 반복해서 읽었고 영화배우들의 인터뷰 영상을 찾아보거나 유명 인사들의 영어 토크 쇼, 연설, 강연, 다큐멘터리를 시청하는 등 다양한 영어 영상 매체를 즐겼다.

 마지막으로 영어 토론과 토플 공부를 통해서도 영어 실력을 기를 수 있었다. 고등학교에 진학해 학생 참여 위주의 영어 수업에서 좋은 성적을 낼 수 있었던 것도 영어 실력이 탄탄하게 받쳐 주었기 때문이라고 생각한다.

 영어 실력이 늘면 영문법 공부는 수월해진다. 한국식 문법을 다루더라도 영어가 '언어'임을 잊지 말자.

영어

체계적인 반복 학습으로 스피킹과 어휘력 다지기

영어 어디까지 공부해봤니? 서울대생들이 직접 터득한 자신만의 영어 공부법은 어떻게 다를까? 영어 공부의 끝판왕이라 할 수 있는 공부법을 소개한다.

테드 강연으로 스피킹을 섭렵하는 방법

노규아 영어영문학과

대부분의 학생들이 중학교 시기에 입시 영어를 시작하듯 나 또한 중학교 2학년 때부터 고등 입시를 위해 한국식 영어 학원에 다녔다. 그럼에도 고등학교 입학 전까지는 언어로서의 영어 공부를 끝까지 놓지 않으려고 노력했는데, 중학교 시기는 순수한 영어 실력이 향상될 수 있는 마지막 기회라는 생각이 들었기 때문이다. 돌이켜 보면 이러한 영어 공부를 꾸준히 해왔던 것은 궁극적으로 내신이나 수능 영어에도 큰 도움이 되었다.

자율적인 그룹 스터디 활동

내가 다니던 영어 학원은 동네에 있는 작은 공부방 같은 곳이었다. 그곳을 선택한 이유는 한 반에 수강생이 적어 맞춤식 수업이 이루어졌기 때문이다. 특히 선생님께서는 정규 수업 외에도 자유롭게 스터디를 만들어 영어 공부를 할 수 있도록 도와주셨다.

정규 수업에는 입시 영어와 토플 같은 공인영어 시험 공부에 집중하고 수업 이후에는 영어 원서와 테드 강연을 활용해 영어 토론을 진행하는 그룹 스터디를 만들어 공부했다. 입시 영어에만 몰두하는 것보다 영어 실력을 다방면으로 쌓고 싶었기 때문이다. 특히 특목고를 준비하는 많은 학생이 영어 토론 학원에 다니는데 굳이 토론 전문 학원이 아니라 그룹 스터디를 활용해도 충분히 비슷한 효과를 누릴 수 있다. 게다가 스터디원 모두 영어에 대한 열정이 넘치고 실력이 탄탄했기 때문에 서로 피드백을 통해 실력을 점검하고 발전해 나갈 수 있었다.

테드 강연은 각자 관심사에 맞는 강연을 듣고 강연 내용과 감상평 등을 작성해 한 명씩 돌아가면서 강연을 소개하고 강연 내용에 대해 자유롭게 토론하는 형식으로 진행했다. 강연을 선정할 때는 강연자가 구사하는 영어 발음이 표준 영어 발음에 가까운지 주의 깊게 살펴보았다. 같은 영어를 사용해도 강연자의 국적이나 살아온 환경에 따라 영어 발음이 제각각이기 때문에 정확한 영어 발음을 구사하는 강연자를 선택하는 것이 스피킹 연습에 좋다.

영어 원서는 올더스 헉슬리의 《멋진 신세계》나 도스토옙스키의 《죄와 벌》 영어 번역본 같이 토론 소재가 풍부한 고전문학을 선정해 매주 정해진 쪽수만큼 읽고 주제를 선정해 독서 토론을 진행하고 토의 내용을 정리하는 방식으로 활동을 마쳤다.

교과 공부 자체는 혼자 하는 것을 선호하더라도 교과 외적인 자율 활동을 혼자서 실천하려면 강한 의지가 필요하다. 마음이 맞는 친구들과 팀을 이루어 스터디를 진행하면 서로 의지도 되고 꾸준히 실천하기가 수월하다. 함께 영어 공부를 했던 친구들 모두 진로가 뚜렷하고 학습 욕구가 강했다. 덕분에 선의의 경쟁을 하며 서로에게 끊임없이 동기 부여가 되어 주었다.

테드 강연을 활용한 스피킹 공부법

나는 테드 애청자라고 할 만큼 초·중등 시기에 테드 강연을 영어 공부에 적극 활용했다. 앞서 친구들과 그룹 스터디를 할 때도 테드 강연을 활용했지만 이번에는 테드 강연으로 혼자서 스피킹 연습을 할 때 어떤 방식으로 공부했는지 소개하고자 한다.

스피킹 연습을 위해 테드 강연을 주로 활용한 이유는 대부분 강연이 10~20분 내에 끝나고 주제별 카테고리가 다양해 강연을 고르는 재미가 쏠쏠했기 때문이다. 처음에는 한 번씩만 듣고 넘어간 적도 많았고 무작정 반복해서 들은 적도 있지만, 내공이 쌓이면서 테드 강연을 100퍼센트 활용하기 위해 공부 순서를 체계화했다.

- **1단계** 자막을 보지 않고 시청한다. 내용을 이해하려 하기보다는 아는 단어를 최대한 알아듣겠다는 자세로 귀 기울여 듣는다. 이때 강연자의 무대 매너, 표정, 보디랭귀지 등 비언어적인 요소오 - 억양, 높낮이, 관객의 호응을 관찰하면 강연을 풍요롭게 시청할 수 있다.
- **2단계** 영어 자막을 틀어 놓고 시청한다.
- **3단계** 한국어 자막을 보면서 강연 내용을 완전히 이해한다.
- **4단계** 한국어 자막을 끄고 들으면서 얼마나 잘 해석할 수 있게 됐는지 확인한다. 이전에는 무슨 내용을 말하는 건지 감이 안 왔던 부분도 맥락 파악은 될 것이다. 특히 처음 강연을 볼 때 강연자의 비언어적인 행동이나 관객의 호응, 강연자가 제시하는 프레젠테이션 자료 등을 자세히 봤다면 맥락 파악이 훨씬 수월할 것이다. 이때 내용이 어려우면 영어 자막을 틀어 놓고 봐도 좋다.
- **5단계** 영어 스크립트를 뽑아서 본격적인 공부를 시작한다. 강연과 스크립트를 대조해 가며 들으면서 해석이 안 되는 단어나 표현들을 체크하고 집중적으로 공부한다. 강연자의 발음을 따라 섀도잉하면서 표현을 익숙하게 만든다. 한 문장이 끝날 때마다 일시 정지하고 따라 읽어 본 후 익숙해지면 강연자의 속도에 맞춰 동시에 따라 말해도 좋다.

- **6단계** 한국어 자막 없이 강연을 들으면서 완전히 이해가 될 때까지 반복해서 본다. 몇 번씩 반복해도 기억이 안 나는 표현은 스크립트에 한 번 더 중요 표시해 두며 반복해서 확인한다.
- **7단계** 의미 파악이 문제없이 이루어진다면 스피킹 연습에 더 집중한다. 강연자가 말하는 속도나 억양과 완전히 일치할 때까지 반복해서 섀도잉한다.
- **8단계** 시간적 여유가 있다면 스크립트를 최대한 암기해서 대본을 보지 않고 말할 수 있을 때까지 연습한다.

어떻게 하면 테드 강연을 통해 효과적으로 스피킹 연습을 할 수 있을지 고민하면서 만든 나만의 순서이기 때문에 정답이 아닐 수 있다. 하지만 모든 스피킹 공부의 핵심이 '반복'이라는 점은 자신 있게 말할 수 있다. 한 번 듣고 모든 내용을 암기할 수 있는 사람은 없다.

다소 지루하더라도 내용이 익숙해지고 저절로 외워질 때까지 끊임없이 반복할 수 있는 인내심이 필요하다. 그렇게 영어 실력이 올라가다 보면 이해되는 부분이 늘어나고 대본 습득 속도가 이전보다 빨라지면서 쾌감을 느낄 수 있을 것이다.

암기 효율 극대화
형광펜 어휘 암기법

최윤서 국어국문학과

영어 공부를 할 때 어휘의 중요성을 간과하는 경우가 많다. 사실 어휘는 많이 외우면 외울수록 좋다. 이 시기에 나는 독해, 문법, 어휘 파트 중 어휘 공부에 굉장히 집중했다. 단어장을 주기적으로 암기하는 것은 물론이고 독해와 문법 교재 학습 중에도 모르는 어휘가 있으면 무조건 체크하고 단어장에 옮겨 적은 후 외기했다. 단어장의 어휘만 암기하는 것보다 문제를 풀다 발견한 모르는 어휘를 정리하고 암기하는 과정은 어휘 공부에 두 배로 도움이 된다.

'고등학교에 가면 갈수록 영어는 어휘 싸움이다'라는 말을 많이 들어왔던 터라 최대한 많은 어휘를 외우고자 노력했고 이 방법들은 실제로 많은 도움이 됐다. 적어도 어휘를 몰라서 문제를 못 푸는 경우는 거의 없었다.

물론 모든 어휘를 다 알고 있을 수는 없지만 어근이 비슷하거나 형태가 유사한 맥락 속에서 쓰이는 어휘의 경우 정확한 뜻을 알지 못해도 유추가 가능하다. 내 영어 성적이 수능까지 흔들리지 않았던 건 철저한 어휘 공부 덕분이었다. 나는 어휘를 외울 때마다 형광펜을 들고 시작하는 나만의 공부법 순서가 있었다.

① 본문에서 처음 보거나 모르는 단어는 노란색으로 밑줄 긋기

② 2회독 해도 여전히 모르는 단어는 분홍색으로 밑줄 긋기
③ 1회독 + 2회독 하면서 형광펜으로 표기한 단어는 2회 쓰기

형광펜 공부법을 초등학교 때부터 완전히 내 것으로 만들자 이후에는 편하게 공부할 수 있었다. 단어장은 기본 3~4회독 하는 경우가 많은데 모른다고 표시한 어휘 위주로만 살펴보니 시간이 절약되고 효율적이었다.

다음 단계로는 나만의 모의 테스트를 진행했다. 한글 문서로 시험지를 만들어 시뮬레이션을 하는 방법이었다.

① 어휘를 쭉 적어 프린트 한 다음 뜻을 적기
② 단어장에서 제공하는 무료 어휘 테스트 프로그램을 활용하기
③ 어휘를 암기할 때 모의고사를 보듯 테스트하기

초·중등 시기부터 스스로 어휘 테스트를 해보며 혼자 점검해 보는 것도 추천하고 싶은 공부법이다. 어휘를 정확하고 빠르게 암기하는 것은 고등학교에 가서도 계속해야 한다. 그러니 중학교 시기부터 자신만의 방법을 찾고 많이 연습해 두면 좋겠다.

> 수학
절대 구멍 나면 안 되는
수학 핵심 개념과 문제 풀이

초등에서 중등으로 넘어갈 때 난이도 상승 폭이 큰 수학. 최상위권 학생들은 수학 진도를 나갈 때 다시 돌아올 생각 말고 할 때 제대로 꼼꼼히 학습할 것을 특히 강조한다.

최종 점검을 위한
백지 노트 작성법

최윤 의예과

중등 수학은 고등 수학의 주춧돌이다. 인수분해 같은 기본적인 계산은 고등 수학을 하기 위한 도구가 되기 때문이다. 중학교 수학의 개념, 유형 및 응용, 심화 단계에서 중요하지 않은 과정은 없다. 그럼에도 불구하고 가장 중요한 과정을 하나만 선택해야 한다면 '개념'을 강조하고 싶다. 개념이 없다면 유형 및 응용, 심호도 없기 때문이다.

개념이 흔들린다면 유형을 아무리 익혀도 변형된 문제나 난이도 높은 문제는 풀기 어려울 것이다.

　중학교에서 다루는 개념이기 때문에 학생들이 당연히 알고 있을 것이라는 전제로 고등학교 교과서에는 언급되지 않은 중등 기하 개념이 고등학교 수학I 삼각함수 활용이나 미적분 무한급수 문제에 사용되기도 한다. 2021년도 고3 3월 모의고사의 공통 수학(2015 개정 수학·II 범위) 15번 문항(135쪽)을 예로 들어 보자. ∠ABE=∠EBC이므로 "동일한 원에서 두 원주각이 같으면 두 각이 보는 호의 길이가 같고, 그 호에 대응하는 현의 길이도 같다."라는 중등 기하 개념을 사용하여 〈보기〉에서 (ㄴ)을 바로 해결할 수 있다. 수학I에서 처음 등장하는 코사인 법칙, 사인 법칙뿐만 아니라 중등 개념을 필수적으로 사용해야 문제를 풀 수 있는 것이다.

　그렇다면 중등 수학 개념 공부는 어떻게 하는 것이 좋을까? 우선 잘 정리된 개념서나 인강, 학원 강의 등을 바탕으로 오개념이 쌓이지 않도록 꼼꼼하게 학습해야 한다. 특히 학원이나 인강, 학교 수업에서 선생님이 설명하는 개념을 그저 고개만 끄덕이면서 넘기지 않도록 주의해야 한다. 내가 정말 이해한 것이 맞는지, 대략적인 정의만 넘겨짚은 것은 아닌지 스스로 점검해야 한다. 이를 위해 '백지 노트' 써보기를 추천한다.

　'백지 노트 쓰기'는 한 단원을 학습한 뒤 소단원명까지만 적어둔 백지 종이에 직접 주요 개념의 정의, 증명, 예시 등을 적어 보는 과정이다. 암기 과목 내신 공부도 아닌 수학 과목에서 백지 노트를 적는다는 것이 생소할 수 있다. 그러나 개념을 제대로 공부했는지 확인하는 방법에는 '무(無)'에서 모든 것을 써 내려가는 것만큼 효과적인 것이 없다.

예를 들어 두 직선의 위치 관계에 무엇이 있는지 정리된 개념을 보고 그 내용을 이해하는 것은 쉽지만 막상 '교차', '만나지 않고 평

2021학년도 고3 3월 모의고사 문항

15. 그림과 같이 $\overline{AB}=5$, $\overline{BC}=4$, $\cos(\angle ABC)=\dfrac{1}{8}$ 인 삼각형 ABC가 있다. ∠ABC의 이등분선과 ∠CAB의 이등분선이 만나는 점을 D, 선분 BD의 연장선과 삼각형 ABC의 외접원이 만나는 점을 E라고 할 때, 〈보기〉에서 옳은 것만을 있는 대로 고른 것은? [4점]

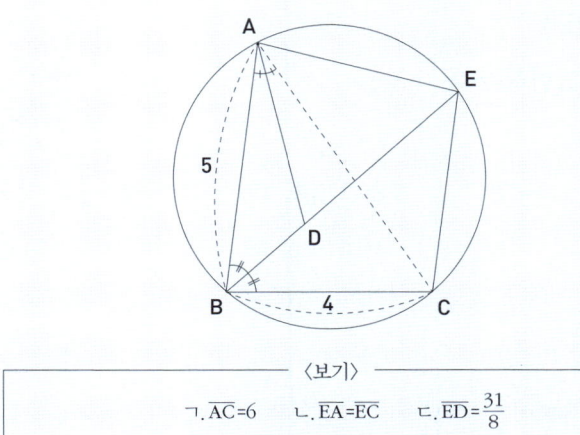

〈보기〉

ㄱ. $\overline{AC}=6$ ㄴ. $\overline{EA}=\overline{EC}$ ㄷ. $\overline{ED}=\dfrac{31}{8}$

행함', '꼬인 위치에 있음'이라는 세 가지를 직접 쓰려고 하면 생각이 잘 나지 않음을 깨닫게 된다. 백지 노트를 통해 정의, 필요한 조건, 증명 등을 놓치지 않고 명확하게 익힐 수 있으며 단원의 구조를 파악하여 나무뿐만 아니라 숲을 보는 눈까지 기를 수 있다.

중학교 수학부터 탄탄하게 다져 두어야 고등학교 수학에 자신감을 가질 수 있다. 고등학교 때라도 중등 기초가 부족하다면 다시 돌아가서 공부하면 되지만 막상 그 상황이 되면 현행 진도도 벅찬데 이전 과정으로 돌아간다는 결심을 하기는 쉽지 않다. 그런 일을 방지하기 위해서라도 중학교 수학을 처음 공부할 때부터 꼼꼼하고 정확하게 학습하는 것이 그 무엇보다 중요하다.

어려운 파트는
확실히 짚고 넘어간다

최윤서 국어국문학과

초등 수학은 개념을 처음 접하고 기초적인 계산의 정확성을 요구하는 단계라면, 중등 수학은 개념을 조금 더 깊이 이해하고 문제에 논리적으로 접근하는 능력이 요구되는 단계라 생각한다. 중1 때 처음 음수를 배우고 중3 때 무리수를 배우는데, 어느 정도 이해는 가능하지만 문제 유형이 더 다양해지고 심화문제도 더 복잡해져서 초등 수학에서 중등 수학으로 넘어갈 때 큰 폭의 난이도 상승을 체감했다.

수학 실력 향상에는 기초와 기본이 가장 중요하다고 생각해 왔는데, 중등 개념들은 고등 수학에서 배우는 복잡한 수학 원리를 이해하는 토대가 되므로 기본부터 심화까지 탄탄히 밟아 나갔다.

중등 수학에서 특히 어려웠던 파트는 도형 단원이었다. 원, 삼각형, 사각형에서 파고들어 삼각비, 피타고라스 정리 같은 원리를 배우고 이것을 함수에도 적용하고 응용해 보는 과정이 만만치 않았다. 그래서 도형에서 출제되는 공식이나 원리는 증명 과정도 함께 이해하려고 노력했다. 예를 들어 평행사변형의 성질을 삼각형의 합동으로 증명해 본다든지 피타고라스 정리로 삼각비를 증명해 보는 식으로 말이다.

또 나는 함수만 나오면 지레 겁을 먹고 문제를 풀었는데 이때 함수식과 그래프를 자주 그려 보고 그래프가 움직이는 원리도 직접 그려 보면서 이해하려고 했다. 특히 함수 그래프는 고등 과정에서 배우는 고차함수, 지수함수, 로그함수 등의 개념을 배울 때 토대가 되는 만큼 확실히 짚고 넘어가길 추천한다.

개념은 단순히 문제집을 그대로 외운다고 체화되지 않기 때문에 문제 풀이를 많이 병행했다. 개념서에 있는 작은 꼬리 문제와 확인 문제까지 꼼꼼히 풀이하고 쉬워 보이는 문제라도 개념을 체화하는 단계에서는 하나하나 그래프를 모두 그려 가며 풀었다. 한 문제도 그냥 넘어가고 싶지 않은 마음이 컸던 것 같다. 그래서 기본 연습장과 함수 그래프를 그리는 연습장을 따로 사용하며 함수 그래프 연습장이 쌓여가는 것을 보곤 뿌듯해했다.

중등 수학은 개념 자체는 굉장히 복잡하지 않기 때문에 '이 정도면 괜찮은데?' 하고 문제 풀이 단계로 넘어가는 경우가 많다. 하지만 문제 풀이 단계에서 제대로 학습이 이루어지지 않으면 개념의 이해도 확인할 수 없고 심화로 나아갈 바탕도 흔들릴 수 있다. 개념-유형-심화 단계는 차례차례 밟아 가는 것이므로 각 단계의 근간이 흔들리지 않도록 완벽히 소화하고 넘어가야 한다.

절대 구멍 나면
안 되는 단원은?

조시준 의예과

하늘 아래 새로운 건 없다고 했던가. 과장 조금 보태면 중학교 수학 과정을 제대로 이수한 사람이 고등학교에서 새로 배우는 것은 행렬과 미적분밖에 없다. 그만큼 중1부터 중3 수학 교육과정에는 중요한 내용밖에 없어서 우열을 가리기 힘들 정도이며, 중학교 수학을 똑바로 공부했다면 고등학교 수학을 공부하는 것도 전혀 힘들지 않을 것이다(고등학교 선행이 버겁다면 중학교 수학의 전 과정을 빈틈없이 이해하고 있는지 한번 점검해 보는 것을 권한다).

그럼에도 특히 더 세심하게 공부하면 좋다고 생각하는 단원은 주로 2학기에 배치되어 있는 도형이다. 1학년 때 배우는 도형의 정의와 평행선 공리, 작도에서부터 2~3학년에 걸쳐 ㅈ난하게 배우는 삼각형의 합동·닮음, 삼각비, 원의 정의, 성질 같은 도형 단원은 고등학교 수학을 무리 없이 받아들이는 데 필수적이다. 오죽하면 수능 대비 강의 가운데 중등 기하 파트만 따로 정리해서 알려 주는 강의가 있을까.

왜 이토록 중등 기하를 강조할까? 고등학교에서는 도형을 좌표평면 위에 올린 후 계산의 대상으로 삼는 '해석기하'를 중점적으로 배우는데, 중학교에서는 유클리드 공리(고대 그리스 수학자 유클리드가 제시한 기하학의 기본 원리)에서부터 출발하여 논리에 따라 도형을 있는 그대로 받아들이고 이해하는 '논증기하'를 연습한다.

이때 해석기하를 잘 다루려면 논증기하적인 센스가 필수적이다. 새로운 개념을 배울 때의 상황을 가정해 보자. 고등학교 1학년 〈평면좌표〉 단원에서 두 점 사이 거리를 처음 배울 때, 중학교 수학을 이수한 학생이라면 피타고라스 정리를 응용하여 점 (a,b)에서 점 (c,d)까지의 거리가 $\sqrt{(c-a)^2+(d-b)^2}$ 가 되는 이유를 설명 없이 이해하고 쉽게 받아들일 수 있다. 또 중학교 때 배운 삼각비를 잘 이해하고 있다면 고2 수학의 주요 관문 중 하나인 삼각함수 역시 무리 없이 이해할 수 있다.

효율적인 문제 풀이를 위해서도 중등 기하는 필수적인데, 고등학교 1학년 〈원의 방정식〉 단원에서 식을 무작정 전개(순도 100퍼센트 해석기하적 접근)하기 전에 원의 성질을 이용하여 상황을 단순하게 만들어 놓고 식을 최소화하여 직관적으로 문제를 풀어내는(논증기하 → 해석기하) 접근을 하면 문제 풀이 시간을 훨씬 단축시킬 수 있고 정답률의 기댓값 역시 크게 올라간다. 학년이 올라갈수록 중등 기하가 제대로 된 학생과 그렇지 않은 학생의 격차는 벌어진다.

원과 삼각형 문제가 주로 출제되는 고2 〈삼각함수의 활용〉 단원이나 고3 〈삼각함수 극한의 활용〉 단원에서 논증기하적 사고를 할 수 있는 학생은 날개를 단다. 반면 논증기하가 부족한 학생은 도형한 문제를 공부하기도 버거워서 점차 미루게 되고, 결국 수능에서 발목이 잡히는 자기 모습을 보게 될 것이다.

영재학교나 과학고 입시를 준비한다면 논증기하를 지겹게 공부하게 된다. 이런 트랙을 밟지 않고 자사고·특목고·일반고 루트만을 밟았다면 기하가 뒷전이 될 가능성이 크다. 대수 문제만 주야장천 풀고 고등학교에 입학할 가능성이 높고 기하를 점점 멀리하다가 도형 문제에서 발목이 잡히는 경우가 잦다. 이를 보완하기 위해서라도 중학교 도형은 반드시 신경 써서 공부하길 바란다.

양치기로 끌어올린
중학교 수학 실력

정진용 원자핵공학과

양치기. 아마 공부를 좀 해본 학생이라면 익숙한 단어일 것이다. 양치기는 말 그대로 '아주 많은 양을 푸는' 공부 방식이다. 양으로 승부 보는 조금은 투박해 보이지만 효과 하나는 확실한 공부 방법이다. 여기서 말하는 효과란 수학 실력을 최고로 만든다는 의미는 아니다. '일정 수준 이상'의 수학 실력을 보장하는 것으로 일종의 '하방'을 만드는 느낌에 가깝다고 할 수 있다.

내가 처음으로 양치기를 경험했던 것은 중학생 때였다. 당시 다니던 수학 학원에서는 시험 기간이 되면 수학 시험이 어려운 것으로 유명한 (강남권) 일부 중학교들의 시험 문제를 풀게 했다. 한 주 숙제가 약 20세트 정도 되었고 시험 대비 기간은 약 3주 정도였으니 한 세트에 20문제가 있다고 가정하면 1,200문제 혹은 그 이상을 풀었다고 할 수 있다. 내신 대비 전 다양한 문제를 풀며 선행 진도를 나갔으니 전체적으로 1,200문제보다 몇백 문제 더 많이 풀었다고 할 수 있다. ('겨우 1,200문제 가지고?'라는 생각이 들 정도의 경지에 이르렀다면 이미 자신만의 탄탄한 학습법을 갖춘 상황일 것이니 내 경험담은 참고용으로 들어주길 바란다.)

1,200개가 넘는 문제를 풀다 보면 쉽게 풀 수 있는 기초 문제들이 간간이 보인다. 제일 많이 보이는 문제는 역시 적당한 난이도에 수학적 사고력을 필요로 하는 문제들. 그러나 일부 문제들은 시중 문제집의 가장 어려운 난이도에 가까웠고, 지금까지 어디에서도 볼 수 없었던 기상천외한 문제들도 더러 있었다. 지금도 기억나는 도형 문제가 하나 있다. 처음 보자마자 '이건 또 뭐야?' 하는 생각밖에 들지

않았다. 시험지를 이리저리 돌려가며 도형 속 도형들을 찾아내어 문제를 풀었던 기억이 아직도 선명하다.

이렇게 공부를 하니 여러 장점을 느낄 수 있었다. 우선 비슷한 유형의 많은 문제들을 풀 수 있었다. '이것이 과연 효과적인 공부법일까?' 하는 의문이 생길 수 있지만 내 대답은 '그렇다'이다. 물론 시간이 많이 소요되고 문제 풀이가 반복 작업처럼 느껴져 지루할 수 있으나 이 과정을 통해 비슷한 유형에 대한 기계적인 풀이 실력을 쌓을 수 있기 때문의 공부 시간이 무의미하지 않다.

난이도가 높지 않은 문제들을 기계적으로 빨리 쳐 내야 깊은 수학적 사고력을 요구하는 문제들에 더 많은 시간을 쏟을 수 있다. 즉, 진짜 어려운 문제들을 풀기 위한 시간을 벌 수 있다는 말이다. 이에 더해 비슷한 유형을 살짝 꼬았을 때 오히려 더 잘 대처할 수도 있다. 문제 풀이의 흐름이 기존과 묘하게 다르다는 점이 느껴지는 순간 오히려 '변형 문제'로 받아들이고 더 정신을 차리고 문제를 풀 수 있기 때문이다.

오답 정리의 부담도 줄어들게 된다. 어차피 비슷한 문제를 계속 풀며 풀이를 수정할 수 있으니까! 또한 다양한 유형의 문제들을 많이 풀 수 있는 것도 장점이다. 문제량이 많다 보니 접하는 유형도 많아지고 대처 능력 역시 자연스럽게 늘어난다. 어려운 유형의 문제 역시 어려운 유형의 문제 역시 자연스럽게 자주 접하게 되는데, 나는 어려운 문제들을 '정복하겠다'는 오기가 있었기 때문에 더욱 큰 시너지를 낼 수 있었다.

그렇다면 전체 약 1,200문제(주당 400문제) 정도를 어떻게 풀었을까? 나는 별도로 시간을 재서 세트 단위로 문제를 풀지는 않았다. 대신 문제들을 쭉 풀어가며 채점하고 오답과 모르는 문제를 체크했다. 이후 틀린 문제와 오답을 다시 보면서 생각해 보고, 다시 풀고, 채점하고를 반복했다. 그러다 보니 풀릴 것 같지 않았던 괴상망측한 문제들도 해법이 보이기 시작했다.

지금 와서 생각해 보면 내가 다니던 중학교 수학 시험은 1,200문제를 풀어야만 만점을 받을 수 있는 난이도의 시험은 아니었다. 조금 더 솔직하게 말하자면 600문제 정도만 풀어 봤어도 널널하게 만점을 받을 수 있는 시험이었다. 그러나 수많은 문제들을 풀면서 실력을 쌓은 덕에 중학교 수학 성적을 매우 안정적으로 유지할 수 있었다.

앞서 실력의 '하방'을 만든다고 했던 말을 기억하는가? 그 하방을 100점으로 맞춰두면 어느 시험을 접하게 되더라도 쉽사리 무너지는 않을 것이다. 물론 양치기가 만능은 아니다. 같은 유형과 엇비슷한 난이도의 문제만 풀다가는 실력 향상이 어려울 수도 있으니 이 점에 유의해야 한다. 하지만 양치기를 잘만 응용하면 실력의 하방이 보장될 뿐만 아니라 상방까지 높일 수 있는 열쇠가 될 것이다.

수학

고등 선행은 어디까지 어떻게 준비해야 할까?

학부모 사이에서 전해지는 '고등 수학을 몇 바퀴 돌렸더니 고등 가서 잘한다더라'는 '바퀴썰'은 무엇을 어떻게 몇 바퀴 돌렸는지에 주목해야 한다. 개념만 훑은 것으로 선행했다 말하지 않고 차근차근 탄탄히 밟아 나간 고등 선행 과정을 따라가 보자.

중학교 3년, 고등 전 과정 선행 톺아보기

최윤 의예과

나는 고등학교 입학 전 수학(상·하), 수학I, 수학II, 미적분, 기하, 확률과 통계(각각 2022 개정 공통 수학, 대수, 미적분I, 미적분II, 기하, 확률과 통계에 해당)까지 고등학교 수학 전 과정을 모두 마쳤다. 2장에서도 언급했듯이 모든 선행 과정은 《수학의 정석》과 함께했다.

고등 수학(상,하)을 처음 시작했던 초등학교 6학년 때는 혼자서 《수학의 정석》으로 개념을 공부하고 문제를 풀었고, 중학교 입학 즈음부터 수학 학원에 다니기 시작했다. (그 당시 대치동 학군지에서 중학교 입학 때 수학 학원에 다니기 시작한 학생은 찾아보기 어려웠다. 그때도 황소 수학 학원, CMS 학원, KMO 준비는 필수 코스로 여겨졌다. 그렇지만 나의 필요에 따라 공부하는 것이 맞다는 생각으로 내가 정말 필요할 때 적합한 학원을 찾아갔다.)

 내가 선택한 곳은 학원의 진도대로 학생이 따라가는 것이 아니라 학생 개개인의 실력과 진도에 맞춰 스스로 개념을 공부해 오면 선생님께서 오개념을 체크해 주고 질문을 받는 형태의 학원이었다. 그렇게 내 진도에 맞춰 능동적으로 선행을 하다 보니 중학교 2학년 가을에 수학I과 수학II를 마쳤고, 중학교 3학년 여름에 미적분까지 마무리했다. 확률과 통계, 기하의 경우 중학교 3학년 겨울까지 모두 끝마쳤다. 중학교 3학년 겨울방학(예비 고1)은 고등학교 입학을 앞두고 고1 수학에 매진했던 시기이다. 공부 시간의 절반 이상을 수학에 할애하여 수학 내신이 어렵다고 알려진 고등학교들의 지필고사 기출 문제를 빠르고 정확하게 풀 수 있을 정도로 '훈련'하며 실력을 끌어올렸다.

 중학교 시기에 고등학교 선행 학습을 하면서 '언제까지 얼마만큼 해야 한다'라는 생각으로 진도만 쫓아가는 것은 지양해야 한다. 나 또한 진도를 위해 급하게 공부한 것이 아니라 초등학교 때부터 꾸준하게 수학 공부를 하다 보니 중학교 때 어느덧 고등학교 전 과정을 학습할 수 있었던 것뿐이었다.

  고등학교 내신 수학은 대부분 다른 학생들과의 상대평가이기 때문에 미리 내용을 한 번 봤다는 것의 이점은 분명히 존재한다. 고등학교 내신 시험 준비 기간 중 내용 이해에 쓰는 시간을 단축시켜 고난도 문제 풀이나 다른 과목에 더 많은 시간을 할애할 수 있기 때문이다. 하지만 수박 겉핥기식으로 선행 학습하여 쉬운 문제만 풀 수 있고 개념조차 제대로 잡혀 있지 않다면 오히려 수학에 대한 자신감이 하락할 수 있다. 각자 이해할 수 있는 속도로 차근차근 쌓아 나가야 흔들림도 두려움도 없이 고등학교 수학 시험을 맞이할 수 있을 것이다.

  고등 3년은 결코 짧지 않은 시간이다. 하물며 고등 내신 준비를 하는 한 달 동안에도 실력이 유의미하게 향상된다. 선행을 하는 중학생의 사고력과 현행을 하는 고등학생의 사고 수준은 같지 않다는 말이다. 나도 모르는 사이에 이루어진 지적 성장으로 선행 과정에서 어렵게 느껴졌던 내용도 현행을 할 때는 상대적으로 쉽게 받아들일 수 있다. 그러니 중학생이 고등학교 선행을 할 때 처음부터 내용이 빠르게 이해되지 않는다거나 어려운 문제를 못 푼다고 해서 좌절하지 않아도 된다.

중3 겨울, 수학II까지 완벽하게 끝내는 법

조시준 의예과

나는 중학교를 마칠 때 수학II(2022 개정 미적분I)까지 '완벽하게' 끝내 놓은 상태였다. 여기서 포인트는 '완벽'이다. 그 어떤 문제가 주어지더라도 시간을 충분히 쓰면 풀어낼 수 있는 정도가 내가 말하는 '완벽'의 기준이다. 똑바로 공부했다면 문제 풀이 시간은 스킬 공부를 통해 단축할 수 있으니까.

나는 수학 선행이 반드시 필요하다고 생각하는데 그 이유는 고등학교에 가면 수학 공부를 할 시간이 없기 때문이다. 고등학교 수학에서 요구하는 여러 역량을 미리 함양한 상태로 고등학교에 진학하는 것이 중요한데, 진도 나가기에 급급한 선행은 안 하느니만 못하고 다음 단원을 배우기 전에 이전 단원의 내용이 정합적으로(완벽하게 오류 없이 딱딱 맞아 떨어지게) 머릿속에 들어 있어야 한다.

이렇게 개념을 학습하는 것은 생각보다 시간이 많이 걸리므로 고등학교 올라가서 시작하면 제대로 할 수 있을 리가 만무하다. 개인적인 생각이지만 중학교 1~2학년 때는 수학에 올인해도 시간이 아깝지 않다고 본다. 경험상 수학II(2022 개정 미적분I)까지 해 두었을 때 큰 문제가 없었기 때문에 이 정도 선행을 권하며, 더 할 수 있다면 최대한 많이 해 두는 것도 방법이다. 가령 진학할 고등학교의 편제표를 참고하여 절대평가 과목의 개념 학습 정도까지는 마쳐 둔다거나(할 거면 완벽하게 해야 함은 물론이다).

나는 중학교 시기에 수학 학원을 다니며 고등학교 과정을 선행 학습했는데 기본 커리큘럼을 정리해 보면 표와 같다. 초등학교 6학년을 마치던 시점에 이미 중학교 2학년 수학까지 기본 개념과 유형 정리까지는 끝나 있었다. 이 커리큘럼을 개념, 응용, 심화 단계별로 정리하면 이렇다.

수학 선행 커리큘럼

학년	1학기		학년	2학기	
	개념	심화		개념	심화
1	중3-2	중3-1	1	고1-1	중3-2
2	고1-2	고1-1	2	고2-1	고1-2
3	고2-2	고2-1	3	수학Ⅱ (2022 미적분Ⅰ) 심화 및 고1 수학 내신 대비	

개념

처음 배우는 개념 진도 교재는 중학교 수학에서는 《투탑》, 고등학교 수학에서는 《수학의 정석》 기본편을 사용했다. 중학교 수학은 어떤 교재를 사용하든 크게 상관없다고 생각하나 고등학교 수학은 개념의 추상성이 한층 깊어지기 때문에 '쉬운 이해'를 표방한 교재보다는 다소 딱딱하더라도 정합적이고 엄밀하게 서술되어 있는 《수학의 정석》 시리즈를 강력히 권하고 싶다. 중학교 과정을 제대로 밟아 나갔다면 학원 수업을 듣고 《수학의 정석》 개념을 한 자 한 자 소중하게 여기며 복습한 뒤, 기본 문제와 유제를 해설의 도움 없이 해결해 보려고 노력하면 그 과정 자체에서 실력이 오를 수밖에 없다.

개념을 처음 배운다면 기본편 연습문제를 해결하기도 버겁지만 《라이트쎈》 등 교재와 병행하여 공부한다면 어느 순간 기본편 연습문제를 모두 해결할 수 있을 것이다.

응용

앞서 소개한 《투탑》, 《수학의 정석》은 개념을 배우고 능숙하게 적용하기에는 문제 수가 다소 부족하다. 내가 다니던 학원에서는 개념 진도를 처음으로 나갈 때 부교재로 《라이트쎈》을 풀었다. 《수학의 정석》 기본 문제와 유제를 해결한 후 《라이트쎈》을 풀면 어느 정도 개념에 익숙해졌다는 느낌이 들었다. 그 후에 《수학의 정석》 연습문제에 도전하면 큰 힘을 들이지 않고 대부분의 문제가 해결되었다. 어려운 문제는 학원 선생님께 질문하고 해설을 경청하며 필기했다.

기본편의 연습문제 중 어려운 것들은 실력편의 연습문제에도 들어가 있다. 심화 단계에서 원래 못 풀었던 문제들을 다시 접했을 때 따로 복습하지 않았음에도 높은 확률로 그 문제를 다시 풀 수 있었다. 그 이유는 해설을 들을 때 허투루 넘기지 않고 한 단계씩 정확하게 이해하며 내면화하는 과정을 거쳤던 덕분이라고 생각한다.

심화

　심화는 《수학의 정석》 실력편을 따라 《쎈》과 《일품》 등 유형서와 심화 문제집을 적절히 병행하며 진행했다. 이미 개념과 응용 단계에서 정교하게 개념을 이해해 두었고, 해당 단원에서 출제되는 기본적인 유형들은 모두 숙달된 상태였기 때문에 심화를 하는 데에도 큰 어려움은 없었다. 다만 《수학의 정석》 실력편의 필수 예제(기본편에서는 기본문제)에는 교과 과정에서 빠진 내용이 간혹 실려 있는데, 배운 적 없는 개념이다 보니 특히 더 고민해서 문제를 풀며 '곁다리 지식'을 하나씩 습득해 나갔다.

　대표적인 예로 고등학교 1학년 〈순열과 조합〉 단원에 실린 '비둘기집 원리' 예제가 있으며 고등학교 2학년의 〈미분〉 단원에는 고등학교 과정에서는 접하기 어렵지만 공학적으로 큰 의미가 있는 '뉴턴의 방법'을 소개하는 예제가 있다. 문제를 푼 지 오랜 시간이 지났음에도 이렇게 특정 예제들을 기억하는 것은 내가 그만큼 《수학의 정석》을 오랜 시간 동안 소중하게 풀었기 때문이다. 내 수학 실력의 밑천은 전부 《수학의 정석》이라 해도 과언이 아니다.

　당부하고 싶은 것이 있다. '선행을 완벽하게 하는 것'과 '내신·수능 고득점'은 성격이 다르다는 것이다. 축구 선수의 훈련 과정으로 비유하자면, 위의 방식대로 '선행을 완벽하게 하는 것'은 달리기와 근력 운동을 비롯한 기초 체력 훈련 그리고 공을 다루는 연습에 가깝다. 수학 고득점을 위한 기초 체력과 기능을 쌓은 후 시험(축구 경기)을 위해 문제를 효율적으로 풀기 위한 스킬 연마(개인기 연마)와 더불어 시간 안에 모든 문제를 풀기 위한 실전 모의고사 연습(연습 경기)을 해야 안정적인 성과를 낼 수 있다.

내가 소개한 문제집 외에도 나는 '족보닷컴' 사이트의 문제를 모아 만든 학원 자체 교재를 풀며 비현실적으로 많은 양의 문제를 풀었다. 개념을 정교하게 이해하고 유형을 습득한 뒤 실전 연습을 통해 배운 내용을 몸이 기억하게 만든 것이다. 덧붙여 '완벽하게 해 뒀다'는 자만심에 빠져 모의고사 풀기를 게을리하면 내신과 수능 고득점을 기대하기 어렵다.

과학

내신 100점 받는
교과서 무한 반복 공부법

과학 교과에 있어서 '나선형'과 '개념' 두 단어는 앞으로 지겹도록 나올 예정이다. 이 핵심 키워드를 머릿속에 집어넣고, 초등학교에서 놓친 과학을 바로잡고, 통합과학 과목을 준비하려면 어떻게 해야 할까?

과학 좋아한 문과생의
중등 과학 100점 비법

이유림 국어국문학과

문과생은 과학을 싫어할 거라고 생각하겠지만 꼭 그렇지만은 않다. 적어도 나는 그랬다. 나는 과학을 좋아하고 잘하는 편이었다. 중학교 때는 틀린 문제가 거의 없었고 고등학교에 가서는 외고 버프까지 받아 늘 1~2등급으로 다른 과목에 비해 눈에 띄게 성적이 높았다. (다른 친구들에게 과학은 아웃 오브 안중이었기 때문에!)

과학 과목에 있어서 잊을 수 없는 기억이 중학교 2학년 중간고사를 준비할 때이다. 일주일 내내 교과서를 붙들고 봐도 '대전열' 부분이 도무지 이해되지 않았다. (+)전하와 (−)전하가 이렇게 저렇게 이동한다는데, 그 원리가 머릿속에 들어오지 않는 것이다. 답답한 마음에 집에 있던 칠판을 꺼내 울분을 토하며 하나하나 따져가면서 혼자 설명해보았다. 그때 나는 결국 '대전열' 부분을 이해해 냈다! 과학이 재미있는 이유는 원리 하나를 이해하면 다른 개념들이 맞물려 들어온다는 데 있다. 다음 퍼즐이 연쇄적으로 맞춰지는 것을 경험하면서 과학을 좋아하게 되었다.

과학 과목의 가장 큰 특징은 개념을 모르면 단 한 문제도 풀 수가 없다는 것이다. 국어나 영어는 공부를 안 해도 문제를 읽을 수는 있다. 그러나 과학은 문제가 무슨 말인지조차 알 수 없다. 그래서 전체 과학 공부 시간 중 80퍼센트를 개념 정리에 쓰고, 20퍼센트를 문제 풀이에 할애할 만큼 개념을 이해하는 데 초점을 두었다. 이 원리를 어떻게 해서든 이해하겠다는 전투적인 마음가짐 또한 도움이 되었던 것 같다. 나처럼 혼자 칠판에 쓰며 고민해 봐도 좋고, 인터넷을 찾아봐도 좋고, 선생님께 질문 폭격을 해도 좋다. 중학교 과학에서 이해해 놓은 개념은 고등학교까지 연결되니 특히 중등 과학의 개념을 확실히 해두면 편할 것이다.

또 과학은 인과관계와 논리가 중요한 과목이라고 생각한다. A부터 Z까지 과정을 추적해 보는 시간이 필요하고, 이를 위해 교과서를 무한 반복해 읽는 것이 효과적이다. 교과서만큼 훌륭한 교재는 없다. 한 문장 한 문장 꼼꼼하게 파고들면 허투루 쓰인 문장이 없음을 알게 될 것이다. 모든 문장이 앞뒤 개념과 연결되어 논리적인 흐름 안에 있기 때문이다. '왜 다음은 이러한 설명이 나올까?' 질문을 던지면서 따라가면 어느새 꽤 많은 내용을 알고 있는 자신을 발견하게 될 것이다.

과학을 잘하기 위한 특별한 비법은 없다. 교과서를 읽으며 끈질기게 원리를 구해내는 작업, 이 기본적인 방법이 가장 확실한 방법이다. 문과생이라고 해서 과학을 겁낼 필요는 없다. 모든 과목이 그렇듯 차근차근 이해해 나가면 충분히 해낼 수 있다.

개념과 원리에
집중하는 공부법

정진용 원자핵공학과

과학은 누군가에게는 재미있고 신기한 과목일 수 있고, 다른 누군가에게는 무슨 말을 하는지 모르겠는 과목일 수 있다. 다행히도 나에게 과학은 상당히 오랜 기간 동안 재미있고 신기한 과목이었다. 어떻게 그럴 수 있었을까?

내가 중학교를 갓 입학했을 때 기억을 되살려 보겠다. 중학교 1학년 과학 시간에 수업을 들으며 내가 꽤나 자주 했던 생각은 '이거 초등학생 때 배웠던 내용인데?'였다. 물론 중학교 고학 수업의 내용이 초등학교 과학의 답습은 아니었다. 당연히 추가도는 내용도 심화되는 내용도 많았다. 그러나 그 내용을 이해하기 위한 기본 지식들은 놀라울 정도로 초등학교 과학 시간에 배운 내용(둘의 부피는 섭씨 4도에서 가장 작다는 사실이나, 압력의 개념이라거나, 자석과 자기력선 같은 내용)으로 이루어져 있었다. 아는 내용이 나오니까 당연히 과학이 익숙하고 재미있게 다가올 수밖에 없었다.

이번에는 갓 고등학교에 입학했을 때로 넘어가 보겠다. 고등학교 1학년 통합과학 수업을 들으며 내가 자주 했던 생각 역시 '이거 중학생 때 배웠던 내용인데?'였다. 고등학교 과학 교과의 난이도, 특히 수능이나 평가원 모의고사의 기출 문항은 그 난이도와 깊이가 지금까지의 경험을 아득히 초월한다. 그러나 그 기본이 되는 내용들은 (특히 통합과학은 더더욱) 놀라울 정도로 중학생 때 배웠던 내용들이다.

중등 과학의 중요성이 이제는 조금 더 와닿을 것이다. 중등 과학은 그 자체로도 의미가 있지만 고등학교 과학 과목의 토대로서의 중요도를 강조하고 싶다. 이에 더해 '과학' 자체에 대한 거부감을 낮춰주는 중요한 역할 역시 중등 과학의 몫이다. 물체의 포물선 운동을 계산하는 것으로 과학 공부를 시작한다고 생각해 보자. 아주 고역일 것이다. 하지만 추를 얹은 수레를 책상 위에서 굴리는 것으로 과학 공부를 시작한다면? 적어도 포물선 운동 계산보다는 훨씬 재미있을 것이다.

중등 과학이라는 이 토대를 어떻게 잘 쌓을 수 있을까? 정답은 바로 '교과서'에 있다. 뻔한 얘기처럼 들릴 수 있겠지만 다 그만한 이유가 있다. 과학 공부를 할 때 가장 중요한 것은 무엇일까. 현란한 문제 풀이 스킬? 첨단 과학에 대한 방대한 양의 사전 지식? 거침없는 선행 진도? 물론 이것들도 주요 요소가 될 수 있으나 '기본개념을 탄탄히 하는 것'이 가장 중요하다.

건물을 지을 때 지반을 제대로 다지고 지하부터 차근차근 공사해야지, 허허벌판에 가서 건물의 옥상부터 짓기 시작하면 멋진 건물을 지을 수 없다. 이 지반 공사를 담당하는 것이 바로 교과서이다.

교과서의 설명은 급하지 않다. 완행열차처럼 느긋하다. 과학의 개념을 느긋하게 쌓아 올리다 보면 자연스럽게 과학에 대한 거부감 역시 낮아진다. 나는 교과서의 내용을 거의 '파먹듯이' 공부했다. 각주에 작게 적혀 있는 디테일이나 실험 내용까지 매우 꼼꼼하게 체크했다. 그 결과 개념을 탄탄하게 잡은 것은 물론 문제 풀이 역시 수월하게 해낼 수 있었다.

개념이 정확하게 잡혀 있으니 풀이도 틀릴 일이 없고 오개념이 담겨 있는 선지도 쉽고 빠르게 걸러낼 수 있어 시험 시간에서도 시간을 벌 수 있었다. 또 조금 꼬아 놓은 문제가 나와도 개념에 충실하게 풀이를 적어 나가면 결국 풀어낼 수 있었다.

물론 중등 과학 공부는 (제대로) 많이 하면 할수록 좋은 다다익선의 영역에 있기 때문에 더 심화된 내용과 더 어려운 문제를 풀어보고 실력을 향상시킨다면 금상첨화일 것이다. 그러나 이에 너무 집착하거나 선행 및 심화 공부가 잘 안 된다고 절망하지 말고, 여러 과학적 개념을 탄탄히 쌓아 두는 것에 집중하도록 하자. 우리는 토대를 쌓는 과정에 있는 거니까.

여담이지만 학교에 방과 후 과학 문제 풀이반이나 과학 실험반 같은 과학 활동이 있다면 참여해 보면 좋다. 나는 중학교 1학년 때 방과 후 과학 실험반에 등록해 과학을 놀이하듯 즐겼고, 중학교 2학년 때 방과 후 과학 문제 풀이반에서 익힌 파동 개념을 기억해 고등학교 2학년 물리학I 시간에 요긴하게 써먹었다. 이런 활동은 과학에 대한 심리적 부담감을 낮춰주고 개념을 탄탄히 해주므로 추천한다.

미리 공부해 두면 좋은 킬러 단원 공략법

조시준 의예과

초등학교 고학년 때 어머니께서 영재학교 진학을 권유하셔서 영재학교 입시를 위해 학원에서 과학 선행 학습을 시작했다. 선행은 《High Top》을 활용해서 중학교 3학년 과학까지 완벽하게 끝내 놓고 중학교에 올라가서는 고등학교 물리, 화학, 생명과학, 지구과학 I·II를 배우는 커리큘럼이었다. 당시 중학교 과학까지는 어렵지 않게 공부하고 올라갔으나 물리, 화학, 생명과학, 지구과학I을 배우는 시점부터는 꼴등을 면하지 못했던 아픈 기억이 있다. 100점 만점에 생명과학 13점, 지구과학 8점 등 난감한 점수를 계속 받으면서 나는 영재학교와 과학고 입시를 단념하고 자사고, 특목고, 일반고 트랙으로 옮기게 되었다.

여기까지는 영재학교를 포기한 평범한 학생의 이야기다. 이후 나는 본격적으로 고등학교 내신 준비에 돌입하면서 어머니의 조언에 따라 특정 단원만 공략하는 과학 수업을 듣기 시작했다. 이 전략은 누나를 대상으로 한 어머니의 이과 입시 경험에서 비롯되었다. 네 살 터울의 누나가 고등학교 과학의 쓴맛을 본 뒤 어머니는 고등 과학의 특정 단원이 내 발목을 잡을 수 있다는 판단에 이런 전략을 세웠다. 속칭 '킬러' 단원이라 불리는 이 파트들은 고등학교에 올라가서 한 번 공부하는 것으로는 최고의 성적을 받기 어렵다. 이에 물리학I, 화학I의 특정 단원들을 미리 여러 번 보며 다져 놓는 시간을 가졌다. 당시 단원별로 따로 공부했던 파트는 물리학I의 1단원 〈역학〉, 화학I의 1단원 〈양적 관계〉와 〈산화환원 반응〉이었다. 미리 다져 놓아야 했던 이유와 내가 실력을 다진 방법을 과목별로 서술해 보겠다.

우선 물리의 〈역학〉 단원은 마치 수학과도 같아서 단순히 수식을 배우고 적용하는 연습을 하는 것만으로는 개념을 정확히 이해했다고 보기 어렵다. 간단한 물리 법칙을 상황에 맞게 자유자재로 응용해야 하는데, 이것이 가능하려면 수식 이면에 담긴 물리학적 의미를 정확히 간파해야 한다. 즉 물리는 좋은 수업을 찾아 듣는다고 이해할 수 있는 과목이 아니며, 물리의 맥을 뚫으려면 수업을 들은 후 꼭 심도 있게 복습하고 이해하는 과정을 거쳐야 한다.

나는 중학교 2학년 당시 스스로 역학을 제대로 이해하지 못했다고 진단하고 우선 기계공학을 전공하신 아버지에게 이것저것 질문하며 공부를 시작했다. 그러나 이윽고 내가 학원 물리 수업에서 건진 것이 아무것도 없다는 것을 깨달았고, 역학을 처음부터 제대로 배우기 위해 동네에서 유명한 물리 학원에서 고등학생 형들이 수강하는 물리학II 강의를 들었다. 이차원 평면 운동을 다루기 때문에 일차원 운동만 다루는 물리학I의 역학보다 좀 더 실생활에 가까운 물리학II의 역학을 수강하면 물리적인 이해가 깊어질 것이라는 판단에서였다.

이 도박에 가까운 판단은 실제로 효과가 있었는데, '벡터'로서의 힘과 가속도, 속도에 대한 이해도가 깊어져 고등학교에 진학해서도 헷갈리는 개념 없이 무사히 공부를 마칠 수 있었다. 물론 개념을 이해하는 것과 문제를 잘 푸는 것은 다르기에 고등학교에 가서도 수시로 아버지와 싸우며("아니 이거 왜 이렇게 되는 건데요?" "알짜 힘을 생각해! 으이구 답답해라.") 문제 풀이를 완성하는 고통은 감내해야 했다.

화학의 〈양적 관계〉 단원은 개념 이해가 어렵지는 않다. 다만 다음 두 가지 차이 때문에 대부분 화학I에서 1단원과 4단원을 특히 어려워한다.

① '몰'~Mole~을 포함한 화학 용어와 규칙이 낯선 점
② 개념과 문제 풀이

    이를 대비하기 위해 나는 고등학교에 가기 전 인강 패스를 수강했다. 당시 '대성마이맥'에서 강의하던 화학 정훈구 선생님의 고3용 개념 강좌를 수강하며 개념을 완성했고, 개념 책에 실린 문제를 하나씩 풀어 나가며 기본을 다짐으로써 위의 ①과 ② 두 마리 토끼를 모두 잡을 수 있었다. 다만 실제 고득점을 위한 문제 풀이를 완성하는 것까지는 기대하기 어려웠는데, 이는 고등학교에 가서 내신 시험을 앞두고 엄청난 양의 문제 풀이를 하며 해결했다.

> 한국사

고등 내신 멘붕을 방지하는
암기 과목 공부법

역사 과목은 호불호가 확실한 과목이지만 좋든 싫든 해내야 한다. 그런데 의외로 암기 과목 공부법을 몰라서 헤매는 경우가 많다. 단순 암기 이상으 나만의 암기 과목 공부법을 만들어 놓는 것이 필요하다.

원인과 결과가 확실한 한국사, 스토리텔링 공부법

장현우 언론정보학과

한국사는 암기가 기본이자 전부다. 그러나 무턱대고 책에 있는 모든 내용을 외우는 것이 아닌 효율적으로 암기하는 방법이 있다. 일단 중학교 시기에는 교과서 내용을 완전히 소화하겠다는 목표로 교과서 속 사진, 지도, 연표 등의 자료를 숙지하는 연습을 해보자. 고등학교 내신 시험을 보기 전에 암기 과목을 공부하는 자신만의 공부법이 생긴다면 그렇지 않은 친구들에 비해 몇 발은 앞서 공부를 시작할 수 있다.

'역사는 스토리텔링으로 외워야 한다'라는 이야기를 들어 보았을 것이다. 역사는 사람들이 살아가며 생긴 일을 기록한 것이기 때문에 원인과 결과가 확실한 경우가 많다. 사건의 인과관계를 살펴 역사 속 인물의 심정으로 생각해 보면서 그 인과관계를 바탕으로 역사가 흘러간 뼈대를 세워보고, 뼈대 위에서 국가의 종교와 문화 등으로 살을 붙여가는 것이다.

역사를 공부할 때 가장 먼저 마주하는 큰 벽은 삼국시대다. 왕의 이름도 어렵고 발생한 사건들도 많아 어려울 수밖에 없다. 그럴 때는 '전쟁'을 기준으로 사건들을 정리해 보자. 전쟁은 분명한 목적을 가지고 일으키는 것이기에 인과관계를 추측하기 상당히 좋다. 예를 들면 삼국시대 발전 순서는 '백제-고구려-신라'라고 외우면 잊어버리기도 쉽고 머릿속에 잘 들어오지 않는다. 하지만 그 시대 사람들의 생각과 마음을 이해하려고 노력하면 훨씬 깊이 있게 기억할 수 있다.

삼국시대 사람들이 가장 중요시했던 것은 먹고사는 문제였다.
→ 먹고살기 위해서는 농사가 필요했을 것이다.
→ 강 유역은 땅이 비옥하기에 농사가 잘돼 한강 유역을 차지한 나라는 발전할 수밖에 없었다.

→ 처음에는 한강 유역을 차지한 백제가 가장 발전했던 것이다.

→ 이후 고구려 장수왕이 한강의 중요성을 인지하고 백제와 전쟁을 일으켜 한강을 차지한다.

→ 한강을 빼앗긴 백제는 어떻게 할까? 당연히 다시 빼앗아 와야 한다.

→ 옆 나라 신라와 동맹을 맺고 고구려를 침략해 한강 유역을 되찾는 데 성공하지만, 신라가 백제의 뒤통수를 치고 한강을 차지한다.

→ 이후 신라는 당나라와 연합해 삼국을 통일한다.

이처럼 '한강'이라는 익숙한 소재를 통해 스토리를 만들어 나가니 훨씬 이해도 쉽고 오래 기억할 수 있다.

스토리텔링을 잘할 수 있다면 이제는 시험을 잘 보기 위해 교과서를 분석할 차례다. 가장 추천하는 것은 연표를 통해 공부하는 것이다. 나는 항상 역사 시험을 보기 전 노트에 연도를 쓰고 그 당시 각 나라에서 무슨 일이 있었는지, 어떤 왕이 즉위하고 어떤 업적을 남겼는지 정리하는 작업을 했다.

이 작업이 중요한 이유는 역사가 입체적인 과목이기 때문이다. 한 나라만 죽어라 공부해서는 시험에서 절대 높은 점수를 받을 수 없고 국가 간의 상호작용, 왕이 백성을 대했던 방식, 당시 사회 분위기 등을 종합적으로 이해하고 있어야 한다. 그런 공부를 하기 위해 가장 효율적인 방법이 연표 만들기다. 한눈에 정리하는 방법이기에 연표를 직접 만들지 않더라도 적어도 교과서에 있는 연표는 꼭 공부하기를 바란다.

 스토리텔링으로 뼈대를 잡고 연표를 통해 살을 붙였다면 역사 공부가 마무리되는 걸까? 절대 그렇지 않다. 교과서에 있는 자료들을 공부하지 않는다면 시험을 안 보겠다고 선언하는 것과 마찬가지다. 교과서에 있는 사진과 지도 등 시험지에 그대로 인쇄되는 경우가 많고 그와 연관된 자료가 나오기도 하니 꼭 분석할 필요가 있다. 분석은 어렵지 않으니 본인이 만들어 둔 뼈대와 살에 자료를 연결시키기만 하면 된다.

 앞서 말했던 삼국시대의 한강 유역 점유와 관련된 자료로는 지도가 있다. 각 나라의 전성기 지도를 보면 모두 한강을 차지하고 있는 모습일 것이다. 이 자료를 통해 '한강을 차지하고 있기에 각 나라가 전성기를 맞았다는 내 스토리텔링이 맞구나'라는 생각을 하게 된다. 이후 복습을 철저히 한다면 시험에서 비슷한 자료가 나와도 쉽게 문제를 풀 수 있다.

암기 과목에 임하는 자세

 마지막으로 역사를 포함한 암기 과목 시험을 대비하는 자세로 학생들이 가졌으면 하는 두 가지 습관을 이야기하고자 한다.

 첫째, 수업 때 정신 똑바로 차리고 선생님 말씀을 모두 받아 적는다. 주요 과목에 비해 암기 과목은 학원도 적고 충분히 혼자 공부할 수 있는 과목이다. 혼자 공부하기 위해 학교 수업을 잘 듣고 선생님 말씀에 집중할 필요가 있다. 가끔 학생들이 "저희 선생님은 교과서를 읽기만 하셔서 수업이 재미없어요."라고 말하는데 교과서만 읽으셔서 재미가 없다면 집에 와서 인터넷 강의를 찾아보거나 수업 내용을 재밌게 풀어놓은 유튜브 영상을 시청하길 바란다. 어떻게든 본인이 이해하기 쉬운 방식을 찾아 노력하다 보면 이후에는 스스로 공부하는 방법을 터득하게 될 것이다.

둘째, 복습이다. 암기 과목을 공부하면서 주기적으로 복습하지 않으면 그동안 공부한 시간을 날리게 된다. 복습은 시험 한 달 전부터 하는 것이 아니다. 학기 초에도 수업을 듣고 집에 와서 수업 내용을 되짚어 보는 것이 복습이다. 하루 수업량은 교과서 2~3페이지 분량이니 복습 시간도 길지 않을 것이다. 그날 배운 내용을 반드시 그날 복습하는 습관을 들이길 바란다.

당일 복습에 더해 누적 복습도 꼭 하길 바란다. 예를 들어 한국사 수업이 월요일, 수요일, 목요일에 있다고 가정했을 때 수요일에는 수요일 당일에 배운 내용을 먼저 복습한 후 월요일 내용부터 수요일 내용까지 누적해서 복습하는 것이다. 이런 식으로 배운 내용을 잊어버리지 않도록 누적 복습하며 지식의 층을 한 층 한 층 쌓아나가자.

한국사 공부는
숨 쉬듯 생활화하기

이유림 국어국문학과

한국사 공부는 결코 만만하지 않다. 단순 암기로 접근하다가는 큰코다친다. 생각보다 입체적인 시각과 응용력이 필요한 과목이기 때문이다. 중학교까지는 외운 만큼 점수가 나오는 경우가 많지만 고등학교에 올라가면 상황은 달라진다. 단편적인 암기만으로는 좋은 점수나 등급을 받기가 어렵다. 모든 내용을 완벽하게 외우면 2등급, 거기에 더해 모든 내용을 하나의 흐름으로 정리할 수 있어야 1등급을 받을 수 있다.

고등학교 내신에서 고득점을 노린다면 암기 이상의 무언가가 필요하다. 왜 이 사건이 일어났는지, 비슷한 시기 어떤 사건이 일어났는지, 사건과 사건을 유기적으로 연결하고 흐름 안에서 이해하는 능력이 요구된다. 이러한 연습에 도움이 되었던 한국사 공부 팁을 소개해 보려고 한다.

나의 한국사 공부 핵심은 '생활화'이다. 억지로 시간을 내기보다 틈틈이 해두는 것을 추천한다. 국어, 영어, 수학 주요 과목을 공부하기에도 시간이 빠듯한 데다 수행평가에 발표 준비까지, 해야 할 일이 산더미인데 한국사에 많은 시간을 투자하는 건 효율적이지 않다. 따라서 세 가지 방법을 제안한다.

① 책 읽듯이 가볍게 교과서를 읽어 보자

학기 초 교과서를 받자마자 처음부터 끝까지 쭉 읽어두는 것도 좋고, 수업 시작 전 오늘 배울 범위를 읽어보는 것도 좋다. 이때는 외우려고 하지 않아도 된다. 책 읽듯이 부담 없이 '이런 사건이 있었구나' 하고 지나가도 충분하다. 수업을 듣기 전이기 때문에 머릿속에 신선하게 각인되고 수업 시간에 그 정보가 다시 연결되면서 기억에 오래 남는다.

② 눈앞에 아른거리게 하자

선생님이 칠판에 적은 수업 내용을 모조리 포스트잇에 정리한 후 책상 앞처럼 잘 보이는 곳에 붙여두었다. 시선이 가는 곳에 있으니까 자연스럽게 시간을 들이지 않아도 아는 내용이 늘어난다. 한국사는 필기량이 은근히 많아서 눈으로만 보면 나중에 헷갈릴 때가 많다. 직접 써 보는 시간이 한 번은 꼭 필요하다. 참그로 나는 줄이 있는 15센티미터 포스트잇을 애용했다.

③ 내 마음대로 설명해 보자

나는 역사를 특별히 좋아하는 학생은 아니었다. 그래서 조금이라도 재미있게 공부하기 위해 애썼다. 방대한 내용을 무작정 머리에 욱여넣기보다 내 방식대로 재미있게 소화해 나가는 전략을 세웠는데 꽤 효과적이었다. 가령 왕의 업적을 외울 때 친구 이야기를 하듯 별명을 붙여 설명했다. 한 예로 법흥왕은 불교 공인, 율령 반포, 공복 제정 등 다양한 업적을 세웠던 왕이다. 교과서에 기록된 내용만 해도 상당한데 이런 식으로 외우는 것이다.

"법흥왕? 완벽주의 갓생러잖아. 그래서 한 일이 많아.
첫째, 법흥왕의 '법'이 불교 교리를 의미하니까 불교 공인.
둘째, 옷도 칼같이 맞추고 싶어서 공복 제정.
셋째, 완벽주의니까 체계적인 거 좋아하겠네? 율령 반포."

한국사 성적은 디테일에서 갈린다. 선생님께서 한 마디 툭 던지고 지나간 주석 하나가 시험 문제로 등장하기도 한다. 외고에는 암기에 도가 튼 친구들이 수두룩한데, 그 때문에 문제 하나를 틀리고 5등급을 받았던 아픈 기억도 있다. 미리 전체 구조를 파악해 두면 세부 내용을 공부할 시간을 확보할 수 있고, 이는 곧 점수를 안정적으로 유지하는 데 도움이 된다.

아직 중학생이라면 지금부터 방법을 고민해 보자. 어떻게 효율적으로 공부할 것인가? 어떻게 머릿속에 오래 남게 할 것인가? 스스로 고민해서 쌓은 자신만의 습관과 노하우는 고등 내신을 수월하게 준비하는 힘이 되어줄 것이다.

> 공통

시간에 쫓기지 않고
책을 읽을 마지막 기회

입시를 겨냥한 전략적 독서든 읽는 즐거움을 위한 독서든 중학교 때 손에서 책을 놓지 않았던 학생들의 독서 경험은 입시에 어떤 영향을 주었을까?

어려운 책도
일단 끝까지 읽어 보기

최윤 의예과

나는 어릴 적부터 책을 정말 좋아했다. 외출할 때도 항상 책을 가지고 다녔고 도서관도 즐겨 찾았다. 주말에 파주 출판단지나 서점으로 놀러 다니면서 새로운 책을 구입하고 독서를 하던 경험은 지금까지도 행복한 기억으로 남아 있다. 흔히 중학교에 가면 독서할 시간이 없다고 하는데 나 같은 경우 초등학교를 지나 중학교에 진학해서도 독서량은 크게 달라지지 않았다. 나에게 중학교는 꽤나 여유로운 시기였고, '공부를 해야 한다'는 핑계로 독서가 뒷전이 되는 일은 없었다. 오히려 좋아하는 분야의 책을 마음껏 읽었던 시기가 중학교 때가 아니었나 싶다.

당시 나의 관심사는 과학 교양서, 소설, 철학서였다. 특히 대중 교양 과학 서적을 워낙 많이 읽은 나머지 국어 선생님께서 "너는 과학책만 읽니?"라고 물으실 정도였다. 내가 지금까지도 좋아하는 아이작 아시모프의 과학 소설을 처음 접한 것도 바로 중학교 시절이었다.

의도한 것은 아니었지만 돌이켜 보니 다양한 분야의 독서는 입시에도 분명 좋은 영향을 주었다. 독해력 향상은 당연하다. 여러 가지 소재를 아우르는 글을 접하며 견문을 넓히고 수능 국어 비문학 지문의 배경지식까지도 쌓을 수 있었기 때문이다.

더 나아가 독서 경험은 교과 및 비교과 활동으로 연계되기도 했다. 우연히 철학 교양서를 읽고 '철학'이라는 학문에 흥미가 생겼고 《지식인을 위한 변명》, 《과학혁명의 구조》 등 더 깊이 있는 철학 도서까지 탐독했다. 철학에 대한 관심은 이후에도 이어져 고등학교 2학년 때는 이과 학생으로서는 드물게 사회과 심화 과목인 〈현대사회와 철학〉 수업을 수강했다. 중학교 3학년 즈음에는 《세상 물정의 물리학》을 읽고 세상을 바라보는 통계학적 시선을 접했다. 이에 영감을 받아 '합리적인 고등학교 배정'을 수학적으로 분석한 탐구를 진행하여 교내 탐구발표대회에서 수상하기도 했다.

덧붙여 중학생이라면 어려운 책을 포기하지 않고 끝까지 읽어내는 경험도 해보길 바란다. 글의 양이 방대하거나 이해하기 까다로운 책을 독파하는 경험은 여러 면에서 도움이 된다. 책을 다 읽었다는 뿌듯함과 성취감뿐 아니라 아무리 길고 어려운 책도 읽어낼 수 있다는 자신감까지 얻을 수 있다. 완독하는 과정에서 어려운 글을 이해하는 독해력도 길러지는데 이는 수능 국어 영역에서도 꼭 필요한 능력이기도 하다.

간혹 중학교 때 무슨 책을 읽었는지 질문을 받곤 한다. 궁금해하는 분들을 위해 중학교 3년간 읽었던 책 중 기억에 남는 몇 권을 적어 본다.

- 랜들 먼로, 《위험한 과학책》
- 박완서, 《그 많던 싱아는 누가 다 먹었을까》
- 빅터 프랭클, 《죽음의 수용소에서》
- 사이먼 싱, 《페르마의 마지막 정리》
- 수잔 콜린스, 《헝거 게임》 시리즈 *나는 원서 《The Hunger Games》 3부작을 읽었다.
- 아이작 아시모프, 《영원의 끝》, 《파운데이션》 시리즈
- 올더스 헉슬리, 《멋진 신세계》
- 장 자크 루소, 《인간 불평등 기원론》
- 장 폴 사르트르, 《지식인을 위한 변명》
- 정재승, 《정재승의 과학 콘서트》

- 칼 세이건, 《코스모스》
- 하버트 조지 웰스, 《타임 머신》

시간을 내어 읽고
만들어 간 나만의 독서록

최윤서 국어국문학과

초등학교 시기에는 독서가 루틴이 되어 있어 습관처럼 책을 읽었다. 선물로 책을 받는 것도 좋아했고, 집 근처 시립도서관에 매주 가서 일상처럼 독서를 즐겼다. 한글 책, 영어 원서, 과학 잡지 등 다양한 글을 많이 읽었던 독서 경험은 나의 독해력을 한껏 높여 주었다.

중학교에 올라가서 공부할 과목이 많아지다 보니 자연스럽게 독서에 소홀해졌다. 그러다 보니 '이젠 정말 내가 시간을 내서 독서해야겠구나'라는 생각이 들었고 철저히 시간 관리를 하며 책을 읽었다. 주로 진로를 탐색하는 데 도움이 되는 책과 학문적 관심을 해소할 수 있는 책 위주로 읽었는데, 특히 기억에 남는 책은 《검사내전》, 《기억 전달자》, 《왜 세계의 절반은 굶주리는가?》 등이 있다. 학교 공부를 하며 점점 쌓여가는 지식량과 높아지는 독해력을 반영해 《왜 세계의 절반은 굶주리는가?》와 같이 읽는 데 오랜 시간이 걸리는 책도 완독하고 나니 수준 높은 책을 점점 더 많이 읽을 수 있었다. 그래서인지 쉬는 시간이 되면 '얼른 이 책을 열심히 읽고 다른 책도 도

장깨기 하고 싶다'는 생각을 하며 독서를 꾸준히 해 나갈 수 있었다.

긴 겨울방학을 이용한 집중 독서도 추천한다. 예비 중2 겨울방학 때는 고교 기출 문학 작품을 주로 읽었다. 수능과 내신에 자주 기출되는 문학 작품을 쉽게 풀이한 도서부터 골라 읽다가 점차 어휘나 문장이 원문에 가까운 책까지 읽어 나갔다. 시험에서 아는 작품이 나오면 그래도 한숨 돌리고 문제를 풀 수 있으니 비교적 시간이 많을 때 미리미리 고전문학과 현대문학 작품을 읽어 두면 좋다. 이때 시인이나 소설가의 단편선을 찾아 읽는 방법을 추천하고 싶다. 한 작가가 향유한 문학 세계를 정리하며 독서할 수 있기 때문에 훗날 시험에서 지문으로 줄거리를 마주한다면 조금 더 자신 있게 문제를 풀 수 있을 것이다.

특히 중3 겨울방학 때는 고등학교에 진학하기 전 여유롭게 독서할 수 있는 마지막 기회라는 생각에 더 열심히 독서했다. 이때 간략히 독서록을 작성했다. 책을 읽고 든 생각과 어떤 작품을 추가로 읽고 싶은지 쓰고 또 책에서 인상 깊게 읽었던 한 문단을 사진으로 찍어 두는 식으로 기록해 두었더니 고등학교 생활기록부에 활용하기도 좋았다. 한 문장이나 단어 정도만 기억해 두는 것보다 문단을 적어 두면 그 책의 전체 내용을 떠올리기도 좋고, 독서 활동란을 더욱 알차게 채워 나갈 수 있다.

중3 겨울방학

성적 급상승 골든타임을 위한 국어 공부 전략

**모의고사를 풀기 위한 훈련 기간!
비문학, 어법, 어휘를 중점적으로**

노규아 영어영문학과

비문학 지문 요약

고등학교 1학년 첫 국어 시험에서 내신 1등급이 나올 수 있었던 이유는 기본에 충실했던 공부 덕분이었다. 국어는 수학에 비해 공부 시간이 적었고 제대로 된 모의고사조차 푼 적 없었다. 그럼에도 고등학교 학력평가에서까지 안정적으로 1등급이 나오는 것을 보며 비록 공부량은 적어도 방향성만큼은 틀리지 않았다는 확신을 얻었다.

나는 중3 겨울방학 때 처음 고등 국어를 접했다. 모의고사 문제 풀이에 집중하는 대신 비문학 지문 요약 연습, 어법, 어휘 공부에 중점적으로 시간을 투자했다. 응용보다는 기본에 가까운 공부였다. 비문학 지문 요약은 독해를 위한 기초적인 훈련이 되었고, 어법이나 어휘는 비문학과 문학 그리고 문법 텍스트를 읽어내기 위한 가장 기본 단계가 되었다. 덕분에 국어 지문을 읽을 때 막히는 부분이 거의 없었고 매일 손글씨로 비문학 지문을 요약해 온 덕에 지문의 핵심을 구조화하면서 읽어 나갈 수 있었다.

겨울방학 동안 하루도 빠지지 않고 일정량의 지문 요약 연습을 한 것은 고등 국어의 뼈대를 튼튼하게 만드는 데 큰 도움이 됐다. 만약 처음부터 모의고사 풀이에만 집중했다면 밑 빠진 독에 물 붓기처럼 시간과 에너지만 흘려보내고 진짜 실력은 쌓지 못한 채 고등학교에 입학했을 것이다.

물론 국어 공부를 일찍부터 시작해서 기본 훈련이 제대로 되어 있는 학생이라면 모의고사 같은 실전 문제 풀이를 진행해도 무방하다. 하지만 문제를 풀었을 때 생각만큼 점수가 나오지 않거나 실력이 정체된 듯하다면 다시 기본으로 돌아가야 한다. 실력이 정체된 채로 문제 풀이 응용학습을 고수한다면 결국 국어 성적은 재능이 결정한다는 운명론에 빠지게 될 가능성이 크다.

어휘는 꾸준히 반복해서, 문법은 한번에 제대로

현시점이 중3 겨울방학이라면 문법과 어휘 공부의 중요성은 단연코 몇 번을 강조해도 부족하지 않다. 수능 국어는 비문학, 문학, 화작(화법과 작문), 문법 등 장르를 불문하고 그 기저에는 독해가 제대로 이루어져야 정확하게 풀 수 있다. 독해의 기본은 문법과 어휘다. 게다가 고등학교에 입학한 후에는 문법과 어휘에 집중할 수 있는 시간이 상대적으로 부족하므로 비교적 여유가 있는 겨울방학에 미리 대비해 놓는 것이 필요하다.

나는 《1등급 어휘력》을 꾸준히 일정 분량을 공부해 나가는 식으로 어휘 공부를 한 바퀴 돌렸다. 단순히 단어와 뜻풀이만 암기하는 게 아니라 예문을 통해 어떤 맥락에서 사용되는지도 훑어 보았다. 특히 한자어나 사자성어는 문학 작품 지문에 사용되는 경우가 많기 때문에 친숙하지 않은 어휘들을 미리 공부해두면 훨씬 수월하게 읽을 수 있다.

처음에는 두꺼운 어휘집을 보며 숨이 턱 막히는 순간이 있었지만, 모든 어휘를 암기하려고 애쓰기보다는 일단 눈에 익숙하게 만든다는 생각으로 매일 꾸준히 훑어 보는 식으로 공부했다. 그러자 겨울방학이 끝나기 전 어휘집 한 권을 완독할 수 있었다.

반면 문법은 한 번 공부할 때 제대로 이해하면서 진도를 나가는 것을 중요시했다. 어휘는 자연스럽게 눈에 익히며 반복 체화하는 것이 가능하지만 문법은 그 원리를 제대로 이해하지 못하고 넘어가면 다음 단계로 나아가는 데 어려움을 겪는다. 뿐만 아니라 문제가 조금만 어렵게 꼬아서 나올 경우 저항 없이 포기하게 될 가능성이 크다. 문법 개념을 확실하게 이해하고 응용문제를 통해 점검하는 방식으로 차근차근 진도를 나갔더니 웬만한 문법 문제들은 큰 어려움 없이 풀어낼 수 있었다.

이처럼 국어 영역별로 공부 페이스와 깊이를 조절해 가면서 공부해야 보다 효율적인 결과를 낼 수 있다. 진도를 나가는 것도 좋지만 틈틈이 자신의 공부 방법과 방향성에 대해 점검해 보는 시간을 갖는 것 또한 놓치지 않았으면 한다.

수능 기출문제를 풀며
국어 실력 점검하기

최윤 의예과

국어 능력은 꾸준함에서 시작한다. 초·중등 시기가 독서를 통해 기본적인 독해력을 기르는 시기라면 예비 고1(중학교 3학년 말) 시기는 본격적으로 수능 국어를 접하는 시작점이다.

먼저 수능 개념을 공부하기 위해 시중의 독학서와 인터넷 강의, 학원 강좌 등을 각자의 상황에 맞게 활용하자. 수능 국어에서 다루는 국어 개념을 정확하게 이해하는 것이 우선이다. 개념 학습이 되었다면 수능형 문제에 익숙해지는 것이 필요하다. 《매3비》, 《매3문》 같은 교재를 시간 압박 없이 풀며 유형을 익히고, 익숙해지면 학력평가·모의고사 및 수능 기출문제를 고1 3월 학력평가부터 점차 학년을 올리며 풀어 보는 것을 추천한다. 나는 코로나로 인해 개학이 연기되었던 고등학교 1학년 3~4월 동안 일주일에 2~3회 정도 모의고사 기출문제를 풀며 수능 국어를 맛보기 시작했었다.

'사상누각'이라는 말처럼 기초 없이 쌓아 올린 공부는 쉽게 무너질 수 있다. 쉬운 시험에서는 운 좋게 고득점을 받을 수도 있지만 어려운 시험일수록 실력이 드러날 수밖에 없다. 예비 고1이라면 수능까지 3년이나 남은 시점이다. 그러니 당장의 결과에 조바심을 내지 말고 기초부터 단계를 밟아 실력을 쌓아 나가보자. 꾸준히 정진하다 보면 어느새 실력이 늘어 있을 것이다.

수능 기출문제를 풀며
정면 돌파하기

조시준 의예과

국어 내신은 고등학교에서 바짝 준비한다고 점수가 잘 나오는 시험이 아니다. 중학교 때 국어 공부를 등한시한 학생들이 고등학교 시험에서 틀린 후 '선지가 애매하다'며 출제자 탓을 하는 광경을 많이 봤는데, 나는 그 사이에서 거의 매번 만점을 받으며 1등급을 챙겼다. 그 학생들과 나의 차이는 바로 '수능 국어'였다.

내신 국어는 수능 국어 실력이 좌우한다. 수능 국어를 제대로 풀 실력이 없어도 암기를 열심히 하면 내신은 80~90점을 받는 것이 가능하다. 그러나 기본적인 수능 실력이 받쳐 주지 않는다면 '선지가 애매하다'고 느끼며 등급을 운에 맡겨야 하는 불상사가 벌어질 수 있다. 그러니 겨울방학 때 반드시 수능 국어 공부를 열심히 제대로 해두어야 한다. 수능을 처음 공부하는 고등학교 3학년과 중학생의 국어 실력은 별반 차이가 없으니 두렵더라도 그3용 인강을 적극 활용하여 공부하길 권한다.

나 역시 겨울방학 때 고3 평가원 기출문제로 국어 공부를 바로 시작했다. 아무 인강이나 골라서 일단 듣기 시작한 것이다. 내가 처음 풀었던 기출문제는 2019학년도 9월 평가원 모의고사였는데 1등급 커트라인이 무려 97점으로 아주 쉬운 시험이었다. 그 시험에서 나는 65점을 받을 정도로 국어 실력이 거의 없는 '노케이스' 상태였다. 이후 학년별 과정을 차근차근 밟지 않고 고3 기출 문제를 풀며 정면 돌파했더니 나중에는 충분히 할 만해졌다. 고등학교에 입학하기 직전 겨울방학이 끝날 시점에 그해 수능 문제를 풀어서 2등급 이상이 나오는 실력이라면 고등학교 내신 국어를 준비하는 데 큰 무리가 없을 것이라 생각한다. 내가 그랬으니까.

문학과 비문학 이외에 문법을 제대로 공부해 두는 것은 아무리 강조해도 모자라다. 중학교 때 강의를 통해 수능에서 다루는 문법의 기틀을 먼저 완성해 놓고, 내신 기간에 학교 선생님이 요구하는 자

잘한 암기 사항을 외우는 순서로 공부하는 것이다. 중3 겨울방학까지 문법을 제대로 끝내 놓지 않는다면 영어처럼 고등학교 3년간 질질 끌려다니면서 결국 수능 때도 문법을 따로 공부해야 하는 상황이 벌어질 가능성이 크다.

추천 인강과 문제집

- 인강패스 사설 인강패스를 하나 구입하자. 동네 학원 여러 개 다니면서 얼기설기 수능을 준비하는 것보다 훨씬 경제적이고 효과적이다. 나는 메가스터디 전형태 선생님의 '문법 올인원' 강의를 들었다.
- 《마닳》 기출문제집으로 '마르고 닳도록' 봤다. 수능 공부를 처음 시작하기에도 제격이며 저자가 시키는 대로 기출 분석을 하면 '피지컬' 하나는 끝내주게 좋아질 것이다.

> **중3 겨울방학**
성적 급상승 골든타임을 위한 수학 공부 전략

선행과 고등 1학년 1학기
내신 병행법

최윤 의예과

중학교 3학년 겨울방학은 고등학교에 진학하기 전 마지막으로 주어지는 황금 같은 시간이다. 당장 치러야 할 정기고사가 없어 물리적인 시간 여유가 충분하며, 중학교를 마무리하는 시기라는 심리적 안정감까지 존재하기 때문이다. 이 시기에는 특히 수학에 힘을 쏟는 것이 중요하다. 나는 크게 두 가지 공부를 병행했다.

첫 번째는 고등학교 1학년 수학 내신 대비다. 고등학교 생활의 첫 단추를 잘 끼워야 성공적인 입시로 향하는 길이 순조로울 수 있다. 중학교 3학년 겨울방학은 상대적으로 성적을 올리는 데 많은 시간을 투자해야 하는 수학 과목에 집중할 수 있는 좋은 기회이다. 수학 내신 대비가 잘 되어 있으면 고등학교 입학 후 다른 과목 공부 시간을 확보하는 데 큰 도움이 된다. 각자의 수준에 맞게 최대한 많은 문제를 풀며 고1 수학을 완벽하게 자신의 것으로 만들어 보자.

2015 개정 교육과정을 따랐던 나는 겨울방학 초반에는 고등학교 1학년 수학 전 범위를 공부했고, 고등학교 입학이 다가올수록 수학(상)(2022 개정 공통 수학I), 그중에서도 1학년 1학기 중간고사 범위에 집중했다. 겨울방학에도 내신 기간이라는 마음으로 내신용 문제집, 모의고사 기출, 최고난도 문제집, 수학 시험이 어렵다고 알려진 여러 고등학교의 내신 기출을 시간 재며 푸는 연습까지 진행했다.

두 번째는 고등학교 2학년 과정 이상의 선행이다. 사실 고등학교 1학년 1학기 중간고사 수학 범위만 겨울방학 내내 공부하고 있기에는 중3 졸업고사 이후 11월부터 2월까지의 4개월은 조금 긴 시간이다. 그래서 고2~3의 수학 범위도 함께 학습하는 것을 추천한다. 진행하던 선행 과정이 있다면 이어서 공부하거나 심화 문제집을 풀이하는 것이다. 나는 중학교 3학년 하반기에는 기하와 확통(확률과 통계) 과목을 공부했고 수학I(2022 개정 대수),

수학II(2022 개정 미적분I), 미적분(2022 개정 미적분II) 과목을 다시 심화 단계로 복습하며 고등학교 2~3학년 과정도 최대한 대비했다.

다만 고1 수학을 중3 겨울방학에 처음 접했거나 아직 시간 투자가 많이 필요한 상황이라면 고2~3 선행보다 고1 선행에 집중할 것을 추천한다. 각자의 상황에 맞춰 공부 범위를 정하되 상대적으로 여유로운 중3 겨울방학에 수학에 많은 시간을 할애하면 좋을 것이라고 생각한다.

1부터 10까지
차근차근 풀이하기

최윤서 국어국문학과

중·고등 입시 과정에서 중3 겨울방학은 고등학교에 입학 전야제를 치르는 것과 같았다. 나는 이 전야제를 수학 선행과 심화의 균형을 잡으며 최대한 많은 시간을 투자하며 보냈다.

선행은 특강을 듣는다는 생각으로 임할 것을 추천한다. 나는 적분 파트를 유독 어려워했기 때문에 도함수, 부정적분, 정적분, 응용문제 풀이에 집중했다. 이미 배웠던 개념이었지만 개념서를 빠르게 다시 보고, 모의고사 기출문제집을 풀었다. 단순히 풀이 과정을 체화하기에 앞서 개념을 정확히 이해하려고 했다. 실제 시험을 앞둔 상태에서 개념에 구멍이 있으면 안 된다는 생각으로 오랜 시간 고민하고 내 힘으로 문제를 푸는 연습을 해나갔다.

고1 심화학습 또한 놓쳐선 안 된다. 나는 중3 동안 수학Ⅰ·Ⅱ, 확률과 통계를 여러 번 복습하고 선행했는데 문득 고1 과정을 다시 돌아봐야 할 것 같은 느낌이 들었다. 그래서 겨울방학 내내 허수, 함수, 집합 등 주요 개념을 잡는 기출문제집과 심화 문제집을 3월이 되기 전까지 세 권 풀었다. 이때 무작정 어려운 문제들만 풀기보다는 이전에 사용했던 유형 문제집의 중상·최상 난이도의 문제들로 골고루 풀기를 추천한다. 실제로 나는 첫 선행에서 풀었던 《쎈》을 중3 겨울방학에 2~3주에 걸쳐 다시 풀어 보았는데 헷갈렸던 문제 유형에서 여전히 머뭇거리는 나 자신을 발견하기도 했고, 새로운 오답을 발견하며 유형별 대비를 할 수 있어 도움이 됐다. 이 과정을 거친 뒤《블랙라벨》과《최상위 수학》을 풀었다.

여러 번 공부했던 개념이라는 생각에 바로 심화 문제들만 풀이 한다면 서술형 평가와 같이 고1 과정에 맞는 풀이 과정을 사용해 정확히 문제를 다뤄야 하는 시험에서 좋은 점수를 받지 못할 수 있다. 그러므로 '9에서 10'으로 간다는 마음보다는 차근차근 '1에서 10'으로 나아가라고 조언하고 싶다.

어려운 것에만 몰두하면 고교 입학 후 치르는 첫 시험이 사각지대에 놓일 수 있다. 나는 중3 겨울방학에 고1 내신부터 차근차근 준비했기에 첫 중간고사에서 수학 100점이라는 좋은 결과를 얻을 수 있었다. 그래서 이 시기 고2, 고3 단계 선행을 하는 친구들에게 꼭 고1 과정 복습 및 심화를 병행하는 것을 추천하고 싶다.

> 중3 겨울방학

성적 급상승 골든타임을 위한
영어 공부 전략

**한국식 영문법
잡아두기**

조시준 의예과

일반 고등학교의 영어 내신에서는 보통 문법과 서술형이 킬러 유형이다. 내신이 9등급제에서 5등급제가 된다 하더라도 성공적인 입시를 위해서는 100점을 노려야 하기 때문에 영어 공부는 그야말로 완벽해야 한다.

문법은 흔히 말하는 한국식 영문법을 말한다. 각 문법 사항의 정확한 용례와 이를 활용한 문제 풀이가 완벽하게 잡혀 있지 않다면 고등학교 3년 내내 고생할 가능성이 크다. 문법은 한번 제대로 완성해 두면 쉽게 잊어버리지 않으니 공부할 시간이 비교적 많은 중학교 겨울방학 때 반드시 영문법을 완성한 뒤 고등학교에 입학할 수 있도록 하자. 수능에 나오는 어법 수준 이상으로 꼼꼼하게 공부해야 한다.

영작으로 나오는 서술형을 잘 쓰려면 문법을 달달 외우기보다는 근본적인 '영어 실력' 자체를 함양할 수 있도록 공부해야 한다. 잘못된 방법으로 좌충우돌 영작을 연습하기보다 독해를 공부하며 올바른 문장 구조를 자연스럽게 익히는 것이 보다 빠른 길이라고 생각한다. 수능 공부라고 생각하고 《마더텅》, 《자이스토리》를 풀어 보거나 EBS 문제집부터 시작해 보는 것을 권한다.

한 가지 더, 내신 범위로 나오는 지문은 철자 하나까지 모조리 외워야 서술형을 안정적으로 공략할 수 있다.

추천 문제집

- **문법** 《천일문》, 《성문 종합영어》(편집이 예스럽지만 토종 한국식 영문법을 공부할 때 좋은 책이다. 중학교 때 문법 완성을 위해 다닌 학원에서는 이 책을 바탕으로 자체 교재를 만들어서 수업했다.)

- **독해** 《마더텅 전국연합 학력평가 기출문제집》(속칭 '빨간 책'과 '검은 책' 추천), 《자이스토리》, 《EBS 수능특강》, 《EBS 수능완성》

토플·텝스 공부로
특목고 입학 준비하기

노규아 영어영문학과

고등학교 입시에 집중하기도 바쁜 시기에 공인영어시험 문제집을 꾸준히 풀었다고 하면 주변에서 비효율적인 시간 낭비 아니냐는 반응을 보이곤 한다. 물론 수능 영어 성적을 받기 위해 토플이나 텝스 공부를 필수적으로 해야 하는 것은 아니다. 하지간 국제고나 외고 같은 특목고 입학을 앞두고 있다면 영어 원서를 비롯해 방대한 영어 자료를 읽어내는 능력을 기르는 데 큰 도움이 된다

토플을 공부하는 학생들을 보면《EBS 수능특강》같은 수능 연계 교재는 모든 문장을 꼼꼼하게 분석하는 반면 토플에서는 문제 풀이에만 집중하는 경우가 많다. 물론 짧은 기간 안에 토플 시험을 치러야 하는 상황이라면 문제 풀이 같은 실전 학습 위주로 공부 전략을 세우는 게 옳을 수 있다. 하지만 영어 독해 능력 자체를 높이기 위해 토플을 공부하는 것이라면 효율적인 공부 방법이 아니다.

고등 영어의 기본은 지문의 길이에 상관없이 얼마나 정확하게 읽어내는가에 달려 있다. 특히 특목고에서는 원서를 읽어야 하는 경우가 많아 긴 텍스트를 제대로 해석하지 못하면 남들보다 몇 배는 더 많은 시간을 투자해야 수업을 겨우 따라갈 수 있다. 따라서 고등 영어를 위한 토플이나 텝스 공부를 할 때 가장 중요한 건 꼼꼼하게 지문을 해석하는 것이다.

나는 중학교 2학년 때 처음 토플 공부를 시작하면서 일부러 원서로 된 문제집을 구매했다. 한국어 해설이 상세하게 나와 있는 문제집을 보면 답지 해설에 지나치게 의존할 것 같았기 때문이다. 결국엔 스스로 해석하는 힘을 기르는 게 중요한데 조금이라도 헷갈리는 문장이 있을 때 바로 답안지를 보면 어떤 포인트에서 해석이 막혔는지 그 원인을 찾기가 불분명해지고 영어 실력은 제자리걸음이 될 것 같았다.

그래서 원서 문제집으로 지문을 읽고 제한된 시간 안에 문제를 풀고 난 후 지문을 한 문장씩 최대한 꼼꼼하게 분석하면서 해석이 잘 안 되는 부분을 빠짐없이 집어내었다. 모르는 어휘가 있으면 영어사전에서 뜻풀이를 찾아 단어장에 옮겨 적었고, 어휘의 의미를 알게 되었음에도 도무지 해석이 안 되는 문장은 체크해 두고 영어 선생님께 여쭤보는 방식으로 문제를 해결했다. 이 문장들은 내 영어 실력의 구멍을 속속들이 들춰내 주는 고마운 존재라 생각하고 모든 어휘의 의미를 안 후에도 해석이 되지 않는 이유를 스스로 분석해 보면서 약점을 보완해 나갔다. 원인을 분석해 보면 어느 정도 경우의 수가 정해져 있었다. 보통 문법의 문제거나 경험치 부족으로 영어로 된 다양한 표현이나 구조에 익숙하지 않아서 그런 경우가 많았다.

토플 문제집을 여러 권 풀고 난 뒤 고등학교 입학을 앞두었을 때는 텝스 공부에 집중했다. 텝스가 토플보다는 수능 영어 문제 유형과 유사하고 한국식 영어 시험에 익숙해질 필요가 있다고 생각했기 때문이다. 게다가 텝스에는 문법 파트가 있어 문법을 점검하고 정리하기에도 일석이조였다.

텝스 역시 토플과 마찬가지로 지문해석을 가장 기본으로 여겼다. 모르는 어휘는 전부 단어장에 정리해 수시로 들고 다니며 암기했다. 이렇게 만든 셀프 단어장만 다섯 권이 넘는다. 그만큼 지문해석의 근간은 어휘력이라고 생각해 단어 암기를 하루도 거르지 않았다.

공부 스타일이 맞는 친구와 같은 문제집으로 함께 진도를 나가며 공부하는 것도 좋은 방법이다. 서로 헷갈리는 부분을 공유하면 무심코 지나친 내용을 다시 채울 수 있고 다양한 시각에서 글을 바라볼 기회가 생긴다. 나 또한 중학교 때 학습 메이트가 있어서 해석이 안 되는 부분을 체크해 주며 서로 공부를 도와주었다. 혼자였다면 그 많은 영어 문제집을 풀지 못했을 것이다.

더 이상 친절하지 않은
고등 영어 대비법

이유림 국어국문학과

중학교 3학년 겨울방학은 고등학교로 넘어가기 직전 어느 때보다 걱정이 많아지는 시기다. 이 무렵 과외를 요청하는 학생이 유난히 많다. 이유는 명확하다. 새로운 환경에 들어선다는 각연한 불안감과 이제 정말 입시가 시작된다는 압박감이 생기기 때문이다.

고등학교 내신 첫 시험에서 고배를 마시는 학생들은 생각보다 많은데(나 역시 그중 한 명이었다), 이 시기에 철저히 준비했더라면 고등 내신의 첫인상은 훨씬 좋았을 것이다.

중학교와 비교했을 때 고등학교 영어는 더 이상 친절하지 않다. 수업은 개념을 하나하나 짚어주기보다 이미 알고 있다는 전제하에 빠르게 진행된다. 또 수능형 독해 문항이 등장하며 난이도가 급격히 높아진다. 이러한 변화에 당황하지 않도록 과외 학생들에게 강조했던 몇 가지 방법을 소개한다. 이 방법으로 고등학교의 첫 단추를 잘 끼우기 위해 중학교 겨울방학을 전략적으로 사용해 보자.

① 중학 문법 복습은 필수다

'이제는 불친절한' 고등 영어를 대비해 중학교 문법을 총정리하는 시간이 필요하다. 수업 자료를 가지고 있다가 이때 쭉 훑어보자. 시간 여유가 있다면 방학 동안 문법 문제집 한 권을 완벽히 풀어 보고 소화하는 것도 좋다.

② 수능형 독해 문제에 익숙해져라

이전까지 접해 보지 못한 수능형 문제는 누구에게나 낯설고 당황스럽다. 그러나 유형에 익숙해지는 것만으로 큰 차이를 만든다. 난이도와 관계없이 고등 독해 문제집 한 권을 골라 풀어 보기를 권한다. 나 역시 중학교 3학년 초부터 독해 문제를 집중적으로 풀며 훈련했고 그 덕에 고등학교에 올라가서는 수능 영어를 별도로 공부한 적이 없다. 겨울방학에 시작한다면 조금 늦은 감이 들 수 있지만 조바심 가질 필요 없다. 입학 전까지만이라도 익숙해지자.

③ 어휘는 매일 외워라

아무리 문제 푸는 스킬이 뛰어나거나 문법을 잘해도 어휘를 모르면 지문을 이해할 수 없다. 귀찮더라도 매일 일정량의 어휘를 암기하고 테스트하는 습관을 들이자. 나는 시중에 판매하는 수능 단어장 한 단원을 하루 분량으로 잡아서 수업한다. 하루에 너무 많은 양을 외우려 하면 지칠 수 있으니 매일 꾸준히 조금씩 소화하는 것이 중요하다.

서울대생들의 고교 선택 A to Z
-전사고, 국제고, 외고, 영재고, 일반고

* 이 책의 저자 서울대생 3인과 외부 필진 2인의 경험담입니다.

대학 입시에 있어 고교 선택이 미치는 영향을 무시할 수 없다. 살벌하기로 소문난 특목고·자사고의 리얼 내신 분위기부터 일반고 선택 팁, 기숙사 고민에 대한 해답까지. 고등학교 선택을 앞둔 지금, 어떤 학교에 진학해야 대입에 유리할지 참고해 보자.

초등부터 선택한
전국단위 자율형 사립고, 전사고

최윤 의예과

하나고를 선택한 이유

처음 전사고(이하 하나고)를 알게 된 것은 초등학교 담임 선생님을 통해서였다. 아직 중학교에 입학도 하지 않은 나에게 고등학교는 먼 미래처럼 느껴졌지만 하나고 안내 책자에서 본 교정 사진, 다양한 활동과 기숙사 생활을 하는 선배들의 모습이 매력적으로 다가왔다. 이후 학교 설명회에 직접 참석하고 하나고에서 개최하는 국제학술심포지엄에 중학생 청중으로 참여하면서 하나고에 가야겠다고 마음을 굳혔다.

나는 수학과 과학을 좋아하고 잘했지만 예술과 인문학에 대한 관심도 높았다. 그래서 고등학교 시기에도 예술과 인문학적인 수업 및 활동을 할 수 있는 전국단위 자율형 사립고등학교(전사고)가 나에게 잘 맞을 것이라고 생각했다.

- 문이과 상관없이 학생이 자유롭게 수업 시간표 구성
- 유기화학, 세포생물학, 고전역학, 심화미분적분학, 영미문학 등의 고급 심화 과목 다수 개설
- 국제학술심포지엄, 과제연구, 학술제를 비롯한 다양한 비교과 프로그램 운영
- 전교생이 방과 후 예술과 체육을 각각 주 2회씩 배우는 '1인 2기' 수업 운영

여러 전사고와 비교해 보니 하나고의 교내 프로그램, 교과 과정, 추구하는 교육의 방향성이 가장 마음에 들었다. 특히 초등학생 때부

터 해 오던 바이올린을 고등학교 때도 계속 배울 수 있다는 점 또한 학교 선택의 큰 이유가 되었다.

하나고 준비 팁

하나고의 입학 전형은 중학교 생활기록부와 자기소개서에 대한 서류 평가, 면접 평가, 체력 평가로 이루어져 있다. 자기소개서의 경우 한 개의 문항에 지원 동기부터 본인 소개, 하나고 합격 후 비전까지 모두 담기를 요구한다. 자기소개서에 내가 어떤 사람인지 분명하게 보여 주는 것이 가장 중요했기에 중학교 시절 했던 활동들을 사소한 것까지 항목별로 정리하여(과학탐구·리더십·글쓰기·봉사 등) '나'라는 사람의 특징이 잘 나타나도록 글을 완성했다.

면접을 대비하기 위해서 생활기록부와 자기소개서를 바탕으로 예상 질문을 직접 만들어 연습했다. 답변을 줄글로 써보기도 하고 소리 내어 말해 보기도 했는데, 그중 거울을 통해 직접 답변하는 모습을 보며 연습한 것이 큰 도움이 되었다. 표정이 너무 굳어 있지는 않은지, 손을 산만하게 움직이지는 않는지, 자세는 바르게 앉았는지, 시선 처리가 자연스러운지 등을 신경 쓰면 좋다.

나는 자기소개서 작성과 면접 모두 학원의 도움 없이 부모님과 학교 선생님의 피드백을 참고하여 준비했다. 무엇보다도 내가 나 자신을 잘 알고 나를 제대로 표현할 수 있으며 내가 했던 공부와 활동들이 정말 좋아서 했다는 것을 잘 드러내는 것이 하나고 입시 준비의 핵심이라고 생각한다. 이 포인트를 이해했다면 자기소개서와 면접 모두 문제없을 것이다.

깊이 있게 공부한 경험

중학교 때 한 공부 중에서 고등학교에 와서 가장 도움된 것은 화학, 영어 그리고 수학이었다. 고등학교 2학년 때 수강한 AP 화학 과목은 《Chemical Principles》(앳킨스 일반화학) 교재로 수업이 진행되어 그 깊이와 분량이 상당했다. 나는 중학교 때 한국중학생화학대회(중등 화학 올림피아드)에 참가해 금상을 수상할 만큼 화학을 좋아했는데 그때 했던 공부가 고등학교에서 큰 도움이 되었다. 꼭 화학이 아니더라도 자신이 좋아하는 탐구 과목을 깊이 있게 공부해 본 경험은 하나고 심화 과목 학습에 긍정적으로 작용할 것이다.

하나고에는 영어가 기본 바탕이 되는 교과나 비교과 활동이 많다. 재학생이 참여하는 국제학술 심포지엄에서는 보고서 작성과 발표가 모두 영어로 진행되며 외국 학생들과 영어로 소통해야 했다. 과제 및 비교과 활동 중에도 영어 자료를 접할 때가 많다. 영어 심화 과목뿐만 아니라 1학년 공통 영어 수업부터도 수능식이 아닌 학생 참여형 수업으로 진행되고, 정기고사 한 번에 원서 한 권 이상의 분량이 주어지는 등 시험 범위도 방대하다. 그만큼 영어 실력이 높으면 학교생활을 상대적으로 수월하게 할 수 있다.

수학은 이공계열을 희망하는 학생들이 갖추어야 하는 가장 중요한 학습 역량이다. 특히 하나고는 수학 과목의 진도가 빠르기도 하고 심화 수학 과목도 다수 개설된다. 이과 학생이라면 대부분 한 학기에 2~4개의 수학 과목을 수강하기에 수학 실력이 높을수록 성적 관리에 유리하다. 게다가 대학 입시에서도 수학은 중요한 평가 요소이므로 중학교 때 수학 공부를 많이 해두면 어느 고등학교에 진학하든 도움이 될 것이다.

그러나 선행 학습을 하지 않았다고 해서 전사고를 지레 포기할 필요는 없다. 물론 선행을 잘 해두면 할 일들이 쏟아지는 고등학교 생활에서 유리한 점도 있겠지만 선행과 상관없이 학습 역량과 의지가 있는 친구들은 결국 좋은 성적을 받았다.

하나고에 잘 맞는 성향

자기주도 학습이 가능하고 교과목 공부 외에 다양한 활동을 즐기는 학생이 하나고에 적합한 인재라고 생각한다. 특히 자유로운 기숙사 환경에서 스스로 공부를 계획하고 실천해야 하기 때문에 혼자서 공부할 수 있는 힘이 있어야 한다. 하나고에서 말하는 '공부'에는 연구, 팀 프로젝트, 수행평가, 집현(심화 스터디 그룹), 동아리 등 교과 외 활동도 큰 비중을 차지하며 앞서 언급한 '1인 2기(예체능 방과 후 활동)' 또한 시험 직전을 제외하면 모두가 필수적으로 참여해야 한다. 이런 활동을 힘들어하지 않고 즐기면서 할 수 있다면 하나고에 잘 맞을 것이다.

하나고 리얼 내신 분위기

일반고와 비교했을 때 특목고·자사고의 내신 분위기는 치열하다 못해 살벌하다는 소문을 들은 적 있다. 하나고도 워낙 잘하는 친구들이 많고 공부 욕심이 있는 학생들이 모인 곳이다 보니 학습 분위기가 좋다는 장점이 있지만 내신이 치열한 것 또한 사실이다.

선생님들께서도 잘하는 학생들이 모였다는 것을 알고 있기에 학생들에게 부여하는 공부량이 상당하다. 일반고에서 다루는 커리큘럼은 대부분 1학년 때 마무리되고, 2~3학년 수업은 심화 과목이 주를 이룬다. 심화 과목은 대학에서 사용하는 원서를 사용하기도 하는데 내가 수강했던 미분적분학, 일반화학, 유기화학, 전자기학, 고전역학, 일반 생물학 등의 과목이 그러했다. 이외에도 경제학, 비교문화, 영미문학, 통계학, 선형대수학 등의 과목도 대학 수준으로 진행되었다. 이러한 과목들은 시험 범위도 넓고 학습량도 많은 편이다.

예를 들어 AP 화학 과목 시험을 위해 시험 범의 원서를 다 읽고 교재의 짝수, 홀수 번호 연습문제를 모두 풀어야만 했다. (실제로 대학교에서 시험공부를 할 때조차 짝수 번호 문제는 건너뛰고 홀수 번호만 푸는 경우가 많은데 말이다.) 그렇지만 지엽적인 문제가 나오지 않기 때문에 실수 때문에 등급이 나뉘기보다는 실력대로 성적이 나올 가능성이 높다. 수능 출제 범위의 일반적인 과목처럼 문제집과 자료가 많지 않다 보니 수업에 온전히 집중해야만 했고, 모르는 것이 있으면 정말 세세한 부분까지 선생님께 질문을 하면서 내용을 이해하고 문제를 풀어나가야만 했다.

하나고의 내신은 힘들지만 힘든 만큼 성장한다고 확신한다. 학문적으로나 학교 생활면에서나 학생들을 성장하도록 지도해 주셨던 하나고의 선생님들께 지금까지도 감사한 마음이다.

기숙사 생활이 고민이라면

하나고는 전교생이 기숙사 생활을 한다. 등하교 시간이 1분도 채 걸리지 않는 것이 최고의 장점이다. 집과 학교를 이동하며 쓰는 시간과 에너지를 절약할 수 있기에 시간을 효율적으로 관리할 수 있다. 공동체 생활을 하며 서로 배려하는 법, 갈등을 해결하는 법 등을 자연스럽게 배우는 것 또한 기숙사 생활의 장점이다. 다만 혼자만의 공간이 부족하고 룸메이트와 생활 패턴이 맞지 않아 스트레스를 받는 경우도 발생할 수 있다. 기숙사 생활의 어려움이 없다면 거짓말이다. 그럼에도 3년간의 기숙사 생활을 통해 얻을 수 있는 장점들이 더 많았다고 생각한다.

하나고에 진학하는 것은 100퍼센트 내 의지와 선택이었다. 다시 중학교 3학년으로 돌아간다고 해도 똑같은 선택을 할 것이다. 지금의 나는 하나고가 없었다면 존재하지 않는다고 생각한다. 3년 동안 그 어디에서도 할 수 없는 값진 경험을 통해 성장했고 이는 대학생인 지금까지도 큰 도움이 되고 있다.

몰입에 최적화된
면학 분위기 속 국제고

노규아 영어영문학과

국제고를 선택한 이유

중학교 3학년 때, 일반고와 특목고 중 어디로 진학해야 할지 고민에 빠졌다. 서울대라는 최종목표를 달성하기 위해 무엇이 더 유리한지 머릿속에서 끊임없이 계산을 해보았지만 쉽게 답이 나오지 않았다. 일반고에 간다면 무조건 전교 1등을 해야 한다는 생각과 특목고에서는 치열한 내신 경쟁에서 살아남아야 한다는 걱정이 들었다. 무엇이 더 힘들지 혹은 어느 쪽이 더 실현 가능성이 큰지 비교하며 고민에 빠졌다. 결국 양쪽 모두 동일하게 힘들 것 같아 관심 분야를 더 깊게 공부할 수 있는 국제고로 선택했다.

왜 외고가 아닌 국제고였을까? 외고는 외국어를 중점적으로 배우는 반면 국제고는 외국어를 기반으로 국제정치, 국제법, 국제경제 등 국제 관련 분야와 인문사회과학 분야의 과목들을 깊이있게 공부할 수 있다. 외국어에 흥미를 느끼지만 취미 그 이상은 아니었던 반면 인문학과 사회과학에는 단순한 관심 이상의 호기심과 지적 욕구가 있었다. 그리고 이와 관련된 직업을 갖고 싶었기에 국제고 진학이 내 진로에 더 적합하다고 생각했다.

결론적으로 국제고로 진학한 건 후회 없는 선택이었다. 대학을 다니는 지금까지도 당시 국제고에서 배웠던 교과 내용과 비교과 프로그램들이 대학 수업을 이해하고 습득하는 데 많은 도움이 되고 있다. 어떤 고등학교에 진학하든 열심히 노력해야 하는 건 똑같고 어딜 가든 나름의 고충이 있기 마련이다. 그러니 관심사나 진로가 비교적 뚜렷하고 배움에 대한 열정이 있다면 특목고 진학을 고려해 보는 것을 적극적으로 추천한다.

국제고 준비 팁

국제고는 국제학과 관련된 전문 과목을 배우고 인문사회계열 과목을 깊이 있게 공부하기 때문에 지적 욕구와 능동적으로 심화학습을 진행한 경험들을 보여 주는 것이 중요하다. 나는 역사 관련 자율동아리 회장을 맡아 활동했던 경험을 토대로 자기 주도적 심화학습에 대한 열정을 보여 주었다. 내가 활동한 동아리는 단순히 역사를 공부하는 동아리가 아니라 수업 시간에 배운 근현대사 중에 사회적 약자들, 이를테면 일부 공장 관계자들과 경찰의 비민주적이고 부조리한 핍박에 대항해 온 노동자들의 역사에 관심을 갖고 공부하는 동아리였다. 근현대사에는 은폐된 어두운 역사가 많기에 역사적 사실을 공부한다기보다 역사를 발굴해 나간다는 느낌이 들었다.

주제를 정한 후 인터넷 조사와 함께 다양한 논문 자료들을 찾아보았고 관련 장소들을 직접 찾아가 확인했다. 과거에 앞장서서 시위를 이끌고 불평등한 사회문제에 대항했던 여성 노동자들과의 인터뷰를 통해 당시 실상을 구체적으로 파악하기 위해 노력했다. 그렇게 수집

한 자료를 상세히 기록하고 체계화해서 문집을 만들었더니 숨어 있던 역사가 새롭게 환생한 것 같았다. 마지막 활동으로 이들의 역사를 담은 달력을 만들어 학교 선생님들과 학생들에게 배부할 때 느꼈던 보람은 아직도 생생하다.

어려운 심화학습이 아니더라도 수업 시간에 배운 내용 중에서 궁금증이 들거나 관심이 생기는 부분을 대상으로 정한 후 깊이 있게 파고들어 보는 경험이 차곡차곡 쌓인다면 그 자체만으로도 의미가 있고 생기부 내용 또한 훨씬 더 풍부해질 것이다.

고입 핵심(1) 이해하는 독서

'중학교 시기에 가장 아쉬웠던 점이 있다면 무엇인가'라는 질문을 받는다면 독서에 더 많은 시간을 투자하지 못한 것이라 답할 정도로 중학교 시기 독서는 매우 중요하다. 독서량이 적은 편은 아니었지만 각종 비교과 활동과 내신 공부에 집중하느라 독서에 소홀했던 시기도 있었기 때문이다.

독서는 그 어느 활동보다도 고등학교 학업 전반에 도움이 된다. 단순히 생기부에 쓰기 위해서가 아니라 지적 능력과 문해력, 배경지식을 쌓을 수 있는 좋은 수단이기 때문이다. 그리고 고등학교에 진학하면 독서를 할 수 있는 시간이 거의 없기 때문에 중학교 시기는 비교적 마음 편히 독서를 즐길 수 있는 마지막 기회이기도 하다.

공부를 할 때 가장 중요한 능력 중 하나는 글을 읽고 이해하는 능력인 문해력이다. 모든 공부의 기본은 글자를 읽고 이해하는 것에서 시작하기 때문에 문해력이 좋지 않으면 공부하는 데 훨씬 더 많은 시간이 걸릴 뿐만 아니라 이해에 공백이 생겨 깊이 있는 공부를 할 수가 없다. 이때 주의할 점은 단지 글자를 '읽는 것'이 아니라 글자를 매개로 책이 담고 있는 내용을 '이해하는 것'에 초점을 맞춰야 한다는 것이다. 처음 독서를 시작할 땐 흥미 있는 책 위주로 읽고 이해력이 높아졌다는 생각이 들면 다양한 장르의 책을 도전해 보는 것도 추천한다. 혼자서 책을 읽는 습관이 제대로 잡혀 있지 않다면 동아리를 적극 활용해도 좋다.

나의 경우 중학교 2학년 때 국어 선생님께서 개설한 '리더스'라는 자율 동아리를 통해 체계적으로 독서 활동을 했다. 동아리원끼리 정기적으로 토론 활동도 했는데, 이때 결성된 팀원들과 지금까지도 우정을 이어가고 있다. 독서를 매개로 지도 선생님과 활발한 교류를 하는 것 또한 능동적인 독서를 하는 데 도움이 된다. 책을 읽다가 이해가 안 가는 부분이나 생각을 나누고 싶은 내용이 생기면 언제든지 선생님을 찾아가 대화를 나누었다. 선생님께서는 학교 내신 공부에만 갇혀있지 않고 확장적인 지적 호기심을 표출하는 나를 기특하게 생각해 주셨다. 방과 후 학교 도서관에서 국어 선생님과 일대일 책 모임을 가지며 도서 활동을 이어갔던 추억이 아직도 새록새록 떠오른다.

중학교 내신은 대학 입시와 직결되지 않기 때문에 일반적으로는 고등학교 때만큼 높은 성적만이 중요한 건 아니다. 이 시기를 기회로 삼아 문해력을 향상하는 데 투자하는 것도 장기적으로 효율적인 전략일 수 있다. 특히 고등학교 공부는 중학교 공부보다 양적으로나 질적으로 내용이 더 깊어지므로 중학교 때 독서량에 따라 고등학교 공부를 소화할 수 있는 능력이나 속도 차이가 생길 수밖에 없다.

실제로 중학교 때는 상위권이 아니었던 친구가 고등학교에서 최상위권으로 올라간 경우가 있는데 그 친구는 중학교 때 독서량이 엄청났다고 한다. 수능에서 한 문제만 틀린 대학교 선배 또한 중학교 때까지는 휴대폰이 없어서 집에 오면 매일 의자에 앉아 책을 읽는 것이 일상이었다고 했다. 독서를 한다고 해서 무조건 공부를 잘하게 될 것이라 장담할 순 없지만 공부를 잘하는 사람 중에 독서를 안 하는 사람은 아직 보지 못했다.

고입 핵심(2) 다양한 도전으로 얻은 경험

과목을 불문하고 다양한 도전을 해보길 바란다. 중학교 시기, 학교에서 진행하는 프로그램에 참여하거나 대회를 준비하면서 적성을 깨닫거나 진로를 결정하는 중요한 계기를 맞는 경우를 자주 보았기 때문이다.

나도 문과 계열을 최종적으로 선택했지만 중학교 시기 과학 관련 외부 대회를 준비한 것이 인상 깊은 경험으로 남아 있다. 중학교 때까지는 진로를 특정 분야로 한정하기보단 다양한 가능성을 열어 두고 싶어 과학 관련 대회에도 꾸준히 참가했는데 그중 '과학전람회'에 두 번에 걸쳐 참가했다. 창의적인 연구 주제를 정해 계획서가 통과되면 1년 동안 실험을 한 후 결과물을 직접 발표하는 대회였다. 1차 서류 통과 후 매일 수업을 마치고 난 뒤 학교 문이 닫힐 때까지 실험실에 남아 팀원과 함께 연구하는 게 일상이었다. 단순히 과학적인 지식의 저변을 넓히는 것뿐만 아니라 실험을 하면서 여러 시행착오를 겪기도 하고, 연구 내용이 완전히 뒤집히는 경우도 맞닥뜨리면서 연구에 대한 태도나 실험 정신도 함께 쌓을 수 있었다.

자신이 없으면 관련 분야에 관심이 있는 친구와 팀을 이루어 참가하는 것도 좋은 방법이다. 나 또한 코딩을 좋아하는 편이 아니었지만 과학고를 준비하는 친구가 코딩으로 앱 개발을 하는 대회에 참가해 보자고 제안한 적이 있다. 역할 분담을 잘하면 서로 도움이 될 수 있을 것 같아 참가를 결심했고 혼자서는 절대 만들어 내지 못할 결과물을 제출해 수상을 거머쥐기도 했다.

이처럼 다양한 도전을 한다면 남들과 같은 중학교 시기를 보내면서도 더 값진 경험을 할 수 있고 생기부를 작성할 때도 쓸 수 있는 소재가 넘치니 일석이조의 효과를 얻을 수 있다.

국제고에 잘 맞는 성향(1) 인문학과 사회과학에 대한 풍부한 관심

인천국제고는 영어보다 인문사회계열 공부에 특화된 학교이기 때문에 수업뿐만 아니라 비교과 활동 또한 관련 분야에 초점이 맞춰져 있다. 예를 들어 리서치 콘퍼런스나 세미나가 자주 열리는데 철학, 사회, 정치, 경제와 같은 인문사회계열 분야로 연구 주제가 한정되어 있다. 필수적으로 후마니타스 교양 교육이나 다중정원 심포지엄 등의 프로그램에서는 철학을 중심으로 하는 인문학 강의를 들어야 하는데, 사회문제와 연관하여 논설문을 작성하는 강도 높은 과제가 매주 나간다. 만약 인문학에 관심이 없다면 프로그램을 수강하는 것만으로도 상당히 벅찰 것이다. 전공 진로 탐색 과정 프로그램에서는 관심 학문을 선택한 후 분야별로 반을 이루어 지도 선생님을 배정받고 소논문을 작성해야 한다.

나는 처음에 정치학을 선택해서 연구 주제를 고민하다가 '레비나스 윤리학을 통한 제주 예멘 난민에 대한 고찰'로 연구계획서를 작성하게 되었다. 정치학 지도 선생님께서는 계획서를 읽어 보시더니 철학 분야로 반을 이동하는 것이 좋을 것 같다고 조언해 주셨다. 이러한 연구 활동을 끊임없이 이어 가면서 인문학-사회과학에 대해 단순한 흥미를 넘어 깊이 있는 연구를 할 수 있게 된다. 따라서 이에 대한 열정과 호기심이 있어야 학교생활을 더 즐겁게 소화해낼 수 있을 것이다.

국제고에 잘 맞는 성향(2) 글쓰기와 토론

국제고에서 진행되는 정규 아카데미나 연구 활동에는 항상 글쓰기와 토론이 수반된다. 애초에 말하기와 작문 능력이 뛰어난 학생들이 들어오는데 학교 프로그램을 수강하다 보면 실력을 더 체계적으로 갈고닦을 수 있다. 예를 들어 '열린 연단'이라는 프로그램에서는 학생들이 강연자가 되어 강연을 개최하는 시간이 있다. 한번은 정치학 강연을 선택해 들으러 간 적이 있었는데 강연 시간보다 강연 이후 토론 시간이 더 길었을 정도로 토론 문화가 활발했다. 선생님들께서도 과목을 불문하고 토론 활동을 활용하시기 때문에 수업 시간이 조용할 때가 거의 없었다. 단순히 학문을 배우고 탐구하는 것에서 나아가 자기 생각을 효과적으로 전달할 수 있는 능력을 끊임없이 연습하므로 토론에 소극적이거나 글쓰기를 좋아하지 않는 학생은 같은 프로그램을 수강해도 남는 게 거의 없을 것이다.

국제고에 잘 맞는 성향(3) 강한 멘털과 적응력

인천국제고의 학생 수는 한 학년 당 130명 정도인 데다 이과반이 없으므로 문과생들 간의 치열한 내신 경쟁을 버틸 수 있어야 한다. 국제고 입시에서는 중학교 영어 성적만 보지만 실제로 입학하는 학생들은 영어뿐만 아니라 중학교 전체 내신 등급이 높은 경우가 대부분이므로 문과 최상위권 학생들이 모여 있다고 할 수 있다. 그래서 내신 등급 받기가 어렵고 한 등급 당 할당되는 인원수가 적으니 점수가 조금만 깎여도 등급이 쉽게 떨어지기 마련이다. 이러한 등급 변동에 흔들리지 않고 자신만의 페이스를 유지할 수 있는 강한 멘털은 필수적일 수밖에 없다.

고등학교 1학년 때 연극 동아리에서 외부 대회에 참가하게 되면서 면학 시간이 부족했던 시기가 있었다. 스트레스에 둔감한 편이었지만 내신 준비 기간과 겹쳐 육체적·정신적으로 힘들었던 기억이 있다. 다양한 비교과 활동을 하는 것도 좋지만 이러한 활동들이 자신에게 부담으로 다가올 정도로 밀어붙이는 것은 위험한 선택이다. 본인이 멀티가 잘 안 되는 스타일이고 내신 공부에 더 집중할 필요가 있다면 필요한 활동만 하고 나머지 시간은 최대한 내신 공부에 투자하는 것이 멘털을 잃지 않고 성적을 유지할 수 있는 좋은 전략이 될 수 있다.

국제고 리얼 내신 분위기

경쟁적인 분위기는 아니었지만 모두가 열심히 하기 때문에 좋은 성적을 유지하는 건 힘든 일이었다. 교실 뒤편에는 널따란 스탠딩 책상이 있었는데, 점심시간 이후 졸음이 오기 쉬운 시간대에는 절반 정도의 학생들이 전부 뒤로 나가서 수업을 듣는 광경이 펼쳐지기도 했다. 수업 시간에 자는 학생들은 한 명도 없었고 조는 학생들마저 선생님이나 주변 친구들이 바로 깨워주기 때문에 수업을 대충 들을 수가 없었다.

위치적으로도 몰입해서 공부하기에 최적의 환경이었다. 영종도 안에서도 백운산 근처에 학교가 있어 주변은 놀거리나 문화시설이 하나도 없는 허허벌판이었다. 30분 정도 걸어야 나오는 운서역 근처 맥도날드가 가장 가까운 음식점일 정도였다. 휴대폰은 월요일에 담임 선생님께서 일괄적으로 걷은 후 금요일에 다시 돌려주셨고 기숙사에서는 전자기기를 일절 반입하지 못했다. 그래서인지 점심시간이나 휴식시간에는 친구들과 대화하면서 산책하는 시간이 공부 스트레스를 풀 수 있는 유일한 낙이었다. 기숙사에서는 12시 30분에 강제 소등했지만 시험 기간에는 부족한 공부를 메꾸기 위해 작은 스탠드 조명을 몰래 켜고 공부하거나 화장실에 들어가서 공부를 하는 경우가 다반사였다. 기숙사에도 밤 면학을 신청하면 새벽 2시까지 기숙사 면학실에서 공부할 수 있었지만 시험 기간이나 수행 기간에는 자리가 금방 차기 때문에 흡사 인기 아이돌 콘서트 티켓팅처럼 치열하게 밤 면학 신청을 해야 했다.

기숙사 학교인 데다 방과 후에는 모두가 면학실에서 공부하므로 개인 공간은 거의 기대할 수가 없다. 그러나 옆에서 열심히 공부하고 있는 친구들을 보면 자극이 되는 건 사실이다.

국제고의 가장 큰 장점은 단연 좋은 친구들이다. 성실하고 뛰어난 친구들 덕에 나도 끊임없이 발전하며 성장할 수 있었다. 중요한 것은 남과 비교하며 자책하기보다 배울 점을 찾아내고 부족함을 메우려는 태도다. 그래야 큰 스트레스 없이 학교생활을 즐길 수 있다.

기숙사 생활이 고민이라면

기숙사 학교에 다닌다면 공동체 생활의 불편함을 감수해야 한다.

국제고에 입학했을 때 기숙사 생활에서 불편했던 점이 딱 하나 있었는데, 바로 샤워 시간이었다. 1학년 때는 한 방에 다섯 명이 지냈는데 선착순으로 샤워 순서를 정했기 때문에 마지막 면학이 끝나자마자 가장 먼저 씻기 위해 기숙사로 달려간 적도 많았다.

중학교 때까지는 집에서 느긋하게 샤워를 하는 것이 일상이었지만 기숙사 생활을 하면서부턴 뒤 순서 친구들을 배려해 빠르게 샤워를 끝내야만 했다. 처음에는 씻지 못하고 잠자리에 들까 봐 초조했지만 나중에는 앞 순서 친구들을 믿고 크게 신경 쓰지 않게 되었다. 이외에도 기숙사에서는 전자기기나 음식 등을 반입할 수 없고 12시 30분 소등과 6시 30분 기상 점호를 지켜야 하므로 통제된 삶에 스트레스를 많이 받는 친구들은 적응이 힘들 수도 있다.

학생들이 가장 우려하는 부분 중 하나는 룸메이트와 트러블이 일어나는 경우일 것이다. 하지만 기숙사는 정말 '잠만 자는 공간'이기 때문에 우려할 만한 일은 거의 발생하지 않는다. 밤 11시 40분에 마지막 면학을 마친 후 취침 준비를 하고 나면 12시 30분에 소등하기 때문에 기숙사에서 활동적인 일을 하거나 공부를 할 수 있는 시간은 거의 없다. 그리고 특별한 사정이 있으면 선생님께서 방 배정을 다시 해주시니 크게 걱정할 필요는 없다.

돌이켜 보면 기숙사 생활 때문에 불편했던 점보단 즐거웠던 추억이 더 많다. 마지막 면학이 끝나고 친구와 함께 기숙사까지 걸어가는 길은 힐링 시간이었다. 학교 산책을 하며 늦장을 부리기도 하고 공부하느라 출출해진 허기를 간식거리를 나눠 먹는 것으로 달래기도 했다. 기숙사에 들어와서는 룸메이트들과 하루 일과를 공유하면서 이야기꽃을 피웠다. 시험 기간에는 서로 시험 내용을 물어보기도 하고 불안한 마음을 달래주며 위안을 얻기도 했다.

　기숙사가 있는 학교에 다니다 보면 집에서 생일을 보내지 못하는 경우가 많다. 그래서인지 1학년 때 룸메이트들이 깜짝 생일파티를 해주었던 기억이 생생하다. 내 생일은 7월 초라서 항상 기말고사 기간과 겹쳐 생일을 온전히 즐길 수 없었다. 그날도 어김없이 기말고사 공부에 진이 빠진 채 기숙사에 들어왔는데 자정이 되자마자 서프라이즈로 생일 축하 노래를 부르고 선물을 주어 가슴이 먹먹해질 정도로 큰 감동을 받았다. 지금까지 수많은 생일축하를 받아왔지만 아직도 그때가 가장 기억에 남는 생일로 꼽힌다.

의대를 목표로 전략적으로 선택한 일반고

조시준 의예과

일반고를 선택한 이유

중학교 때 영재학교와 과학고를 준비하다 일찌감치 포기했지만, 고입을 앞두고 전국 단위 자사고에 진학하는 것과 (이사 후) 서울의 명문 고등학교 진학 등 여러 선택지를 놓고 고민했다. 그 후 최종적으로 일반고를 선택한 이유는 '의대'라는 확실한 돛표가 있었기 때문이다. 나는 어떻게든 의사가 되고 싶었기 때문에 교과 전형을 목표로 가장 하방이 확실한 동네 일반고를 전략적으로 택했다. 이왕 일반고를 택했으니 학종도 수월하게 노릴 수 있는 과학중점학교에 진학하고 싶었지만 집 근처에 과학중점학교는 없었고, 우리 동네(1기 신도시)는 평준화 지역이라 남고를 고를 수도 없으니 마음 편하게 집에서 도보 10분 거리에 있는 행신고등학교를 1지망으로 택했다.

일반고 선택 팁

일반고를 택하더라도 교육과정 편제표는 꼼꼼히 살펴보아야 한다. 교과 전형에서의 동점자 변별 기준으로 상대평가 과목을 얼마나 수강했는지 등의 기준이 있을 수 있으며(실제로 가톨릭대 의대 교과 전형은 전국 1.00 경연대회였는데 이 기준 덕분에 나는 생각지도 못하게 최초합격을 했다), 학종으로 대학에 갈 수 있는 기회를 노리려면 목표 대학에서 요구하는 과목을 수강해야 하기 때문이다. 실제로 나의 모교는 선택과목의 폭이 일반고 치고 꽤 넓은 편이었기 때문에 학종으로 서울대 의예과에 진학하는 것이 가능했던 것 같다.

각 학교의 특색 있는 프로그램을 반드시 알아봐야 한다. 아무리 교과 전형을 노리더라도 학종을 챙기지 않으면 본인만 손해인 만큼 모든 가능성을 열어 놓고 따져봐야 하기 때문이다. 당장 나 역시 교과만을 노리고 진학했지만 생기부까지 열심히 챙겼고, 결과적으로 서울대 의예과에 학종으로 최초 합격을 할 수 있었다.

일반고 내신 분위기

어느 학교나 마찬가지겠지만 일반고에서 가장 필요한 덕목은 '집착과 강박'이다. 지나치게 꼼꼼해야 원하는 내신 점수를 받을 수 있는 것이다. 나는 평준화 일반고(→부족한 Z점수)라는 불리함을 극복하기 위해 거의 모든 과목을 원점수 100점에 가깝게 만들어 놓고 졸업했는데, 이 성적표는 고등학교 3년에 걸친 피와 눈물이 가득한 사연 많은 성적표였다.

매 내신 시험마다 툭 치면 바로 나올 정도로 전 과목의 모든 내용을 꼼꼼하게 암기했고, 실수하지 않기 위해 시중에서 구할 수 있는 모든 문제집을 풀며 강박적으로 시험 기간을 보냈다. 일반고 특성상 모든 학생이 열심히 하는 것은 아니므로, 주변 분위기에 휩쓸리지 않고 자기 페이스를 유지할 수 있는 학생이면 일반고에서 좋은 결과를 낼 수 있을 것이다.

  나 역시 일반고 진학을 앞두고 분위기에 휩쓸릴까 봐 걱정했는데, 연애 등 일부 고난은 있었지만 좋은 선생님과 공부 자극을 주는 멋진 친구들 덕에 생각보다 어수선하지 않게 해야 할 공부를 전부 해낼 수 있었다.

이과 성향 강한
문과생이 택한 대원외고

한지민 의류학과

대원외고를 선택한 이유

　나는 공부를 할 때 주변 환경 영향을 많이 받는 편이다. 함께 공부하는 친구들이 열심히 하고 성취욕이 강할수록 나도 자극을 받아 더 열심히 하게 되었다. 고등학교 진학을 앞두고 자율형 사립고와 외국어고 중에서 고민했지만 영어를 좋아하고 자신 있었던 만큼 외국어 역량을 집중적으로 키울 수 있는 외고 진학을 결정했다.

　여러 외국어고등학교를 고려했지만 대원외고를 선택한 이유는 명확했다. 우선 대원외고는 전국적으로 손꼽히는 명문 외고였고, 대학 입시 실적 또한 매우 뛰어났기 때문이다. 한 학년 약 250명 중 50명 안팎이 서울대에 진학할 만큼 뛰어난 입시 실적은 나 역시 성공적인 대입을 이룰 수 있다는 가능성을 높여 주었고, 대원외고를 선택하는 데 결정적인 역할을 했다.

　다만 결과적으로 나는 정시를 통해 서울대에 합격했기 때문에 외고 선택이 입시 전략 측면에서 '완벽했다'고 할 수 없을지 모른다. 하지만 대학에 와서 돌아보니 외고 3년 동안 쌓은 다양한 학습 경험과 활동은 일반 고등학교에서는 쉽게 접하기 어려운 소중한 자산이었다. 예를 들어 발표 중심 수업과 토론, 프로젝트 기반 활동들이 일상적으로 이루어졌고 영어 디베이트나 각종 비교과 프로그램은 통해 사고력과 표현력을 꾸준히 길러 주었다. 특히 '외국어학당'이라는 프로그램을 같은 외국어과의 선후배가 1:1 멘토·멘티로 연결되어 교과 내용을 튜터링하며, 학업과 인간관계 모든 면에서 깊은 유대감을 쌓을 수 있었던 점 등이 그랬다.

대학에 진학한 이후에도 대원외고에서 맺은 인연들은 여전히 이어지고 있다. 동기는 물론 선후배와도 학업과 진로에 대해 꾸준히 교류하며 일상과 고민을 함께 나눌 수 있는 든든한 기반이 되고 있다.

대원외고 준비 팁

대원외고 입시 당시 나는 자기소개서를 기반으로 예상 질문을 20~30개 정도 뽑아 면접 준비에 집중했다. 제3자의 입장에서 자기소개서를 읽고 "왜?"라는 질문을 계속 던지며 부모님과 함께 브레인스토밍을 했고 면접 학원은 다니지 않았다. 실제 면접에서 거의 모든 질문이 예상 범위 안에서 나왔고 막힘없이 답변을 이어 가면서 자신감 있게 면접을 마무리할 수 있었다.

대원외고 준비에 도움이 됐던 것

중학교 때부터 자사고나 특목고 진학을 목표로 삼고 내신 관리를 철저히 했다. 전 과목에 고르게 힘을 쏟되 외고 입시의 핵심 평가 항목이었던 영어를 특히 중점적으로 준비했다. 실제로 2018년 대원외고 고입 기준에 따라 상위 4퍼센트 이내에 해당하는 영어 1등급을 유지하기 위해 지속적으로 노력하고 대비했다.

교과 성적 관리에만 그치지 않고, 교내 봉사동아리 회장을 맡아 활동을 주도하며 책임감과 리더십을 키웠고, 자기소개서에서도 이러한 경험을 적극적으로 녹여 냈다. 교내 각종 대회에도 빠짐없이 참여해 수상 실적을 쌓는 등 교과 외 활동에서도 경쟁력을 갖추기 위해 노력했다. 이처럼 교과와 비교과를 균형 있게 준비한 결과, 중학교 졸업 당시 교내 재단 장학금을 수여받기도 했다. 고등학교 진학 이후에도 이때 다져진 학업 태도는 입시의 기초 체력 이른바 '공부 피지컬'을 유지하는 데 든든한 밑바탕이 되어 주었다.

대원외고에 잘 맞는 성향

대원외고는 단순히 교과 성적만 좋은 학생보다 발표·토론·외국어 활용 등 교과 외적인 활동에도 적극적인 학생에게 유리한 환경이다. 말하기나 발표에 거부감이 없는 친구들이라면 더욱 빛날 수 있는 무대라고 생각한다.

예를 들어 앞서 언급한 영어 디베이트 수업, 외국어로 진행되는 프레젠테이션 수행평가, 외국어 관련 경연대회 등은 모두 높은 수준의 표현력과 주도적인 참여를 필요로 한다. 이런 활동들이 3년 내내 이어지기 때문에 새로운 도전을 마다하지 않고 주도적으로 참여할 수 있는 학생이라면 대원외고에서 자신의 역량을 충분히 발휘할 수 있을 것이다.

대원외고 리얼 내신 분위기

나는 영어가 강점 과목이었기에 외고를 선택했지만 동시에 수학을 특히 좋아하고 잘하는 학생이기도 했다. 중·고등학교 내내 제일 좋아하는 과목은 수학이었고 그 결과 수능에서도 만점을 받을 수 있었다. 덕분에 입시에서 여러모로 유리하게 작용했고 이것은 대학까지도 이어져 현재 산업공학과를 복수전공하며 전공과목에서도 높은 성과를 유지하는 기반이 되어주고 있다.

영어가 좋아 외고를 선택했지만 정작 영어과에 진학하고 나니 영어 내신 관리가 가장 힘들었다. 영어 실력이 뛰어난 학생 50명이 한 반에 모여 상대평가를 받는 구조였기에 매 시험마다 긴장감을 놓을 수 없었다. 특히 영어 원서 기반의 심화 수업은 지문 자체의 난이도도 높아 부담이 컸다. 나는 매주 진도를 나간 원서 내용을 시각화해 정리하며 지문을 온전히 내 것으로 만들기 위해 꾸준히 노력했다. 이런 즉각적인 복습이 수업 이해도를 높이는 데 도움이 되었고 결과적으로 안정적인 성적 유지로 이어졌다. 참고로 현재 대원외고를 포함한 일부 외국어고는 영어과 학급이 폐지된 것으로 알고 있다.

내신 이야기를 하다 보면 문득 떠오르는 기억이 하나 있다. 대원외고는 용마산 중턱에 위치해 있는데, 야간 자율학습 시간에 산에서 수천 마리의 벌레 떼가 교실 창문을 통해 한꺼번에 들이닥친 적이 있었다. 그날 교실은 말 그대로 아수라장이었는데, 그 혼란 속에서도 이어플러그를 끼고 묵묵히 공부를 이어 가던 친구들을 보며 큰 충격과 동시에 강한 자극을 받았다.

열심히 공부하는 친구들 사이에서 자극을 받고, 또 그런 나의 모습이 누군가에게 자극이 되었던 3년. 그렇게 치열하게 보낸 시간은 단순히 입시를 위한 훈련이 아니라 앞으로의 삶에서도 목표를 향해 <u>스스로</u>를 밀어붙일 수 있는 힘을 길러 준 소중한 시간이었다.

스스로 깨우치고 탐구하는 곳, 영재학교

김종원 산업공학과

영재학교를 선택한 이유

어렸을 때부터 나는 수학 공부에 흥미가 많은 편이었다. 내게는 네 살 터울의 형이 있는데, 형이 초등학교 저학년일 때 수학 학습지 수업을 하고 있으면 문틈 사이로 구경하고 주워들으며 공부하곤 했다. 그런 모습을 보고 어머니께서 사고력 수학을 시켜 주셔서 재미있게 수학 공부를 시작했고, 주로 형 누나들과 같이 수업을 들으며 수학에 더 흥미를 느끼게 되었다.

초등학교 고학년부터는 'KMO'라는 한국수학올림피아드에 대해 알게 돼 KMO 대비반에 들어가 공부를 시작했다. 수업이 너무 적성에 잘 맞고 재미있어서 문제 하나에 몇 시간씩 매달려 있곤 했다. 이런 성향과 어머니의 권유에 힘입어 영재학교 진학을 결정하고 본격적으로 준비를 시작했다. 대구에서 중학교를 다니고 있었음에도 영재고 대비 학원에서 성적이 좋았기에 가장 뛰어난 학생들이 모인다는 서울과학고에 지원했고 결국 합격했다.

영재학교 준비 팁

본격적으로 영재학교 대비를 시작한 것은 중학교 1학년때부터다. 학원에 영재학교 준비반이 따로 만들어지면서 해당 커리큘럼을 밟아 나갔다. 중등 KMO를 주로 공부했는데 나는 이 대회에서 중1 때 2차 은상, 중3 때 2차 금상을 수상했다.

영재학교 입시는 2차 필기시험 비중이 커서 2차 필기를 대비하는 수학과 과학 공부를 많이 하는 것이 도움된다. 시험이 전부 서술형으로 나오고, 문제 수가 적은 대신 문제 하나하나가 상당한 논리적 사고를 필요로 하는 문제들이다. 그렇기 때문에 평소에 난이도가 높은 수학, 과학 문제들을 풀면서 논리적 사고를 통해 문제를 해결하는 능력을 쌓아 놓는 것이 중요하다.

영재학교 준비에 도움이 된 것

고등학교 과정 선행과 KMO를 준비하면서 배우고 얻는 것들이 모두 맞물리며 영재학교 준비에 큰 도움이 되었다. 어떤 분야든 계속 지식이 쌓이다 보면 이해도가 높아지기 때문 아닐까. 특히 공부를 하며 어렵거나 한 번에 해결되지 않는 복잡한 문제를 마주할 때마다 쉽게 포기하지 않고 계속 매달려서 문제를 끝까지 풀어낸 경험들이 도움이 많이 되었다.

지금 생각해 보면 아쉬운 점은 이해가 안 될 때 질문하지 않고 넘어간 순간들이다. 이해가 안 될 때는 무조건 이해가 될 때까지 탐구하고 질문하면 좋겠다. 제대로 이해해서 확실히 내 것으로 만들지 않으면 언젠가 허점이 드러난다. 특히 나처럼 또래보다 높은 수준의 학습을 하는 학생들은 다 안다고 생각하고 넘어가기 쉽다. 때문에 오만해지지 않고 항상 확실히 확인하며 넘어가는 것이 중요하다.

영재학교에 잘 맞는 성향

이과 쪽 공부에 재미와 흥미를 느끼는 게 중요하다. 하기 싫은데 억지로 하기에는 해야 할 공부량도 많고 꽤 난이도가 높은 과정이기 때문이다. 즐기면서 공부하고 점점 넓고 깊은 지식을 알게 되는 뿌듯함을 느끼며 성적이 잘 나올 때 성취감을 얻는 것은 영재학교 과정을 버틸 원동력이 된다.

동기들을 보면 정말 개성이 다양한 친구들이 많이 있다. 그들의 한 가지 공통점은 한 가지 분야에 깊게 파고드는 걸 좋아한다는 점이다. 이과의 각 분야(수학, 물리, 화학 등)의 국내 올림피아드 입상은 물론, 이를 통해 선발되는 국제대회의 국가대표들이 대다수 서울과학고에서 나온다. 올림피아드 외에도 수학 문제를 만드는 친구들도 있고 로봇, 3D 기술, 코딩 등의 분야로 동아리 활동을 하거나 관심 있는 친구들끼리 모여 탐구 활동을 하기도 한다. 또 각 분야에 빠져 있는 학생들은 관련된 학교 수업에서 선생님과 열띤 토론을 벌인다. 이렇듯 수학·과학 쪽으로 푹 빠져 본 경험이 있는 친구들이라면 영재학교 생활을 보다 유리하게, 또 즐겁게 해나갈 것이다.

영재학교 리얼 내신 분위기

경쟁이 대놓고 치열하다기보다 공부할 사람은 어떻게든 알아서 잘 한다는 표현이 맞는 것 같다. 상위권 친구들을 보면 같이 운동하고 떠들고 놀아도 시간 활용을 잘해서 좋은 성적을 받아낸다. 일반 고등학교와는 다르게 3년 내내 학점제이고, 특히 2학년부터는 대학교처럼 원하는 과목을 신청해서 들으며 전 과목 시험이 모두 서술형이다. 서술형 시험이야말로 아는 만큼, 노력한 만큼 나온다고 생각하기에 마음에 드는 평가 체제였다. 무엇보다 친구들에게 모르는 것을 물어보면 잘 알려 주고 같이 공부하는 분위기가 좋았다.

이 책을 읽고 있는 분들이 영재학교에 입학한다면 그것만으로도 기본기는 충분히 있을 것이기에 공부할 의지만 있다면 충분히 내신 성적을 올릴 수 있다. 나 또한 1학년 1학기 때 비교적 저조한 성적을 받고 충격을 받아 방학 때부터 시작해 2학기 중에 최선을 다해서 공부해 눈에 띄게 성적을 올렸다. 이런 내 경험에 비추어 보면 내신에 대해 크게 걱정할 필요는 없을 것 같다. 무엇보다 나와 비슷한 성향의 친구들과 3년 동안 행복하고 즐겁게 공부할 수 있다고 말해 주고 싶다.

기숙사 생활이 고민이라면

사람은 적응의 동물이기 때문에 다들 어떻게든 잘 살아간다. 자기만의 공간을 필요로 하고 물건 공유하는 것을 싫어하고 예민한 편이라면 기숙사 생활이 힘들 수 있겠으나 나는 완전 반대 성향이었기에 기숙사 생활이 잘 맞았다.

사감 선생님께서 잘 관리해 주신 덕에 사건·사고도 없었고 1학년 때 같은 반 친구들끼리 모든 수업을 같이 듣고 기숙사까지도 같이 써서 매우 친해진다. 아직까지도 1학년 반 친구들과 가장 가깝게 지내고 있는 것은 기숙사에서의 추억 덕분이 아닐까 싶다.

제4장

내신·수능 올 1등급 받는 고등 공부 전략

▶ 스튜디오S 영상 보기

국어 만렙 3인의
수능 국어 공부법

수능 영어 유형별 공부법

예비 고1
겨울 방학 공부법

> 공통

중등 우등생도 멘털 털리는 고1 첫 시험 완벽 대비법

시험 대비 기간과 목표 점수 설정하기

조시준 의예과

고등학교 첫 시험을 앞둔 학생이라면 으레 "쫄지 달라"라는 조언을 듣게 된다. 솔직히 말하면 적당히 긴장하는 편이 결과가 더 좋다. 조금 과장하면 이 시험은 고등학교 3년을 좌우할 수도 있는 중요한 시험이므로 철저하게 준비해야 한다고 말하고 싶다. 드 시험을 끝내주게 잘 보면 학교 선생님들의 눈에 띄어 유리한 점도 생긴다.

시험 대비 기간 설정

목표가 높을수록 시험 대비 기간을 길게 잡은 뒤 조금씩 기간을 줄여 보자. 나는 처음에 내신 대비 기간을 무려 6주로 잡고 공부한 결과 안정적으로 전과목 100점을 받는 데 성공했다. 이후 점점 시험 대비 노하우가 생기면서 대비 기간을 적당히 줄일 수 있었고, 인생이 걸린 고3 기말고사에도 3주 남짓한 시간을 들여 목표했던 내신 1.00을 지켜낼 수 있었다.

고등학교 시험은 중학교 시험과 달리 과목 수가 많아서 공부할 시간이 대체로 부족하다. 그러니 수학이나 과탐 킬러 문항 등 실력을 올리기 좋은 부분은 시험 기간이 아니어도 먼저 공부해 두고, 시험 기간에는 점수를 올리는 데에 집중해 암기할 것들을 정확히 암기하는 식으로 꼼꼼하게 공부하는 것이 안정적인 고득점을 위해 필수적이다.

목표 성적은 등급이 아닌 점수로

과하게 긴장하면 실력 발휘가 어렵다. 또 학교에 들어가자마자 옆자리의 똑똑해 보이는 친구가 경쟁자라고 생각하면 친구를 사귀기 어렵고 정신적으로 피폐해진다. 그러니 과하게 긴장된다면 내신 시험이 절대평가라고 생각하고 공부하자. 옆자리 친구를 제끼겠다는 마음가짐보다는 100점을 받아야 통과하는 절대평가라고 생각하는 편이 경험상 훨씬 나았다.

'올 1등급' 식의 모호한 목표를 잡으면 절대 원하는 점수를 받을 수 없다. 그러니 절대평가라고 생각하는 편이 실제 성적에 도움이 된다. 같은 학교의 경쟁자들의 실력이 어느 정도고 얼마나 공부하는지도 모르는데 목표를 상대평가 등급으로 잡으면 망하기 십상이다.

목표가 100점이 아니더라도 작년 1등급 커트라인을 참고해 절대적인 점수를 목표로 하여 시험을 준비하는 것을 권한다.

예습과 복습은
선택이 아닌 필수

노규아 영어영문학과

중학교와 고등학교 공부의 차이

중학교와 고등학교 공부의 가장 큰 차이는 '깊이'와 '양'이다. 중학교 공부는 수업 내용을 집중해서 듣기만 해도 80퍼센트 이상 이해할 수 있어 암기에 투자할 수 있는 시간이 많았다. 그래서 수업 내용을 최대한 집중해서 듣고 복습 시간에는 내용 정리에 집중했으며 시험 기간에는 암기에 중점을 두고 완성도를 높여나갔다.

반면 고등학교 공부는 수업 시간만으로는 내용을 온전히 이해하기 힘든 경우가 많아 복습을 하고 문제를 풀어 보면서 이해의 완성도를 높이기 위한 노력과 시간 투자가 많이 필요했다.

이 작업을 마치고 나면 대부분의 학생들은 암기할 시간이 부족해서 시험이 코앞인데도 준비가 되어 있지 않은 상황을 맞닥뜨리게 된다. 그래서 고등학교 때는 전략적으로 자신의 시간과 에너지를 사용하는 것이 중요하다. 최대 공부 시간과 공부량을 도출해 낸 후 그 범위 내에서는 성적이 떨어지는 일이 없도록 완성도를 높여나가야 한다.

다만 고등학교 첫 시험은 상대적으로 과목 수와 범위가 이후 학기에 비해서는 적은 편이고 선행이 가장 완성도 있게 되어 있는 범위라는 점에서 최대한 모든 과목을 완성도 있게 공부해 보는 것이 필요하다. 그 과정에서 어떤 과목이 비교적 수월하게 이해되고 어떤 과목이 힘든지 느끼면서 강점 과목과 약점 과목을 파악하고, 앞으로의 공부 방향성을 잡을 수 있는 토대를 마련해야 한다.

또 다른 차이점은 무지성 암기로는 풀 수 없는 문제들이 고등학교 시험에서는 다수 출제된다는 것이다. 수학, 과학 같은 이과 과목처럼 이해의 비중이 큰 과목들 이외에도 사회, 국어, 영어 등 암기 비중이 높은 과목에서도 제대로 이해하지 못하면 풀 수 없는 문제들이 변별력을 가르는 문항으로 나온다. 높은 점수를 받으려면 선생님이 학생들에게 제대로 이해했는지 물어볼 만한 부분을 완벽히 숙지한 상태로 시험에 임하는 것이 중요하다. 즉, '이해'의 측면이 훨씬 강조된다.

중학교 때 독서를 많이 하거나 공부를 제대로 해 온 학생들이라면 고등학교 공부를 비교적 수월하게 이해할 수 있다. 그렇지 않더라도 아직 고등학교 입학 초기라면 노력을 통해 공부 머리를 키워 나갈 수 있는 시간은 충분하다.

예습으로 이해력 높이기

특목고에 입학하자 다른 친구들에 비해 내가 중학교 때 공부를 많이 한 편이 아니라는 생각이 들었다. 그래서 남들보다 더 많은 시간을 '이해'를 위한 공부에 투자해야겠다고 다짐했고 빠른 시간 안에 효율적으로 내용을 이해하는 법에 집중했다.

여러 시행착오 끝에 이해력을 높일 수 있는 몇 가지 방안들을 찾아냈다. 그중 첫 번째는 예습의 중요성이다. 보통은 복습을 더 중요하게 생각하고 예습은 재량에 맡기는 경우가 많은데 나 같은 경우 예습을 했을 때 수업 내용을 훨씬 더 빠르고 정확하게 이해했다.

예를 들어 수학은 대부분의 학생이 선행 학습을 마치고 오기 때문에 예습을 하지 않아도 수업 시간에 선생님 말씀이 귀에 쏙쏙 들어온다. 하지만 선행을 하지 않은 과목들은 수업 시간에 나가는 진도가 자신의 첫 학습이 된다. 만약 수학을 수업 시간에 처음 배운다고 가정해 보면 제대로 소화해 내는 학생들은 많지 않을 것이다. 생소한 공식들에 적응하는 것만으로도 벅차지 않을까. 이는 다른 과목들도 마찬가지이다.

진도를 나가기 전에 혼자 힘으로 수업 내용을 최대한 이해하려 하다 보면 당연히 어렵고 머릿속에 물음표가 생긴다. 하지만 예습을 한 상태로 수업을 들으면 수업 내용이 훨씬 더 귀에 잘 들어온다. 같은 수업을 듣는데도 예습할 때 궁금했던 부분에서 귀를 더 쫑긋 세우게 되고 물음표가 떠다녔던 부분도 머릿속에 확실히 각인된다.

예습 단계에서 모든 내용을 완벽히 이해하고 넘어가야 한다는 강박을 갖지 않아도 된다. 부담 없이 적은 시간만 투자하고도 충분한 효과를 볼 수 있다. 그러니 복습만큼 예습의 중요성 또한 간과하지 않았으면 한다.

백지 노트법으로 복습하기

다음으로는 공부한 내용을 스스로 떠올려 확인하는 시간을 반드시 가져야 한다. 공부는 크게 개념 이해와 문제 풀이 단계로 나뉘는데 보통은 개념 이해 단계에서 정보의 입력에 집중하고, 문제 풀이 단계에서 배운 내용을 인출하는 과정을 거치면서 이해도를 점검하게 된다.

내가 다닌 국제고에는 국제경제, 국제정치, 심화 영어 등 특수 과목들이 많아 시중에서 문제집을 찾기 어려웠다. 수업 내용을 제대로 이해했는지 스스로 점검할 방법을 고민한 결과 책을 덮은 채 노트에 공부한 내용을 설명해 보는 나만의 방식을 찾게 되었다. 일명 '백지 노트법'으로 알려진 방법이다. 이에 더해 단순히 기억나는 내용을 적는 게 아니라 남들에게 설명해 준다는 마음으로 복잡한 내용까지 최대한 상세하게 적으려고 노력했다.

처음 시도했을 때 가장 놀랐던 점은 당연히 알고 있다고 생각했던 내용을 막상 직접 설명해 보려고 하니 턱턱 막히는 부분들이 꽤 많았다는 것이다. 예를 들어 인강을 수강할 때는 고개를 끄덕이며 이해했다고 생각했는데, 끝까지 듣고 난 직후 배운 내용을 다시 써보려고 하면 생각보다 머릿속에서 빠른 속도로 휘발되었다. '내가 지금까지 시간을 투자해서 공부한 건 대체 뭘까?' 하는 생각이 들었고 그때부터 단순한 인풋만으로는 절대 완결성 있는 공부를 하지 못할 것이라는 위기감을 느꼈다. 그 후로 그날 배운 내용은 반드시 노트에 스스로 적어 보면서 부족한 부분들을 체크하고 반복 학습하면서 보충했더니 이해도를 눈에 띄게 높일 수 있었다.

공부는 힘든 만큼 결과물이 뚜렷하게 주어진다. 귀찮고 힘들더라도 직접 머릿속의 정보를 인출해 보면 그 당시에는 시간을 많이 쓰는 것 같아도 결과적으로는 성적 상승의 지름길이라는 것을 깨닫게 된다. 이 과정을 어느 정도 체화하고 나면 정보를 입력하는 단계에서도 끊임없이 내용을 구조화하고 최대한 이해하려는 습관이 생겨 공부의 모든 단계에서 일석이조의 효과를 누릴 수 있다.

교과서와 부교재 시험 범위를 완벽하게 숙지한다

최윤 의예과

고등학교 진학 후 많은 학생들이 호소하는 어려움 중 하나는 '중학교 때처럼 공부했는데 고등학교에서 성적이 나오지 않는다'는 점이다. 학생 수가 증가하여 상위권 학생이 많아진 현실과 중학교의 절대평가와 달리 고등학교에서는 상대평가 방식이 적용된다는 사실을 제외하더라도, 중학교와 고등학교의 내신 정기고사는 그 차이가 매우 크다.

중학교 시험에서는 교과서와 수업 시간에 다룬 내용을 그대로 물어보는 경우가 많다. 수업 시간에 선생님께서 A를 말씀하셨다면 시험 문제는 A나 A′를 묻는 것이다. 그러나 고등학교 시험은 여기서 더 나아가 a나 α, 심지어는 B와 C에 대해 묻기도 한다. 그래서 지식을 암기하는 것뿐 아니라 완전히 이해할 때까지 공부해야 한다.

시험 범위도 넓어진다. 중간고사 한 번에 영어 원서 여러 권, 교과서 외에 추가로 수능 수학 기출 몇백 문제 등 중학교 때의 몇 배에 해당하는 양을 소화해야 한다.

그렇다면 범위도 양도 훨씬 방대해진 고등학교 첫 시험을 어떻게 준비해야 할까? 수업 시간에 다룬 내용과 부교재 등 '시험 범위'라고 명시된 부분부터 완벽하게 숙지하는 것을 강조하고 싶다. 간혹 교과서와 부교재를 무시하고 최고난도 문제나 학원 자료를 우선시하는 경우가 있는데 명확히 언급된 시험 범위보다 다른 자료를 우선하는 것은 기초공사를 부실하게 하는 집짓기와 다름없다. 아무리 실력이 뛰어나더라도 학교 수업 교재 및 부교재를 먼저 완벽하게 공부하자. 이렇게 공부한다면 내신 시험에서 변형 문제를 푸는 데 소요되는 시간을 단축할 수 있을 것이다.

또한 모르는 부분이나 헷갈리는 내용이 있다면 주저하지 말고 학교 선생님께 질문하는 것이 좋다. 궁금증 해결은 물론이고 정기고사가 다가올수록 선생님의 답변에서 출제 방향성에 대한 감을 얻을 수도 있으며 생활기록부의 세부능력 특기사항에 도움이 될 수도 있다.

공통
1등급으로 가는 내신 시험 운영법

고등 내신은 정답이 없다. 학교마다 과목 선생님마다 다르기 때문이다. 하지만 내신에 임하는 마음가짐과 체계적인 학습 계획은 누구에게나 필요하다. 내신 준비의 기본기를 파악하고 활용하는 방법을 알아보자.

집중·암기·풀이
3단계 내신 공부법

장현우 언론정보학과

우선 고등학교 3년간 내신과 모의고사에 임할 때 결과에 일희일비하지 말라는 말부터 전하고 시작하고 싶다. 축구 명장 리누스 미헬스Rinus Michels가 한 말이 있다.

"우승은 어제 내린 눈일 뿐이다."

우승은 선수로서 감독으로서 얻을 수 있는 최고의 명예이지만 시간이 지난 후에도 과거의 우승에 매여 발전하지 못하는 것은 바람직하지 않다. 반대로 좋은 결과를 얻지 못했다고 다음 시험도 그러하다는 법이 없으니 오답 정리를 잘해 놓고 다음 시험을 준비하는 마음가짐을 가졌으면 한다. 내가 내신을 준비했던 방식은 크게 3단계로 나눌 수 있다.

[1단계] 수업 집중하기

1단계는 너무나 당연하게 '수업 잘 듣기'이다. 수업을 잘 들으면 시험을 잘 볼 수 있는 필요조건이 갖춰진 거라고 보면 되니 "그럼 저는 수업을 잘 들었으니 공부를 안 해도 되나요?"라고 질문하는 사람은 없을 것이다. 하루를 보내기 위해서는 잠에서 깨야 하는 것처럼 수업을 잘 듣는 것은 시험을 잘 보기 위해 꼭 필요한 일을 했을 뿐이다.

그렇다면 수업을 잘 듣는다는 것은 어떻게 듣는 것인가? '필기를 잘하는 것'이다. 수업을 들으며 교과서에 필기해 놓은 내용이 많으면 많을수록 공부하기 편해지는 건 당연하다. 출제자의 직강인 수업 시간만큼 내신 시험에 있어 중요한 것은 없다. 그러니 수업 시간에 선생님 말씀에 집중하며 교과서를 본인의 필기로 가득 채우길 바란다.

[2단계] 머릿속에 내용 집어넣기

수업 내용이 아직 완전히 본인의 것이 되었다고 할 수 없기에 계속 내가 뭘 모르는지 확인하려는 마음가짐을 기본 자세로 2단계 노트 정리에 들어간다. 노트 정리의 의미는 머릿속에서 내용을 정리해 다시 쓰는 과정에서 사용되는 촉각에 있다.

여기서 잠깐! 나는 공부할 때 최대한 많은 감각을 쓰면서 공부하는 것이 좋다고 생각하는데 교과서를 시각적으로 보고, 촉각을 통해 쓰고, 말을 통해 설명하는 과정들이 이에 해당한다. 단순히 눈으로 교과서를 읽기만 한 학생보다는 노트 정리를 한 학생의 성적이 좋을 수밖에 없고, 이에 더해 스스로 설명하는 과정까지 거친다면 더할 나위 없이 완벽하다. 여러 감각을 사용하며 같은 내용을 반복하다 보면 어느새 그 내용들이 암기가 아닌 몸에 익는 '체화' 과정을 거쳐 좋은 성적을 받을 수 있는 것이다. 가끔 내향적인 학생들은 설명하기 어렵다고 하는데 혼자 집에서 소리 내어 설명하는 것도 괜찮으니 꼭 한번 시도해 보길 바란다.

노트 정리는 교과서에 있는 내용을 그대로 베껴 쓰는 게 절대 아니다. 내가 쓰는 단어와 문장이 무엇을 의미하는지, 어떤 내용인지, 시험 범위 안의 다른 내용과는 어떻게 연결되는지 생각하며 쓰는 것이 진짜 노트 정리다. 머릿속에 내용이 들어갔다고 확신할 수 있는 수준은 어느 정도일까? 나는 내용을 설명할 수 있어야 하는 정도라고 생각한다. 친구나 부모님 또는 나에게 이 개념이 무엇을 말하는 건지, 어떤 개념과 연결되는지, 예시로는 무엇이 있는지 등 교과서 내용을 그대로 복사해 말하는 것이 아니라 본인의 단어로 쉽게 설명할 수 있다면 3단계로 넘어갈 준비가 된 것이다.

[3단계] 문제 풀기

자습서나 평가문제집에 더해 여러 커뮤니티에 있는 문제들을 개인적으로 풀어본 기억이 있다. 한 과목당 시험 범위 문제를 3회 풀었는데 당연히 처음 풀 때는 정답률이 60퍼센트 정도 나온다. 나도 그랬고 많은 학생들이 이 단계에서 좌절감을 느끼는데 이때 포기하지 않는 것이 중요하다. 틀린 답을 고치고 다시 개념을 공부하고 풀면 80퍼센트까지 정답률을 끌어올릴 수 있다. 이후 다시 한번 고치고 문제를 풀면 거의 다 맞히는 단계까지 갈 수 있고, 여기까지 도달했다면 비로소 시험을 잘 볼 수 있는 준비가 된 것이다.

3회가 아니라 4~5회 풀었을 때 정답률이 100퍼센트에 가까워지는 학생들도 있다. 머리가 나빠서가 아니라 더 꼼꼼하게 공부하는 중이라고 생각하기를 바란다. 본인이 알고 있는 개념이 문제에서 어떻게 활용되는지를 보아야 실제 시험에서도 떨지 않고 잘 풀 수 있기에 문제 풀이도 시험공부에서 꼭 빼놓지 말아야 한다.

나의 3단계 내신 공부법은 '수업 내용 잘 듣기', '여러 감각을 통해 내용을 머릿속에 집어넣기', '문제로 실전 감각 익히기'로 나눌 수 있겠다. 실행해 보고 본인과 잘 안 맞는 부분은 다른 방법을 접목하며 본인만의 공부법을 개척하고 더 효율적인 공부 방법을 찾아 좋은 성적을 얻길 진심으로 응원한다.

대학생이 되고 나서 "내신을 잘 보려면 어떻게 해야 하나요?"라는 질문을 정말 많이 받는다. '누구보다 많이, 누구보다 열심히'가 내 대답이다. 공부에 지름길은 없기에 다른 누구보다 많이, 열심히 모든 걸 쏟아부어 결과물을 얻어 낸다면 인생의 어떤 것과도 바꿀 수 없는 경험을 얻는 것이다. 내 모든 걸 바쳐 무언가를 얻어 낸 경험이 없다면 지금 책상에서 그 경험을 시작할 준비를 하자.

**만점을 향한
6주 대비법**

첫 중간고사에서 만점을 목표로 내신 대비 시뮬레이션을 해보자. 일단 5~6주 이상 잡고 시작해 보길 권한다. 이후에는 본인 피드백 과정을 거친 후 첫 시험 스케줄링 경험과 공부 능력에 따라 시간을 줄여 보면 된다. 세부적인 계획은 자유지만 해야 할 것 자체는 정해져 있다. 기본적으로는 3단계로 진행된다.

- 1단계 내용 숙지
- 2단계 암기
- 3단계 문제 풀이

영어 과목을 예로 주차별 해야 할 공부를 정리하면 아래와 같다.

- 6주 전 시험 범위 파악 및 1회독
- 5주 전 지문 분석 시작: 출제 포인트, 어법 사항 분석
- 4주 전 워크북으로 지문 암기 시작, 동시에 문제 풀이 시작
- 3주 전 암기와 문제 풀이 어느 정도 완성
- 2주 전 빈틈 찾아서 보강
- 1주 전 직전 대비 모조리 암기

이 과정을 모든 과목에 적용해 동시에 준비하는 것이다. 시험이 끝나고 나서는 어느 부분이 미흡해서 틀렸는지, 암기량 부족인지, 시험 운영 때문인지, 서술형 대비가 미진해서인지 철저히 분석하고 다음 시험에서 보완하기 위한 대책에 들어가야 한다.

국어

장르별 지문 공략과
정답 추론법(1) 문학

국어가 제일 자신 있다는 학생들이 국어 1등급을 유지한 방법은 무엇일까? 국어 개념을 익혔다는 전제 하에 지문을 만나는 자세, 어떤 지문도 풀어 내는 일종의 '기술'에 가까운 국어 공부법을 알아보자.

**문학 작품은 이렇게 봐야 한다,
일명 '문학 빙의법'**

장현우 언론정보학과

〈스튜디오S〉에서 국어 공부 콘텐츠를 가장 많이 촬영한 사람은 아마 나일 것이다. 어릴 때는 국어라는 과목을 크게 좋아하지도 싫어하지도 않았는데 어느 순간 가장 자신 있고 잘하는 과목이 되어 자연스레 좋아하게 되었다. 그 결과 고등학교 때 다섯 학기 내내 국어 1등급을 받은 유일한 학생이라는 타이틀도 가져 보았다. 3년 내내 꾸준히 국어를 놓지 않고 공부했기에 가능한 성적이었고 국어 공부법 이야기를 쓰는 지금이 이 책을 쓰며 가장 설레는 순간이다.

개인적으로 비문학보다 문학을 좋아했던 사람으로서 내가 애용했던 문학 공부법, 일명 '빙의법'을 풀어서 얘기해 보려 한다. 빙의법이란 한마디로 '내가 작품의 화자, 서술자, 주인공이 되었다고 생각하고 작품 속에 들어가는 것'이라 할 수 있겠다. 작품 속에 들어가기 위해서는 어떻게 해야 할까? 먼저 세 가지를 파악해야 한다.

첫 번째는 '화자(말하는 사람)의 상황'이다. 화자나 주인공이 작품 내에서 어떤 상황에 처해 있는지 확인해야 한다. 사랑하는 사람과 이별한 상황인지, 누군가와 갈등하는 상황인지, 독백하는 상황인지 등을 파악해야 작품으로 들어갈 조건이 갖춰진다.

화자의 상황을 파악했다면 두 번째로 '화자의 정서(감정)'를 들여다 보자. 작품의 상황에서 화자나 등장인물이 어떤 감정을 느꼈는지 알아야 한다. 직접적으로 작품에 '슬프다', '쓸쓸한' 등으로 제시되기도 하지만 시는 함축적인 갈래로서 시어에 정서가 숨겨져 있기도 하므로 꼼꼼히 살펴야 한다.

세 번째는 감정을 가지고 취하는 '화자의 태도'이다. 슬픈 감정을 가지고 사랑하는 사람과의 이별을 받아들이고 있는지, 또는 슬프지만 이별을 거부하고 있는지, 분노한 상태로 누군가와 결투하러 가는지 등을 파악하면 된다.

세 가지를 파악한 후 내가 주인공이 되었다고 생각하고 작품으로 들어가 '이 상황에서 당연히 이런 감정을 느끼지 않을까?'라고 이해한다면 비문학보다 훨씬 쉽게 문학 작품을 풀어낼 수 있을 것이다. 이제 수능에 출제된 작품으로 이 방법을 어떻게 사용하면 좋은지 살펴보자.

2023학년도 수능 국어 영역 현대 시 작품 중 나희덕 시인의 〈음지의 꽃〉을 예시로 보자(245쪽). 시를 읽기 전에 지문 아래의 〈보기〉를 먼저 보는 것이 기본이지만 지금은 시의 주인공이 되어 보는 것이기에 작품 자체만 보겠다. 하지만 시험을 볼 때는 꼭 〈보기〉를 먼저 읽고 작품을 읽기 바란다.

문학 작품을 읽을 때 제목을 크게 신경 쓰지 않는 학생들이 있다. 작품의 제목은 작가가 담고 싶은 이야기를 함축시켜 놓은 것이기에 작품의 키워드가 될 가능성이 높고 작품의 분위기를 유추할 수 있게 도와준다. 이 시의 제목은 〈음지의 꽃〉으로 흔히 '꽃'을 생각하면 봄꽃처럼 밝은 분위기가 그려지지만 제목에서 '음지'라는 단어를 사용해 봄의 분위기와 대조되는 어두운 분위기를 느낄 수 있다. 그렇다면 음지에서 피는 꽃은 어떤 꽃일지 상상해 보고, 왜 음지라는 표현을 사용했을지 의문을 가진 채 작품을 읽어야 한다.

1행에서 '우리는 썩어 가는 참나무 떼'라는 표현이 등장한다. 이때 나는 '썩어 가는 참나무'가 되었다고 생각해야 한다. 작품의 화자, 즉 '우리'에 해당하는 참나무에 빙의해 보는 것이다. 참나무인데 썩어 가고 있으니 제목을 읽으며 떠올렸던 어두운 분위기와 잘 연결되지 않는가?

2행의 '벌목의 슬픔으로 서 있는 이 땅'. 참나무인 나는 벌목의 슬픔으로 서 있다고 한다. 벌목은 나무를 자르는 것이기에 나무에게 가장 슬픈 일이고, 주변 참나무가 벌목되어 나가는 것을 지켜보며

2023학년도 수능 국어 문항

우리는 썩어 가는 참나무 떼,　　　　　┐
벌목의 슬픔으로 서 있는 이 땅　　　　│ [A]
패역의 **골짜기**에서
서로에게 기댄 채 **겨울**을 난다
함께 썩어 갈수록　　　　　　　　　　┐ [B]
바람은 더 높은 곳에서 우리를 흔들고　┘
이윽고 잠자던 **홀씨**들 일어나　　　　┐ [C]
우리 몸에 뚫렸던 상처마다 버섯이 피어난다 ┘
황홀한 **음지**의 꽃이여
우리는 서서히 썩어 가지만　　　　　　┐
너는 **소나기**처럼 후드득 피어나　　　│ [D]
그 고통을 순간에 멈추게 하는구나　　　┘
오, 버섯이여
산비탈에 구르는 낙엽으로도　　　　　┐ [E]
골짜기를 떠도는 바람으로도　　　　　┘
덮을 길 없는 우리의 몸을　　　　　　┐ [F]
뿌리 없는 너의 독기로 채우는구나　　┘

— 나희덕, 〈음지의 꽃〉

썩어 가는 참나무의 모습을 상상하길 바란다.

　3행은 '패역의 골짜기에서 서로에게 기댄 채 겨울을 난다'라고 되어 있는데, 여기서 등장하는 '패역'이라는 단어는 '사람으로서 마땅히 하여야 할 도리에 어긋나고 순리를 거슬러 불순함'이라는 뜻으로 인간들이 나무를 벌목해 가는 행동이라 유추할 수 있다. 이러한 희망 없고 무기력한 상황 속에서 힘이 되어 주는 존재가 누구겠는가? 바로 옆에 있는 다른 참나무들일 것이다.

　여기까지 읽고 독자에게 바라는 것은 '참나무는 벌목의 위험 속에서도, 패역의 골짜기에서도 옆에 있는 참나무들과 함께 힘겨운 겨울을 지내고 있구나!'라고 생각하는 것이다. 그러다 7~8행 '이윽고 잠자던 홀씨들 일어나 우리 몸에 뚫렸던 상처마다 버섯이 피어난다'에서 분위기가 달라진 것이 느껴질 것이다. 이전까지는 희망이 보이지 않는 아주 절망적인 상황이었지만, 바람이 불어오고 홀씨들이 일어나 버섯이라는 생명이 피어나고 있다. 그것이 바로 이 작품의 제목인 '음지의 꽃'인 것이다. 이제 죽음의 위협 속에도 새로운 생명이 피어나는 긍정적인 기분으로 뒷부분을 읽어 보자.

　당시 수능 문제 〈보기〉의 작품 설명 일부를 보면 "인간의 욕망에 의한 상처와 고통으로 황폐화된 현실을 강인한 생명력이 피어나는 공간으로 변화시키는 모습을 드러낸다."라고 적혀 있는데 이제 보기의 내용이 무엇을 말하는지 알 수 있을 것이다.

　이렇게 내가 작품의 주인공이 되었다고 생각하며 그 속에서 느끼는 정서와 드러나는 태도를 놓치지 않고 읽어 나가면 문학 작품을 이해하기가 훨씬 수월할 것이다.

장르별 문학 지문 공부법

[고전 시가] 자주 쓰이는 어휘 익히기

학생들은 현대 작품보다는 당연히 고전 작품을 더 어려워한다. 그 이유는 간단하다. '말이 어려워서'다. 그렇기에 고전 작품을 공부하기 위해 가장 중요한 건 고어 공부다. 특히나 고어 공부는 고전 시가에서 더욱 중요한데, 영어를 잘하기 위해 영어 단어를 외우듯 고전 시가를 잘 읽어 내기 위해서는 자주 쓰이는 어휘를 공부하는 것이 필수적이다.

'홍진'은 속세를 뜻하고 '녹음'은 여름을, '매화'는 지조와 절개를 뜻하는 등 고어의 의미를 외우고 있어야 작품이 무슨 이야기를 하는지 알 수 있고 앞서 말한 세 가지(화자의 상황, 정서, 태도)를 파악하는 데 큰 도움이 된다. 당연히 수능에서는 고전 시가를 현대어 풀이로 주지 않고 고어 그대로 제시하기 때문에 고어 공부를 하지 않으면 수능에서 고전 시가 문제를 맞힐 수 없다. 인터넷에 '고전 시가 필수 어휘'라고 검색하면 충분히 많은 자료가 나오니 꼭 어휘 공부를 하고 고전 시가를 풀어 보도록 하자.

고전 시가는 말이 어려운 대신 주제가 한정적이기에 공부를 잘해 놓기만 하면 이후 문제를 쉽게 풀어 낼 수 있다. 크게 보아 작가가 양반이냐 백성이냐로 나뉘고, 양반이 쓴 시는 자연 친화적인 작품이 거나 임금에 대한 충성 또는 국가에 대한 걱정(우국지정) 등으로 나뉜 다. 백성이 쓴 시는 대부분 일상생활과 관련된 작품이기에 이해하기 어렵지 않다. 그렇기에 고전 시가는 연습할수록 주제가 더 쉽게 눈에 들어오고 모의고사나 수능에서는 대부분 문제의 〈보기〉를 통해 작품이 어떤 배경에서 쓰였는지 설명해 주기에 미리 두려워할 필요는 없다.

[고전 소설] 소설의 갈래 파악하기

고전 소설은 고어 공부와 함께 이 소설이 어느 갈래에 속하는지 파악해야 한다. 고전 시가와 마찬가지로 고전 소설도 소설의 종류가 많지 않기에 대표 작품들로 공부하며 감을 잡아 나갈 수 있다.

• 고전 소설의 대표 갈래

애정 소설, 영웅 소설, 몽유록 소설, 적강調降형 소설(신선이 인간 세상에 내려오거나 사람으로 태어남), 처첩 간의 갈등 등.

애정 소설은 말 그대로 남녀의 사랑을 다룬 이야기이고, 영웅 소설 역시 주인공이 영웅으로 활약하는 소설이다. 애정 소설과 영웅 소설은 종류별로 대부분 소설의 구조가 일치한다.

- 애정 소설 구조
  남녀의 사랑 → 사랑을 막는 장애물(전쟁 또는 집안의 반대) 등장 → 장애물 극복 → 사랑 쟁취

- 영웅 소설 구조
  비범한 탄생(고귀한 혈통) → 어린 나이의 시련 → 출가 → 조력자의 도움 → 영웅의 성장 → 위기에서의 활약(대부분 전쟁에서의 활약이 많다) → 금의환향

그 외에 몽유록 소설은 꿈속에서 일어나는 일이 사건의 중심이고, 적강형 소설은 소설의 배경으로 천상계와 지상계를 모두 가지고 있는 소설을 말한다. 처첩 간의 갈등은 집안의 본처와 첩 사이에서 일어나는 사건으로 소설이 전개된다. 이 갈래들의 대표 작품들은 수능을 보기 전에 꼭 확인해야 한다. 대표 작품은 다른 갈래와 함께 252쪽에서 한 번에 정리할 것이다.

고전 소설은 현대 소설과 다르게 눈에 띄는 특징을 가지고 있다. 가장 대표적인 특징은 비현실성과 우연성이다. 비현실성으로는 주인공이 도술을 부리거나 알에서 태어나는 등 현실에서 일어날 수 없

는 일이 일어나는 것이 대표적이다. 우연성은 전쟁 때문에 헤어진 부모와 자식이 우연히 다시 만나거나 서로 사랑했다가 헤어진 연인이 우연히 어느 곳에서 다시 만나는 것이 대표적이다. 또한 고전 소설의 95퍼센트 이상이 해피 엔딩에 더해 악당은 항상 벌을 받게 되는 '권선징악'으로 끝난다는 점도 기억하고 작품을 접하기를 바란다.

[현대 시] 다양한 작품 읽기

현대 시의 특징은 텍스트는 이해하기 쉽지만 주제가 다양하다는 점이다. 또한 각 시대별로 어느 정도 주제가 잡힌다는 것이 특징으로 크게 '일제강점기', '해방 이후 독재정치 시기', '90년대부터 현재' 주제로 나누면 분류되어 읽기 수월하다. 시기별로 대표적인 시인들도 알고 있으면 도움이 되는데 일제강점기는 윤동주와 이육사 시인, 참여시는 김수영과 신동엽 시인 등 자주 출제된 시인들의 작품을 공부하면 다른 작품들에 접근하기도 쉽다.

다만 현대 시는 고전 시가에 비해 작품이 많고 어느 작품이 시험에 나올지 예상하기 어렵기에 다양한 작품을 많이 보는 것을 추천한다. 고전 시가는 작품에서 이야기하는 주제를 보며 '이 부분은 이런 식으로 표현했구나'를 느끼고, 현대 시는 '이런 주제의 작품도 있구나' 정도로 국어 공부에 접근하기를 바란다. 문제를 풀 때는 주제가 다양한 만큼 〈보기〉를 먼저 보고 작품을 보는 것을 추천한다. 〈보기〉부터 보고 작품이 창작된 시대적 배경과 작가의 삶 등을 이해하고 작품을 읽으면 이해가 쉽다. 고전 시가도 그렇지만 문학을 풀 때는 문제의 〈보기〉를 읽고 문제를 푸는 것이 시간도 적게 걸리고 정답률도 높이는 방법이다.

[현대 소설] 빙의법 활용하기

문학 작품 중에서 가장 재미있게 읽을 수 있는 갈래가 바로 현대 소설이다. 주제, 인물, 갈등 양상 모두 다양해서 몰입하는 재미가 있다. 시는 화자의 상황, 정서, 태도를 파악하는 것이 중요하고 소설은 인물, 사건, 갈등을 파악해야 한다. 각 인물이 어떤 상황에서 어떤 사건을 겪었는지, 누구와 갈등을 겪었으며 내적 갈등과 외적 갈등은 어떻게 전개되는지 알아야 한다. 이에 가장 쉽게 접근하는 방법이 앞서 소개한 빙의법으로 본인이 현대 소설 속 주인공이라고 생각하기를 바란다.

드라마의 주인공이 되었다고 상상한다면 이해가 빠를 것이다. 만약 주인공이라고 상상하기 어렵다면 본인의 눈이 드라마를 촬영하고 있는 카메라라고 생각해도 좋다. 이 장면을 찍을 때 등장인물의 표정과 말투는 어떨지, 배경과 날씨는 어떨지 등을 상상한다면 현대 소설은 어렵지 않을 것이다.

꼭 봐야 하는
필수 문학 작품 총정리

추가로 갈래별 필수 문학 작품을 정리해 보았다. 이 작품들만 공부한다고 해서 문학 공부를 잘할 수 있게 되는 것은 아니다. 하지만 여기에서 언급한 작품들은 국어 공부에 기본적이고 대표적인 작품이기에 반드시 익혀 둘 필요가 있다.

고전 시가

고전 시가에서는 시조와 가사가 출제되는데 보통 가사가 더 많이 출제된다. 그렇기에 가사 작품 중에서는 정극인의 〈상춘곡〉, 정철의 〈관동별곡〉, 〈사미인곡〉, 〈속미인곡〉, 안조환의 〈만언사〉, 박인로의 〈선상탄〉, 송순의 〈면앙정가〉 등이 대표적이다. 시조 작품 중에서는 윤선도의 〈어부사시사〉, 〈오우가〉, 이방원의 〈하여가〉와 정몽주의 〈단심가〉, 작자 미상의 〈서경별곡〉 등이 있다.

고전 소설

고전 소설의 종류별로 대표적 작품을 소개한다. 애정 소설은 김시습의 〈이생규장전〉, 영웅 소설은 〈홍길동전〉, 〈박씨전〉, 〈홍계월전〉, 〈임경업전〉 등이 대표적이다. 〈구운몽〉은 몽유록 소설이자 적강형 소설이기에 꼭 보아야 한다. 처첩간의 갈등이 잘 드러나는 소설로는

〈사씨남정기〉가 있다. 그 외에 〈별주부전〉, 〈심청전〉, 〈춘향전〉, 〈양반전〉 등도 유명하기에 꼭 공부하기를 추천한다.

현대 시

현대 시는 앞에서 언급한 시인들의 대표 시는 필수로 봐야 한다. 윤동주 시인의 〈참회록〉, 〈쉽게 쓰여진 시〉, 이육사 시인의 〈절정〉, 이상화 시인의 〈빼앗긴 들에도 봄은 오는가〉, 신동엽 시인의 〈껍데기는 가라〉, 김수영 시인의 〈어느 날 고궁을 나오면서〉, 신경림 시인의 〈농무〉 등이 있다.

현대 소설

현대 소설은 몇 개의 소설만을 특정하기 어려운 갈래지만 책에 많이 실린 대표작들을 꼽아 보면 하근찬의 〈수난이대〉, 김유정의 〈동백꽃〉, 박태원의 〈천변풍경〉, 채만식의 〈태평천하〉, 현진건의 〈운수 좋은 날〉, 주요섭의 〈사랑손님과 어머니〉, 전광용의 〈꺼삐딴 리〉 등이 있다.

국어

장르별 지문 공략과
정답 추론법(2) 비문학

어려운 비문학 지문을 만나도 명심해야 하는 것은 이것이 과학 또는 법학 공부가 아니라 '국어' 시험이라는 것이다.

비문학 지문 '이해와 독해' 정공법으로 뚫어 내기

장현우 언론정보학과

비문학을 이해한다는 것은 글쓴이와 대화를 나눈다는 뜻이다. 글을 쓴 사람이 내 앞에 앉아서 지문을 말로 설명한다고 생각해야 한다. 친구가 나에게 무언가를 이야기해 줄 때 이해가 안 되는 부분이 있다면 어떻게 하는가? 질문을 해서 궁금증을 해결할 것이다. 비문학도 마찬가지다. 글을 읽으면서 생각을 멈추지 말아야 하고, 생각을 멈추지 않는다면 읽는 도중 당연히 질문이 생길 수밖에 없다. 비문학은 질문에 대한 답을 지문을 통해 분명히 대답해 준다.

비문학 지문을 읽다가 이해가 안 되는 문장이 있다면 멈추고 다시 읽어보는 과정이 꼭 필요하다. 이해가 되지 않은 문장이 있는데 뒤로 넘어간다는 것은 뒤에 나오는 내용을 이해할 수 없는 상태로 계속 읽는 것이다. 문장을 스무 번 읽어도 이해가 되지 않는다면 글은 뒤에서 반드시 예시를 보여줄 것이다. 열 번 스무 번을 읽어도 이해되지 않는 문장이 있다면 당연히 더 설명해 주어야 하고 그것이 비문학이 '국어' 시험인 이유다.

예시까지 읽었다면 '그렇구나' 생각하고 넘어가는 것이 아니라 다시 앞으로 돌아가 그 문장을 제대로 이해해야 한다. 해당 문장이 앞 문장과 어떤 관련이 있어서 나왔는지, 뒤 문장과는 어떻게 이어지는지 흐름을 따라가야 한다. 새싹이 자라서 나무가 되고 나무에서 열매가 맺히듯 우리는 그 열매를 맛보기 위해 지문을 읽는다고 생각하면 이해가 쉬울 것이다. 새싹이 자라다가 중간에 문제가 생기면 열매를 맺을 수 없는 것처럼 중간에 흘려 보내는 부분 없이 집중해서 지문을 읽어 내야 정답이라는 열매를 얻을 수 있다.

지문을 읽다가 무언가 찜찜하고 머릿속에 물음표가 생기면 무조건 다시 읽는다. 문제 출제자도 학생이 한 문장을 읽고 뒤에 무슨 생각을 할지 생각하고 다음 문장을 쓴다. 그 점에 착안하여 한 문장씩 완전히 이해한다는 느낌으로 지문을 읽는 것이 필요하다.

지문을 읽을 때는 이해를 위해 모든 수단과 방법을 동원하길 바란다. 내가 추천하는 첫 번째 방법은 지문을 읽으며 나오는 어려운 단어들을 본인만의 쉬운 단어로 바꾸어 보고 본인의 경험과 연결해 보는 것이다. '예방접종'과 관련된 지문이 나왔다고 가정해 보자. 어릴 적 예방주사를 맞았던 경험을 떠올려 보며 글과 친해져야 한다. 이런 과정 없이 글자만 읽어 낸다면 당연히 지문은 더 어렵게 느껴지고 지문이 나를 튕겨 내는 느낌을 받을 것이다. 처음에는 쉽지 않겠지만 어려운 단어를 쉬운 단어로 바꾸어 보고, 지문 내용의 예시를 스스로 생각해 보고, 본인의 경험을 떠올려 보는 것 역시 국어 공부라고 생각하며 비문학 공부에 임해 주면 좋겠다.

두 번째 방법은 '시험지에 필기하기'이다. 모의고사나 수능은 OMR 카드에 답안을 작성하기에 시험지에는 본인이 무엇을 작성하든 상관없다. 그렇기에 지문에서 제시하는 긴 텍스트를 기호나 수식으로 바꿀 수 있다면 옆에 무조건 적어 놓고 넘어가길 바란다. 예를 들어 '2를 3으로 나눈 것에 3을 2로 나눈 것을 곱하고 2를 더한다'라는 문장을 아래처럼 적어 둔다면 글이 너무나도 간편해진다.

$$\left(\frac{2}{3} \times \frac{3}{2}\right)+2$$

이처럼 긴 텍스트를 기호나 수식으로 정리하는 연습을 하길 바란다. 또한 이론, 개념, 예시, 한계, 의의 등이 문단별로 나오는 경우 본인만의 방식으로 표시하자. 문제를 풀 때 헤매는 시간 없이 내용을 확인할 수 있게 만들어 두면 비문학을 쉽게 풀 수 있다.

비문학을 읽는 기본적인 방법을 설명했으니 지금부터는 지문 유형별로 어떻게 공략해야 하는지 내 경험을 바탕으로 설명하고자 한다. 학생마다 어려워하는 유형이 다르기에 각 유형별로 자신에 맞게 적용해 보기를 바란다.

인문

인문 지문이 힘든 이유는 길이 때문이다. 다른 분야의 지문보다 길다 보니 읽기 싫어지고 내용도 추상적이라 부담이 생긴다. 그렇기에 인문 지문을 읽을 때 가장 중요한 것은 정신을 놓지 않는 것이다. 한 문장이라도 흘려 보내는 순간 글의 흐름이 완전히 무너질 수 있기 때문에 처음부터 끝까지 집중력을 유지하는 것이 필요하다.

보통 '인문 지문'이라고 하면 철학 지문을 많이 이야기한다. 여러 철학자들이 등장한다면 철학자들의 생각이 무엇인지, 각 철학자의 의견을 비교했을 때 어떤 공통점과 차이점이 있는지 파악해야 한다. 명제나 논리에 관한 지문도 가끔 나오면 학생들을 아주 힘들게 하는데, 그럴 때는 문장을 끊으면서 한 부분 한 부분 천천히 앞 내용에 근거하여 읽어 나가야 이해가 쉬워진다. 보통 비문학 한 지문을 푸는 데 10~12분 정도 쓴다고 가정하기에 이 시간만큼은 꼭 본인의 최대 집중력을 발휘하길 바란다.

경제·법

경제와 법 지문은 상당히 까다로운 친구들이다. 하지만 조금 쉽게 생각해 볼 필요가 있다. 경제 지문에는 대부분 그래프가 나온다. 학생들은 그래프를 보고 지문이 어려울 것이라고 지레 짐작해 손을 대지 못하는 경우가 있다. 하지만 경제 지문의 그래프는 정말 좋은 힌트가 되어 준다. 글에서 설명하는 바를 친절하게 정리해 주는 자료이므로 이해가 되지 않는 부분이 있다면 그래프를 함께 보며 각 문장이 그래프의 어느 부분을 설명하고 있는지 확인해 보면 이해가 쉽다.

지문을 읽다가 본인이 모르는 경제 법칙(수요와 공급의 법칙 등)이 나왔을 때 대부분 글에서 설명해 주지만, 설명이 없다면 지문을 꼭 복습해서 경제 법칙을 알아 둘 필요가 있다. 모의고사와 수능은 학생들이 교과 과정을 알고 있다는 가정 하에 출제되기에 똑같은 법칙을 응용한 지문이 출제될 수 있으니 반드시 공부해 두자.

고등학생들이 법을 잘 모르기에 법 지문은 생소해서 어렵게 여길 수 있다. 그 점은 출제위원들도 알고 있다. 그러므로 고등학생이 이해하기 어려운 법 내용은 출제하지 않는다. 지문에 나오는 법이 무엇을 규정하기 위해 만들어진 것인지, 지문에서 소개하는 사례에 어떻게 적용되는지 살펴보면 오히려 쉽게 정답이 나오기도 하니 큰 부담을 갖지 말자.

과학·기술

비문학 지문 중 가장 어려운 지문이다. 나 역시 문과생이라 과학과 기술 지문이 어려웠고 싫을 때도 있었는데 사실 이 지문들이 어려운 이유는 '단어의 생소함' 때문이라고 생각한다. 하지만 단어가 생소하더라도 그 용어가 가진 원리는 변하지 않기에 우리가 연습하기로 한 '단어 쉽게 바꾸기'를 사용해 보기를 강력하게 추천한다.

예를 들어 '회전력'이라는 단어가 있다면 '도는 힘'이라고 생각해 보고, '혈관에 흐르는 혈액'이라는 단어가 나오면 빨대에 흐르는 음료를 생각해 보는 것이다. 이것 역시 국어 공부이기에 처음에는 어려워도 천천히 연습하다 보면 어느새 실력이 늘어 있을 것이다.

과학·기술 분야 지문은 사진이나 그림을 보여주는 경우가 정말 많다. 내용과 용어가 어렵기에 학생들에게 도움을 주기 위해 제시하는 자료이니 글이 잘 이해되지 않는다면 필수적으로 활용해 보길 바란다. 특히 과학 지문은 A와 B라는 정보를 제공한 후 C의 결론으로 넘어가는 경우가 많아 어디서 결론이 도출되었는지 생각하는 연습이 뒷받침되어야 한다. 지문 정보 속에서 답을 찾는 방법을 사용할 경우 C의 결론으로 넘어가는 사고의 과정이 부재하기에 심화 문제는 푸는 것이 불가능하다.

결국 지문학 공부는 지속적으로 글을 이해하려 노력하고, 여러 정보를 활용해 내 것으로 만들어 결론으로 나아가는 것이 정공법이자, 국어 문제 출제자들이 바라는 정답의 길이라고 생각한다.

국어

1등급 받는
내신 준비 공부법

국어 내신 시험의 출제자는 학원 선생님도, 수능 출제위원도 아닌 지금 눈앞에 있는 학교 선생님이라는 사실에 집중하자.

내신 국어 1등급 무기,
단권화 공부법

이유림 국어국문학과

돌아보면 공부하면서 가장 힐링이 됐던 시간은 국어 공부를 할 때였던 것 같다. 나는 외고에서 평균 1.6등급으로 국어 내신을 마무리했다. 즐겁게 공부한 과목이었던 만큼 공부한 대로 성적이 잘 따라줬다. 국어를 좋아하고 (나름대로) 잘했던 내가 시험을 준비하며 터득한 공부법은 이렇다.

수업 시간마다 긴장하자

시험 문제를 내는 사람은 학교 선생님이다. 특히 국어는 출제자의 의도가 중요하다(어쩌면 가장 중요한 과목이라고 생각한다). 아무리 많은 시간을 투자하고 많은 문제를 풀어도 수업을 듣지 않으면 절대 좋은 성적을 받을 수 없다. 그래서 수업 시간에 선생님의 입에서 나오는 한 마디 한 마디가 전부 '시험 문제'라고 생각하고 수업을 들었다.

무엇보다 필기를 꼼꼼하게 했다. 판서나 PPT 자료는 당연하고, 선생님이 가볍게 부연 설명하며 예시를 들어주신 내용까지 빠짐없이 적었다. 다만 나는 따로 필기 노트를 만들어 예쁘게 정리하지는 않았다. 종합적으로 보는 게 이해하기 편해서 교과서 하나에 모든 필기를 몰아 넣었다. 칸이 부족하면 포스트잇을 동원했다.

오답을 꼼꼼하게 확인하자

국어 문제를 풀 때 가장 어려운 건 선지 하나에 맞는 내용과 틀린 내용이 섞여 있는 경우이다. 과외를 하면서 만난 학생들이 공통적으로 힘들어했던 부분이기도 하다. 예를 들어 "유사한 시구를 반복하여 화자의 의지를 강조하고 있다"라는 선지가 있다. 여기에서 '유사한 시구 반복'은 맞는데 '의지 강조'는 틀린 내용일 수 있다. 또 (가)와 (나) 두 작품을 비교하는 문제에서 '유사한 시구 반복'은 (가), (나) 두 작품에 해당하는 설명이지만 '의지 강조'는 (가)에만 해당할 수 있는 것이다.

국어 문제는 섬세하고 꼼꼼한 접근을 요구한다. 문제를 맞혔다고 넘어가면 얻는 게 없다. 틀린 경우는 물론이고 맞혔더라도 1~5까지 모든 선지를 짚고 넘어가야 한다. 나는 오답 노트를 따로 만들지는 않았지만 문제를 풀고 나면 무조건 문제집에 오답 내용을 기록했다. 나의 오답 정리 방법은 다음과 같다.

① 문장을 쪼갠다
유사한 시구를 반복하여 / 화자의 의지를 강조하고 있다.

② 작품 별로 따져본다
유사한 시구를 반복하여 → (가), (나) 둘 다 해당
화자의 의지를 강조하고 있다. → (가)만 해당

③ 틀린/맞는 이유를 찾는다
왜 (나)는 '화자의 의지를 강조하고 있다.'에 해당하지 않을까?
→ 의지 강조가 아니라 그리움을 극대화하고 있는 것이구나.

국어 문제를 푸는 진짜 이유는 다양한 문제를 통해 글의 여러 측면을 이해하는 데 있다. 간혹 오답 정리는 건너뛰고 풀어낸 문제의 양만 보고 만족하는 학생들이 있다. 문제 풀이의 목적을 놓친 사례다. 오답 정리를 하다 보면 글에 대해 몰랐던 지점을 발견할 때가 많

다. 그런 부분은 빨간색 펜으로 표시했다가 시험 전에 다시 쭉 살펴보는데 여기에서 시험에 출제된 것들이 많았다.

단권화해서 무한 회독하자

국어는 읽을 때마다 얻는 게 생긴다. 시험 범위가 많을수록 무한 회독이 효과적이다. 그럼 무엇을 읽어야 할까? 나는 선생님이 수업 시간에 말씀하신 내용, 자습서 내용, 따로 찾아본 자료를 모두 교과서 한 권에 단권화 하고 여러 번 읽었다. 필기가 없는 깨끗한 본문을 봤을 때 내가 했던 필기가 자연스럽게 떠오르면 성공이다.

중요한 건 달달 외우는 것이 아니라 이해하는 것이다. 예를 들어 작품 정리표에 '시각적 이미지를 대비시켰다'라고 적혀 있다면 실제 본문에서 이것이 어떤 방식으로 표현되어 있는지 확인해 보아야 한다. '그렇구나' 하고 넘어가기보다 '어두운 밤과 빛나는 태양을 대비시켰구나!'와 같이 직접 보고 이해하는 과정이 필요하다.

어떤 질문을 받아도 대답할 수 있을 것 같을 때, 더 질문할 게 없을 만큼 충분히 고민하고 분석했을 때 국어 성적이 따라 온다. 수업에 집중하기, 꼼꼼히 오답 확인하기, 반복해서 읽기. 내가 제시한 방법은 족집게 비법도 아니고 지름길이나 꿀팁도 아니다. 기본에 충실한 습관들일 뿐이다. 그러나 꾀부리지 않고 하나하나 따지면서 깊이 파고드는 태도가 모이면 분명 빛을 발할 것이라 장담한다.

국어 수준별 공부법

장현우 언론정보학과

**내 국어 실력이 '노베이스'인지
'중위권'인지 알아보는 법**

문학과 문법의 개념이 전무하고 비문학을 읽고 문제를 풀 때 문제에서 요구하는 바가 무엇인지 이해하기 어렵다거나 비문학 관련 문제집을 단 한 권도 끝까지 풀어 본 적 없다면 노베이스.

점수는 괜찮은 편이지만 문제를 풀 때마다 불안감이 들고 감으로 문제를 맞힌다는 느낌이 들면 중위권. 이런 경우 국어 성적 향상에는 한계가 있다.

내 실력이 노베이스라면?

문학

가장 먼저 문학 개념을 다져야 한다. 문제를 푸는 데 필요한 필수 개념을 익히는 게 급선무다. 표현법, 서술자, 화자, 심상, 문학에 접근하는 방식 등 문학 개념이 상세히 설명된 참고서를 통해 개념부터 체계적으로 익힌 후 문학 문제를 푸는 것을 추천한다. 그래야 문제가 쉽게 느껴지고 자신감도 생긴다. 개념 공부를 처음 하는 학생이라면 인강을 들으며 차근차근 개념을 다지길 추천한다.

문법

문학은 개념을 몰라도 문제를 풀어 보기라도 하는데 문법은 개념을 모르면 아예 접근이 불가하다. 문학과 마찬가지로 문법 기초 교재를 한 권 정해서 음운의 변동과 문장의 짜임 등 핵심 개념부터 다지고 문제를 풀어 보자. 제대로 공부하면 오히려 가장 성적을 내기 좋은 영역이기도 하다.

비문학

글의 구조를 파악하는 연습부터 하길 추천한다. 각 문단에서 무슨 이야기를 하는지, 각 문단이 어떤 연결고리를 가지고 글의 흐름이 전개되는지, 그것을 통해 저자가 하고자 하는 이야기가 무엇인지 파악하는 연습 후 다양한 유형의 문제 풀이에 들어가자.

내 실력이
중위권이라면?

문학

문학을 감으로 맞히고 그냥 넘어가는 식으로 공부하면 나중에 뒤통수를 세게 맞을 수 있다. 반드시 문제의 선지를 모두 분석하는 습관을 들이자. 해당 선지는 왜 틀렸는지 파악하고 작품과 선지에서 쓰인 개념 차이 등을 완벽하게 이해해서 다른 사람에게 설명할 수 있는 정도가 되어야 문학이 쉬워진다.

문법

문법 문제를 풀 때 헷갈리는 부분이 있으면 아직 개념이 흔들리는 것이라 보면 된다. 문법은 개념의 유무에 따라 노베이스와 상위권으로 한 번에 나뉜다. 개념 공부를 열심히 한 후 기출문제를 풀면서 개념을 적용하고 오답을 정리하면 가장 빠르게 상위권으로 도약할 수 있다.

비문학

지문도 읽을 줄 알고 문제 풀이도 꽤 되는데 아직 킬러 문제가 해결되지 않는다면 생각의 확장이 필요하다. 즉, 자문 내용 외에 새로운 내용을 스스로 추론해 낼 수 있어야 한다. 내용 A와 B를 연결해서 결론 C를 도출해 낸 후, 그 결론이 맞는지 글에서 근거를 찾는 연습이 필요하다. 글을 많이 읽고 기출 분석을 하며 글의 내용을 생각해 보는 시간을 많이 갖자.

영어

내신과 수능 둘 다 잡는
공부법은 따로 있다

서울대생들은 내신 영어와 수능 영어를 따로 떼어 생각하기보다는 내신 영어를 성실히 하면 수능 영어는 잘할 수밖에 없다고 공통적으로 말한다. 어떻게 성실히 공부했기에 고등학교 내내 영어 1등급이 가능했을까?

영어 내신 상위권,
수능 영어 만점 비결

노규아 영어영문학과

처음 고등학교 시험공부를 할 때 가장 한숨이 나왔던 과목은 다름 아닌 영어였다. 국제고는 일반 영어 수업 외에도 영어 회화, 작문, 논문작성 수업 등 심화 영어 과목이 개설되어 있어 영어 수업 시간이 절대적으로 많다. 시험 범위도 그만큼 넓은 것은 당연한 순리였다. 게다가 학생들의 영어 실력은 거의 비슷하므로 누가 더 시험 범위에 해당하는 내용을 제대로 이해하고 정확하게 암기했는지가 점수를 결정하는 주요 요인이었다. 따라서 성적을 잘 받기 위해서는 영어 공부법에 대한 체계가 제대로 잡혀 있어야 한다.

내신 공부는 반복 회독하기

영어 내신 공부의 첫 시작은 지문 읽기와 해석으로 시작한다. 처음에는 가볍게 전 범위를 훑어보고 내용을 해석해 보면서 중요한 부분이나 이해가 안 되는 부분을 따로 체크해서 시간 안배를 머릿속으로 간략하게 해 놓아야 한다. 그렇지 않으면 지엽적인 부분에 몰두하다가 전반적인 밸런스가 무너지고 정작 시험에 나올 만한 부분에 빈틈이 생길 수 있기 때문이다.

전체 맥락을 잡은 후에는 본격적인 지문 분석어 돌입해야 한다. 문장의 덩어리를 나눠 가며 시험에 출제될 수 있는 포인트를 최대한 꼼꼼하게 분석하고 정리해 놓는 것이 좋다. 국제고 수업에서는 《EBS 수능특강》처럼 문제집 형식으로 되어 있는 자료보다 영어 원서 발췌문같이 선생님께서 부가적으로 나눠 주신 프린트물 비율이 조금 더 많다. 따라서 시중 교재로 공부하는 것보다 시간이 더 오래 걸리고 정확한 분석이 힘들다는 점을 고려해야 한다. 특히 분석정리 단계에서는 나중에 시험공부 할 때 시간을 아끼기 위해 선생님께서 수업 시간에 강조한 포인트를 빠짐없이 듣고 메모해 놓는 것이 좋다. 수업 직후에 배운 내용이 가장 기억에 잘 남고 정확하게 해석을 할 수 있으므로 바로바로 분석정리를 해 놓는 것이 효율적이다. 그래야 시험 기간에는 보충하고 다듬는 정도로 빠르게 마무리할 수 있다.

마지막으로 점수를 결정짓는 핵심은 '반복 회독'이다. 시험 기간이 되면 공부할 내용은 넘쳐나지만 시간이 촉박해서 정작 공들여 분석해 놓은 내용을 다시 보지 못한 채 시험장에 들어가게 되는 경우가 있다. 하지만 남들보다 높은 점수를 받기 위해선 어떤 과목이든 반복을 통해 완벽을 기해야 한다.

영어는 다른 주요 과목보다 내용을 빠르고 쉽게 이해할 수 있지만 암기에는 많은 시간과 노력이 필요하다. 그러면 어떻게 공부하는 것이 효율적일까? 수업 시간에 이해를 끝내고 시험 기간에 암기에 집중하는 것이다. 출제 범위를 예측할 수 없으니 모든 범위를 빠짐없이 공부하고 최대한 암기해야 한다.

특히 반복 회독은 깊이 있는 사고를 요구하지 않기 때문에 자투리 시간이나 이동 시간을 활용해서 공부하기 좋다. 반복적인 암기는 몸을 움직이거나 각성 상태에 있을 때 기억에 더 잘 남으니 이런 자투리 시간을 적극적으로 활용해 보길 권한다.

수능 대비 다양한 지문과 문제 유형 익히기

처음 입시 영어를 준비할 때 토플과 텝스 문제집을 수업 교재로 활용했다. 특목고 진학을 고려하고 있었기 때문에 《EBS 수능특강》이나 모의고사 영어만 공부하는 것보단 좀 더 심도 있는 영어 공부를 하는 게 필요했기 때문이다.

　토플 공부를 할 땐 최대한 다양한 주제의 지문을 읽고 해석하는 연습을 했다. 토플 문제는 수능 영어보다 지문이 길고 한 지문 당 문제 개수가 많다. 그렇기 때문에 지문의 흐름과 맥락을 제대로 파악하면 연결고리를 하나씩 이어 나가듯 문제를 수월하게 풀어낼 수 있다. 문제의 선지와 지문의 내용을 하나씩 대조해 가며 선지를 지워 나가는 방법도 있지만 모든 문제를 그렇게 푼다면 제한된 시간 안에 풀어 내기 힘들 것이다.

　이처럼 지문의 흐름과 핵심을 파악하고 직관적으로 명확한 답을 도출해 내는 연습은 수능 영어 시험 문제를 풀 때 큰 도움이 되었다. 수능 영어 점수를 좌우하는 고난도 문제들은 지문의 세부적인 내용에 집중하는 것보단 전반적인 맥락과 핵심이 무엇인지 간파하는 것이 훨씬 더 중요하다. 글의 방향성이 어떻게 흘러가고 있는지 읽어 내고 선지의 방향성과 지문의 방향성이 딱 맞아떨어지는 지점을 찾아내야 하기 때문이다. 토플 공부를 통해 이러한 연습을 꾸준히 해 놓으면 수능 영어 시험을 준비하는 데 분명 도움이 된다.

　토플 공부 외에 추천할 만한 공인영어시험은 텝스이다. 텝스는 서울대에서 주관하는 공식 영어 능력 시험으로 우리나라에서 제작되었기 때문에 토플보다는 수능 영어 문제 유형과 유사하다. 나는 텝스 독해를 통해 복잡한 문장을 빠르게 해석하는 연습을 했고, 주제별 어휘를 체크하며 꾸준히 암기를 병행했다. 지문 길이는 수능 영어와 비슷한 대신, 고난도 표현이나 어휘가 많이 나와 독해 파트에서 해석이 어렵게 느껴질 수 있다. 하지만 텝스 독해 문제를 정확하게 풀어낼 수 있을 정도의 실력을 갖춘다면 수능 영어 시험은 당연히 수월하게 풀어낼 수 있을 것이다.

입시 영어를 소화하기 위해서는 반복적인 문제 풀이 경험을 통해 다양한 문제 유형에 익숙해지는 것이 중요하다. 어느 정도 기본기가 쌓여 있다는 생각이 들면 토플이나 텝스와 같은 인증된 문제들을 많이 풀면서 수준 높은 영어 지문과 문제 유형을 접해 보는 것도 좋다.

효과적인 어휘 공부법

수능 영어 독해를 제대로 해내기 위해서는 어휘 연습이 뒷받침되어야 한다. 기본적인 해석조차 안 된다면 지문의 구조를 파악하는 것은 거의 불가능하기 때문이다.

나는 단어집을 사서 외우기보단 모의고사 문제집에 나온 단어 중에 해석이 안 되는 것만 따로 표시해 두고 의미를 적는 식으로 암기했다. 단어집으로 암기하면 단어와 지문이 따로 노는 듯해 암기 하는 동기가 떨어졌다. 하지만 모의고사 지문에 나온 어휘는 수능 영어 시험에 출제된 어휘가 분명하고, 어떤 맥락에서 나온 어휘인지 함께 기억에 남기 때문에 좀 더 효율적으로 공부할 수 있었다.

모의고사 지문 전체를 훑어 보면서 처음에는 해석하지 못했던 어휘들을 반복적으로 점검해 가며 자연스럽게 암기하는 방법은 어휘와 독해를 동시에 잡을 수 있는 방법이었다.

통으로 외워 읽기, 적당히 끊어 읽기

최윤서 국어국문학과

〈스튜디오S〉에서 가장 강점 과목이 무엇인지 질문을 받은 적이 있다. 나는 큰 고민 없이 단박에 영어를 꼽았다. 고등학교 3년 내내 영어 내신 성적이 늘 100점, 모의고사도 늘 100점, 수능에서도 안정적인 1등급을 받았기 때문이다. 내 성적의 비결이자 내신 영어 공부 1순위로 꼽고 싶은 것은 어휘 공부다.

어휘는 매일매일 조금씩이라도 꼭 외웠다. 단어장을 외울 때는 교재에 정해진 분량보다 스스로 감당할 수 있는 양을 정해 외우는 것을 추천한다. 너무 많은 양을 한 번에 외우면 금방 잊어버리고, 양이 적으면 공부 효율이 나지 않을 수 있다. 이때 단어장뿐만 아니라 문제 풀이 지문에서도 모르는 어휘가 나오면 형광펜으로 표시한 후 찾아보는 습관을 들이면 더 많은 어휘를 내 것으로 만들 수 있다.

두 번째로 꼽고 싶은 내신 공부법은 '통암기 공부법'이다. 나는 시험 범위로 주어진 외부 지문까지 모두 암기해서 시험을 봤다. 직접 빈칸이 들어갈 자리를 만들어 자료를 제작할 수 있을 정도로 완벽하게 외우다 보니 주제와 키워드까지 모두 숙지할 수 있었다.

통암기 팁으로 추천하고 싶은 것은 '눈으로만 보지 말고 여러 번 써 가면서 외우는 것'이다. 먼저 암기를 시작할 때는 눈을 감고도 줄줄 말할 수 있을 정도로 외우는 것을 추천한다. 매일 한 문단씩, 두 문단씩 분량을 나눠 누적 암기를 하다 보면 금방 전체를 익힐 수 있다. 이때 효율적으로 외우기 위해서는 글의 흐름을 먼저 요약해 보아야 한다. 여덟 문장으로 이뤄진 문단은 각 문장의 키워드를 뽑아 문단의 흐름을 단어로 먼저 외우는 것이다. 암기를 하다 보면 수와 시제 일치, 유사 단어 같은 세부적인 부분을 놓치기 쉬우므로 백지에 여러 번 써 보는 연습을 해보는 것을 추천한다. 말하기와 쓰기를 병행하면 어떤 부분에서 문제가 나와도 자신 있게 풀이할 수 있다.

독해에서는 '적당한 끊어 읽기'가 중요하다. 그냥 눈으로만 읽으면 막히는 구절이 나왔을 때 내용을 놓치기 쉽고, 결국 처음부터 다시 읽게 되고 다시 읽어봐도 문제를 틀릴 때가 많았다. 그래서 영어 지문을 읽을 때는 항상 펜으로 따라 읽으며 문장 구조를 분석해 표시하면서 읽는 습관을 들였다. 나는 기호를 미리 정해 두고 관계대명사와 접속사는 '△', 핵심 키워드는 '○', 수식어는 '/' 등으로 표시하며 공부했다. 이렇게 글을 '더럽히며' 읽으면 문장 구조가 한눈에 보이고 중요 정보와 부가적 정보를 쉽게 구분할 수 있게 되어 집중력을 유치한 채 글의 흐름을 더 정확하게 파악하며 읽을 수 있다. 독해 공부법으로는 자신만의 끊어 읽기 체계를 만들어 보는 것을 강력 추천하고 싶다.

내신과 수능 동시에 잡는
영어 공부법

조시준 의예과

내신 영어를 잘하면 수능 영어가 따라 온다는 말이 있다. 영어 내신 점수가 높은 사람이 수능 영어도 잘하는 것처럼 보이는 건 성실하게 공부를 많이 한 학생이거나 내신을 하면서 영어 기초 체력을 다졌기 때문 아닐까. 열 번의 내신을 치열하게 준비하다 보면 자연스럽게 어법과 독해 실력이 올라가기 마련이며, 이는 수능 영어 점수에 고스란히 반영된다고 생각한다. 특히 고등학교 영어 내신 문제를 다 맞히는 수준의 어법 지식 정도면 수능 영어를 위해 어법을 따로 공부할 필요가 전혀 없다.

어법(속칭 '한국식 문법')은 학원에서 제공하는 내신 특강을 듣거나 《천일문》, 《성문 종합 영어》 등 고전에 가까운 교재를 반복하여 학습하는 것으로 내신을 완벽하게 대비할 수 있다. 반면 독해는 내신을 위한 공부와 수능 고득점을 위한 공부를 분리하여 생각하는 것이 현명하다. 우선 내신 영어 시험 준비를 살펴보자. 고등학교 내신은 중학교 내신과 달리 범위가 지문 50~60개 정도로 비상식적인 규모라는 점이 특징이다. 이것을 모두 외워야 할까? 물론이다.

나는 중학교 때까지는 내신을 대비해 백지에 모든 지문 내용을 토씨 하나 틀리지 않고 써 내려가는 공부를 했다. 서술형을 대비하고 순서·삽입 유형이 나왔을 때 고민 없이 답을 적기 위해서였다. 하지만 고등학교 영어 시험은 범위가 넓어서 한국어 번역의 도움 없이는 모든 지문의 모든 문장을 영작하는 것이 불가능했다. 그래서 다음 세 가지 방법을 이용하였다.

① 번역을 보고 원문을 그대로 적을 수 있도록 암기한다.
② 순서·삽입 유형을 대비해 지문의 문장 순서를 따로 하나하나 외운다.
③ 할 수 있는 만큼 문제를 많이 푼다.

이는 시험 전에 내신에서 어떤 영역을 평가하는지 미리 알고 있었기 때문에 가능했던 효율적인 공부 방식이다. 고교 입시 설명회 등을 들어 보면서 본인이 진학할 고등학교의 영어 내신 정보를 미리 얻고 그에 맞춰 공부의 방향을 조정하는 것이 좋겠다. 이렇게 무지막지한 양을 암기해서 쌓은 어휘와 통문장 덕에 독해력이 성장하면 수능을 위해 해야 할 공부는 '정답 고르는 연습'뿐이다. 수능 강의를 참고하여 정답을 찍어 내는 연습을 충분히 한다면 수능 100점도 어렵지 않다.

[수학]

집요한 반복과 심화가 답이다

고등 시기에 수학 상위권을 유지한다는 것이 얼마나 힘든 일인지 학생과 학부모는 알 것이다. 서울대생들이 내신과 수능 1등급을 위해 어떻게 공부했는지 그 치열한 과정을 모았다. 집요한 반복과 심화 학습은 1등급을 지켜낼 수 있었던 이유를 말해 준다.

시중 문제집 섭렵, 강박적인 내신 대비

조시준 의예과

당연한 이야기지만 고등학교 3년간 가장 어려웠던 것을 꼽으라면 '내신'이라 말할 수 있다. 3년간 한 과목에서도 삐끗하지 않고 모두 1등급을 받아내는 과정은 글로 전부 전달이 되지 않을 만큼 처절했다. 더군다나 학종(학생부 종합 전형)까지 고려하고 있던 상황이니 등급보다 원점수가 더 중요해 모든 과목의 원점수를 100점에 가깝게 맞춰야 했다. 시험에서 단 한 문제도 실수하지 않으려면 상상 이상의 노력을 투자해야 했는데, 특히 계산 실수가 잦았던 나는 수학 내신을 위해 그야말로 '시중에서 구할 수 있는 문제를 전부 구해서' 풀었다.

고등학교 3학년 때 체계적인 내신 대비를 위해 '공부한 것'과 '공부할 것'을 모두 적어 두는 시험공부 현황판을 작성했다. 수학 문제집을 얼마나 풀었는지 세어보니 내신 시험 1회당 스무 권 정도 풀었다. 빈출 유형을 빠르게 풀고 계산으로 '뇌를 절이기 위한' 과정이었다고 생각하면 이해하기 쉽다. 양이 많았던 만큼 서술형으로 나올 가능성이 높은 교과서와 프린트 문제를 제외하면 문제를 반복해서 풀지는 못했으나 못 풀었던 문제는 며칠 후 다시 풀어 보는 정도로 진행했다.

개념은 고등학교에 진학하기 전 이미 완성되어 있었으니 유형서와 심화 문제집, 《EBS 수능특강》, 평가원과 교육청·사관학교·경찰대 기출문제집, 사설 N제 등을 풀었다. 대강만 나열해도 《쎈》, 《일품》, 《일등급 수학》, 《블랙라벨》, 《유형+내신 고쟁이》, 《실전+수능 고쟁이》, 《자이스토리》, 《마플 수능기출총정리》, 《마플 교과서》, 《마플 시너지》, 《최강 TOT》, 《EBS 수능완성》, 《올림포스 고난도》, 일산 지역 내신 기출문제, 강남 3구 기출문제, 기타 주요 학군지 기출문제 등이 있고 여기에 교과서와 프린트를 서술형 형식으로 푸는 연습까지 병행했다.

《쎈》,《일품》을 비롯하여 고등학생이라면 당연히 풀어야 하는 문제집은 내신 기간이 아닐 때 시작해서 시간을 아꼈다. 하루에 한 문제집의 시험 범위를 끝낼 정도의 속도로 엄청난 양을 무식하게 밀어붙였던 경험이 있는데 그래도 간혹 실수가 발생했던 점은 지금 생각해도 아쉽다.

특별히 취약했던 부분은 방학을 이용해 집중적으로 공략했다. 약점이었던 확률과 통계 과목에서 경우의 수와 확률 계산을 제대로 익히기 위해 고1 겨울방학 동안 열흘을 잡고 1,200문제에 달하는《마플 수능기출총정리》를 끝내기로 결심했다. 하루에 7~8시간씩 확통(확률과 통계)만 죽어라 공부했고 틀리거나 모르는 문제가 있다면 해설 도움 없이 정답을 맞출 때까지 풀고 또 풀었다. 온갖 고생을 하며 1,200문제를 다 풀고 그다음부터 확통 문제를 틀리는 일은 없었고 내신 역시 원점수 100점으로 마무리할 수 있었다. 고2 여름 방학에는 수능 수학I·II를 제대로 공부하기 위해 같은 방식으로《한 권으로 완성하는 수학》을 뗐고 이후 수능 킬러 유형에 대한 두려움도 많이 줄었다. 그러니 약점이 있다면 방학을 이용해 집중적으로 문제를 풀어서 해결해 보자.

막혀 있던 수학Ⅱ 뚫어 낸
집요한 수학 공부

정진용 원자핵공학과

'내가 다른 건 몰라도 너 하나는 반드시 이긴다'라고 생각해 본 적 있는가? 조금 더 과격하게 '이거 하나는 무슨 일이 있더라도 반드시 조져 버리겠다'라고 생각했던 적이 있는가? 다들 그런 경험이 한 번 정도는 있을 것이다. 그 대상이 게임일 수 있고, 운동일 수 있고, (조금은 무섭고 잔인하지만) 누군가와 치고받고 싸울 때 든 생각일 수도 있다. 내 말이 지극히 '서울대생'스럽게 들릴 수 있겠지만 나는 한때 수학을 대상으로 이런 마음을 품었던 적이 있다. 내가 다른 과목은 몰라도 수학 너 하나만큼은 확실하게 '조져 버리겠다'는 광기에 가까운 마음을 고등학교 2학년 때 가졌다.

나는 공과대학에 진학한 이과 학생이지만 학창 시절을 생각해 보면 '뼛속까지 이과' 느낌은 또 아니었다. 좋게 말하자면 모든 종류의 과목을 큰 편차 없이 두루두루 잘했다는 뜻이고, 나쁘게 말하자면 수학과 과학에 그렇게까지 특출나지는 않았다는 뜻이다. 특히 수학 내신이 2등급과 1등급을 왔다 갔다 했는데, 이것은 내게 정말 큰 스트레스였다. 지금 와서 생각해 보면 (특히 내가 졸업한 고등학교가 공부를 잘하는 친구들이 많고 대입 실적이 좋은 학교라는 점을 감안해 보면) 그렇게까지 나쁜 결과는 아니었는데, 고등학생 정진용에게 수학 2등급은 매우 거슬리고 기분 나쁜 대입의 걸림돌이었다.

고등학교 2학년 1학기가 끝났을 무렵 아쉽게 2등급이 떠버린 수학 성적을 보고 열이 끓어오르는 느낌을 받았다. '왜 내 수학 성적은 이렇게 불안정하지?' 하는 생각도 들었고 '수학 성적이 이런데 내가 원하는 대학을 갈 수 있나?' 하는 생각도 들었다. 분노와 불안이 뒤섞인 감정이었다. 그와 동시에 '내가 해내지 못할 것이 뭐가 있겠는가!' 하는 자신감 넘치는 마음 역시 살아 있었다. 이것이 마음속 독기를 건드렸고 '수학II는 무슨 일이 있더라도 내가 반드시 조져 버리겠다'는 생각이 이때 생겨났다.

이후 손에 잡히는 문제란 문제는 다 풀었다. 시중에 있는 여러 문제집 《RPM》, 《쎈》, 《내신 고쟁이》, 《수학의 정석》 등을 다 풀고 어려운 문제는 해설을 봐 가면서 풀거나 학원 선생님께 질문하는 방식을 통해 해결하며 인강도 추가적으로 들었다. 얼마나 풀었는지 문제집을 세어 보니 열 권이 넘었다. 내 기억이 맞다면 열네 권 정도였을 것이다.

앞서 중등 수학 공부를 얘기할 때 '양치기'를 언급했던 것 기억하는가? 마찬가지로 이번에도 양치기를 한 것이다. 비록 의도적으로 양치기를 한 것은 아니었으나 비슷한 유형을 여러 번, 다양한 유형을 많이 접하게 되니 도움이 되었다. 이에 더해 학교 수업, 학원 수업, 인강까지 듣다 보니 개념과 문제 풀이 스킬도 대우 탄탄하게 쌓을 수 있었다. 한 문제를 풀 때 정석적인 풀이와 그렇지 않은 풀이까지 생각해 낼 수 있어서 시험을 볼 때도 많은 도움이 되었다.

여기에 얽힌 추억 하나. 내가 다니던 수학 학원에서는 소수의 아주 어려운 문제들로만 구성된 모의 테스트를 봤었다. 그 어디에서도 본 적 없는 문제들이 튀어 나와서 모두가 당황했는데, 나와 친구들은 그런 문제를 풀며 열광했고(?) 더 어려운 문제, 더 기상천외한 문제를 선생님께 요구하기 시작했다. 친구들과 함께 그런 문제를 풀고, 풀이를 듣고, 토론하는 과정은 문제를 바라보는 감각을 길러 주었을 뿐만 아니라 그 자체로 매우 재미있었다. 물론 고통스럽게 머리를 싸맨 적도 매우 많았지만 분명 수학을 즐길 수 있었다.

이런저런 좋은 요인들이 겹쳐 2학기 중간고사 때 수학II에서 높은 성적을 받았고 기말고사에서는 400명이 넘는 전교생 중에서 유일하게 만점을 받았다.

잊지 말자,
수학 오답의 중요성

최윤 의예과

수학 공부에 있어 오답의 중요성은 아무리 강조해도 지나치지 않는다. 오답을 통해 실력이 늘고 부족한 부분이 보완되기 때문이다. 하나고를 다니며 고교 과정의 수학(수학(상·하), 수학I·II, 미적분, 기하, 확률과 통계) 내신 준비를 위해 교과서, 학교 부교재와 프린트 그리고 시중 문제집 《블랙라벨》, 《일등급 수학》, 《자이스토리》, 《EBS 수능

특강》,《EBS 수능완성》,《일품》,《유형+내신 고장이》,《하이퍼531》, 《최강TOT》 등을 풀었다. 이때 가장 긴 시간을 들였던 것은 오답 과정이었다. 단순히 틀린 문제를 다시 한번 풀어 보는 것에 그치지 않고 반복적으로 한 문제집을 완전히 마스터한다는 생각으로 오답 풀이를 했다.

한 교재를 여러 번 풀 예정이었기에 문제집에 직접 풀지 않고 항상 수학 노트나 연습장을 활용했다. 채점을 한 뒤에는 틀린 문제를 표시하고 바로 다시 풀었다. 먼저 단순 계산 실수나 마지막 과정에서 생각을 잘못하여 짧은 시간 내로 해결 가능한 문제부터 오답을 진행했다. 다음으로 헷갈렸던 문제가 있다면 내 사고 과정의 방향성이 맞았는지 정답지를 통해 확인했다. 마지막으로 몰라서 틀린 문제에 다시 도전했다. 처음부터 답지를 보는 것이 아니라 추가적으로 고민하는 시간을 가졌다는 점을 강조하고 싶다. 그럼에도 풀리지 않을 때는 내가 생각한 것보다 딱 한 단계만 더 확인한 뒤 다시 문제를 풀어 보았다. 끝까지 모르겠다면 답지 전체를 본 뒤 다시 처음부터 혼자 힘으로 풀었다. 여기까지가 1차 오답풀이다.

오답 문제의 번호는 문제집 제일 앞에 붙여둔 포스트잇에 기록하였다. 한 문제집이 끝나면 1차 오답 문제 전체를 다시 푸는 2차 오답 풀이를 했다. 단순 계산 실수 문항도 빼놓지 않고 풀었다. 특정 유형의 계산을 반복적으로 틀리는 경우가 많기 때문에 단순 실수라 하더라도 다시 풀면 실수를 줄일 수 있다. 이렇게 2차 오답 풀이 후 다시 틀린 문제는 시간 간격을 두고 3차로 풀었다. 반복적인 오답 문제 해결 과정을 통해 마지막에는 문제집 전체에서 모르는 문제가 한 문제도 없는 기쁨까지 느껴볼 수 있다.

  오답 풀이를 하는 과정에서 수학 실력이 향상되는 것은 당연하다. 이렇게까지 반복적으로 오답 풀이를 철저히 했던 것은 실수를 줄이고 능숙함을 향상시키기 위해서였다. 긴장감과 부담감을 가지고 고등학교 내신 수학 시험에 임하다 보면 문제를 정해진 시간 안에 빠르고 정확하게 푸는 것이 결코 쉽지 않다. 내신 경쟁이 치열하고 시험이 어려운 학교라면 더욱 문제 풀이 '훈련'이 필요하다. 반복적인 오답 풀이 훈련을 통해 실력뿐만 아니라 빠르고 정확하게 풀어내는 능숙함과 자신감 또한 키울 수 있다.

1등급을 되찾기 위해서
기본으로 돌아간 공부법

최윤서 국어국문학과

고교 3년을 통틀어 가장 시간 투자를 많이 한 과목은 수학이다. 다사다난했던 수학 이야기를 하려면 중학교 때로 거슬러 올라간다. 중학교 내신 공부를 하다 보니 고교 과정 선행에도 욕심이 생겨 열심히 공부했다. 그 결과 고등학교 진학 후 첫 중간고사에서 100점이라는 점수를 받았고 '이젠 어려운 문제 위주로 공부해도 되겠다'고 자신했다. 하지만 어디서부터 잘못된 것인지 기말고사를 제대로 망쳐 버렸다. 원인을 분석해 보니 계산에서 실수가 잦았고 서술형 평가에서 세부 감점도 많았다. 이 모든 것이 '어려운 문제를 많이 풀어야 한다'고 생각했던 게 화근이었다. 그래서 나는 다시 '기본'에 충실한 공부법으로 돌아가 새로운 마음가짐으로 임했다.

특히 방학 동안 공부 시간의 60퍼센트 이상을 수학에 투자하며 노력했다. 조급한 마음도 있었지만 개념을 묻는 문제부터 풀어서 기초를 탄탄하게 한 다음 문제 풀이로 돌입했다. 개념-응용-심화 각 단계 모두 '내가 이해될 때까지'를 목표로 공부 시간을 할애했다. 특히 문제 풀이 단계에서는 2, 3점짜리 문제를 반복해서 풀면서 유형을 익히고 어려운 문제들을 풀면서 심화학습을 하는 과정을 거쳤다. 그 결과 2학기 때 고대하던 수학 1등급을 되찾을 수 있었다.

본격적인 시험 대비 과정에서는 양치기 스타일로 공부했다. 어떤 문제 유형이 출제될지 감이 오지 않아 가급적 여러 문제를 접해 보는 것이 중요하다고 생각했다. 시중에 판매하는 유형이나 심화 문제집은 모두 풀어 보려 했고 평가원 기출 분석 문제집 풀이를 병행했다. 평가원 문제에는 수능에 활용된 핵심 개념과 사고 과정을 묻는 방식이 모두 담겨 있기 때문에 반복해서 풀었다.

오답 노트의 중요성도 강조하고 싶다. 나는 수학 문제집을 기본 세 번씩 풀었는데, 두 번 이상 푼 문제 위에 포스트잇을 붙여 가리고 세 번째 풀이 때 포스트잇에 한 번 더 풀이를 했다. 이렇게 복습함으로써 어려운 문제가 나오더라도 다양한 접근 방법을 고민하고 최적의 방식을 찾아 1등급에 도달할 수 있었다.

국제고 수학 상위권 비결, 완벽한 1년 선행의 힘

노규아 영어영문학과

문과의 적은 수학이라는 말이 있을 정도로 수학은 모든 문과생이 가장 힘들어하는 과목 중 하나다. 국제고 학생 중에서도 수학 과목은 내려놓고 다른 과목 성적을 올리는 전략으로 선택과 집중을 하는 경우가 있을 정도였다. 나에게도 수학은 애증의 과목인 동시에 전체 내신 등급을 끌어올려 주는 효자 과목이기도 했다. 올바른 방향성을 가지고 자신에게 맞는 공부 방법을 터득한다면 수학이라는 과목을 오히려 무기처럼 휘두를 수 있을 것이다.

나는 중학교 2학년 때 수학 학원에 다니기 시작하면서 수학 선행 학습을 시작했다. 남들보다 늦게 시작한 편이었는데 1년 정도 수학 선행을 하고 고등학교에 입학했다. 친구 아버지께서 운영하는 작은 동네 수학 학원에서 서너 명의 소수 인원으로 맞춤식 수업을 받았다. 수업 교재는 《수학의 정석》이었다. 학원 선생님께서 가장 중요하게 강조하셨던 건 '반복 회독'이었다. 처음에는 《수학의 정석》만 풀어도 성적이 잘 나올 수 있다는 선생님 말씀을 완전히 믿지 못했다. 주변 친구들을 보면 문제집이 한가득 쌓일 정도로 다양한 종류의 문제를 푸는 경우가 대다수였기 때문이다. 하지만 학원에 다니다 보니 선생님께서 말씀하신 공부 방법이 결코 만만한 과정이 아니라는 사실을 깨닫게 되었다.

《수학의 정석》 기본편으로 진도를 나가고 수업이 끝난 후 면학실에서 그날 배운 챕터에 해당하는 유제와 연습문제를 풀고 귀가하는 것이 루틴이 되었다. 이때 핵심은 그날 배운 부분에 더해 지난 수업 때 푼 문제들을 반복해서 풀어 보는 것이다. 이런 식으로 '누적 복습'을 해가며 진도를 나갔고 모든 문제의 풀이가 완벽하게 머릿속에 그려지게 되면 해당 챕터는 누적 복습에서 제외했다. 문제를 풀다가 막히거나 헷갈리는 부분이 있으면 쉬는 시간이나 공강 시간을 빌려 선생님께 바로 질문했다. 그렇게 문제집 한 권이 끝나자 《수학의 정석》에 있는 어떤 문제를 풀어도 모르는 게 없는 정도가 되었다. 각 챕터마다 적어도 다섯 번 이상 반복했던 것으로 기억한다.

《수학의 정석》 반복 회독의 효과를 체감한 건 새로운 문제들을 접하고 싶어 다른 문제집을 풀어 보았을 때였다. 《수학의 정석》에 나오는 문제들은 내신 문제와 성격이 다른 부분이 있다고 생각해 내신 대비용으로 유명한 문제집 몇 권을 사서 풀어 보았는데, 거의 모든 문제가 수월하게 풀렸기 때문이다. 문제를 풀면서 지금까지 공부한 게 헛된 시간이 아니었다는 생각에 뿌듯해졌다.

이러한 공부 방법으로 오히려 수학에 대한 흥미가 상승했다. 매일 같은 문제를 풀다 보면 지겨울 것 같지만 문제를 반복해서 풀다 보면 이전에 풀었을 때 보이지 않았던 문제의 조건이나 출제자의 의도가 보이기 시작한다. 안다고 생각했던 개념에 빈틈을 발견하고 다시 돌아가 메꾸는 경우도 많았다.

문제에 a라는 조건이 나오면 1~4번까지의 행동 영역들을 시도해 볼 수 있다는 체계가 자연스럽게 생기기 시작했다. 나아가 분명 비슷한 부류의 문제인데 서로 다른 접근법으로 해답지의 풀이가 적혀있으면 왜 그런지 분석하고 다른 풀이 과정을 만들어 보기도 했다. 처음에는 반복되는 과정이 힘들고 고되었지만 문제가 익숙해지고 누적되는 지식이 쌓일수록 수학 공부의 즐거움을 맛볼 수 있었다.

고등학교 입학 전 선행은 '할 수 있는 한 많이' 해놓고 들어가는 것이 좋다. 나는 수학 선행을 늦게 시작해 1년 치 진도만 마치고 들어갔지만, 전 과정을 이런 방식으로 완벽하게 선행해 놓았다면 내신 공부가 훨씬 더 수월했을 것이다. 특히 국제고 학생들은 모두 공부를 잘하지만 대체로 문과생이기 때문에 수학 과목에 약한 경우가 많았다. 그래서인지 시험 기간에 면학실을 둘러보면 대부분 수학 공부에 시간을 많이 할애하고 있었다. 이런 상황에서 가능한 많이 수학 선행을 해놓고 온다면 경쟁력이 있을 것이다.

주의할 점은 겉핥기식의 허울뿐인 선행은 아무런 소용이 없다는 것이다. 내가 1년 치 선행을 완벽히 다지며 했던 것과 비슷한 강도로 선행해야 제대로 된 효과를 낼 수 있을 것이다.

수학 실수 경험과 극복법

조시준 의예과

수학에서 실수가 발목을 잡는 경우가 많다. 특히 계산 실수는 한 끗 차이로 등급이 왔다 갔다하는 치명적인 실수이므로 엄중하게 대처해야 한다. 나는 온갖 종류의 기상천외한 계산 실수를 일삼는 덜렁이였는데 '수학 실수 박람회'를 방불케 하는 실수와 반복되는 실수를 잡아 나간 경험이 아주 많았다.

고2 때 계산 실수의 중대성을 깨달은 어느 날, 나는 실수 노트를 만들겠다고 결심했다. '실수 노트'란 실수를 발견하는 즉시 수첩에 실수 발생 상황과 유형을 빠짐없이 기록하는 것이다. 이 노트는 틈날 때마다 보며 자기반성을 할 수 있는 유용한 도구가 되어 주었다.

실수는 반복되기 마련이므로 처음 저지르는 실수를 반복하지 않아야 점수를 최대한 높일 수 있다. 나는 결국 창의적인 실수(?)를 잡지 못해 수능에서 96점을 기록했지만, 처음 하는 실수는 일종의 자연재해가 아닐까? 실수를 유형별로 몇 가지만 소개해 보겠다.

(1) 연산에 관한 것

가장 창의적이고 독창적인 실수가 발생하는 파트가 연산이다. 너무 창의적이어서 예술점수가 100점짜리인 실수는 자연재해에 가까워서 극복이 어렵다. 그러나 다행스럽게도 조금 진부한(?) 실수들이 반복되는 경향이 많기 때문에 믿기지 않더라도 한번 정리해 보면 실제로 자주 틀리는 숫자들이 있다는 것을 어렵지 않게 파악할 수 있게 된다. 가령 나는 이러한 실수를 자주 했다.

- 2+3을 6으로 계산
- 2×3을 5로 계산
- 36×3을 144로 계산 (답은 108이다)
- $\cos 0$을 0으로 계산 (답은 1이다)
- 받아올림, 받아내림을 잘못 계산

이렇게 반복되는 실수들은 머릿속에 패턴화시켜 놓음으로써 시험에서 같은 우를 범하지 않을 수 있었다. (저걸 왜 틀리냐고? 너는 안 그릴 것 같지?) 또 내 실수 노트의 기록에 따르면 36+83을 107로 계산하는 예술적인 실수도 있었던 것 같다. 이런 어이없는 연산 실수와 자주 틀리는 숫자는 직접 정리해 봐야 알 수 있으니 일단 저지른 실수는 모두 기록하는 습관을 들이자.

(2) 필요한 걸 빼놓는 실수

이런 유형은 진부한 실수들이므로 비교적 해결이 쉽다. 대표적인 유형으로는 아래와 같다.

- 삼각형의 넓이를 구할 때 $\frac{1}{2}$을 곱하지 않는 실수
- 신발끈 공식을 적용할 때 $\frac{1}{2}$을 곱하지 않는 실수
- 합성함수를 미분할 때 속미분을 빠뜨리는 실수
- (미적분Ⅱ) 치환적분을 할 때 적분 범위를 바꾸지 않는 실수

실수의 유형에 맞게 '필요한 것을 먼저 고려하는' 처방이 필요하다. 가령 삼각형의 넓이를 구해야 하는 상황이면 일단 $\frac{1}{2}$을 써 놓고 시작한다거나 합성함수를 미분할 때면 속미분부터 먼저 쓰고 시작한다거나(실제로 나는 아직 이런 습관이 있다), 적분 범위를 지정할 때 $\int_{0}^{1}$ 대신 $\int_{x=0}^{x=1}$ 처럼 적분변수를 밝혀 적는 습관을 들이자.

(3) 문제를 잘못 읽는 실수

내신에서 특히 치명적이다. '구하라'는 범위를 버젓이 적시해 뒀는데 엉뚱한 곳에서 답을 찾고 있다거나 부등호의 방향을 잘못 보는 등의 실수가 자주 발생한 탓에 나는 문제에 동그라미를 벅벅 그어가며 꼼꼼히 읽는 습관을 들였다.

이외에도 다양한 실수들이 언제고 발생할 수 있다. 실수는 '없애는' 게 아니라 '줄이는' 것이다. 실수로 문제를 틀렸다면 별도의 노트에 상황을 자세히 기록해 두는 습관을 들이는 것이 좋다. 실제로 실수가 안 줄어들더라도 최소한 노력은 해봐야 하지 않겠는가. 이 노트는 나중에 수능 시험장에 들고 가기에 제격이니 오래오래 간직하고 실수 없는 수험생활 되시기를 바란다.

실수 노트 기록 예시

· 2+3=6 (X)   2+3=5 (O)

· 합성함수를 미분할 때는 속미분을 먼저 곱하자

$[f(g(x))]' = f'(g(x))$ (X)

$[f(g(x))]' = g'(x) \cdot f'(g(x))$ (O)

· 부등호 양 끝 값 포함 여부 제발 더블체크!

> 와 ≥를 제발 극단적으로 구분하자!

사탐·과탐

문과생을 위한 과탐 공부법, 이과생을 위한 사탐 공부법

2028년 통합수능에서 문이과 학생 모두 통합사회, 통합과학 시험을 보게 되면서 탐구 과목의 중요성이 커졌다. 탄탄한 개념 장착은 기본이고 '문제 풀이'를 통해 성적으로 연결되는 공부를 해야 하는 이유를 들어 보자.

수학 공부 하듯
과학 문제 풀기

정진용 원자핵공학과

앞서 3장 중등 과학에서 '개념'을 쌓는 공부의 중요성을 무척 강조했다. 중등 과학은 고등학교 과학 과목의 토대가 되기 때문에 개념 공부를 착실하게 하고 과학에 대한 거부감을 줄여 놓는 것이 중요하다고 언급했었다. 그렇다면 고등학교에 입학한 이후의 과학 공부는 어떻게 흘러가게 될까?

통합과학은 중등 과학 시간에 공부했던 내용을 바탕으로 비교적 수월하게 공부할 수 있다. 물리학, 화학, 생명과학, 지구과학의 내용이 모두 나오지만 각각의 내용을 매우 심화해서 들어간다는 느낌은 약하기 때문에, 중등 과학처럼 '두루두루' 배운다는 느낌으로 공부하면 좋다. 조금 더 난이도가 올라간 중등 과학이라 봐도 무방한 것이 포인트겠지만 하나 주의할 점은 바로 '문제 풀이의 중요성'이다. 착실한 개념 공부의 필요성과 이점은 고등 과학에서도 (사실 그 어느 학년의 어느 과목에서도) 주효하다. 그러나 개념만 쌓아두면 문제가 자동적으로 풀리는 호시절은 사실상 끝났다고 봐도 무방하다. 이제는 개념만으로는 감당하기 힘든 문제들을 이겨내야 한다. 물론 아주 어려워 보이는 문제도 개념을 잘 적용하면 얼마든지 풀 수 있다. 단지 시간이 매우 많이 걸릴 뿐이고 시험 시간에 이런 일이 발생한다면 대참사가 벌어질 뿐이다.

계속해서 얘기하지만 개념 공부를 소홀히 하라는 뜻이 아니다. 개념 공부는 이전처럼 하면서 문제를 많이 풀어 봐야 한다는 뜻이다. 수학에서 말했던 '양치기'가 어느 정도는 필요할 수도 있다.

고난도 문제 역시 풀어봐야 한다. 조금 더 직관적으로 설명하자면 '수학 공부 하듯' 과학 문제를 풀어야 한다. 수많은 문제를 풀며 문제에서 제시한 상황이나 실험의 결과, 각종 그래프를 해석하는 능력을 길러야 하고, 각 단원마다 단골로 출제되는 실험에 대해서도 익혀 둬야 한다. 실험을 직접 할 수 있는 상황이라면 제일 좋겠지만 그렇지 않은 경우가 많을 테니 실험 내용이 잘 이해되지 않는다면 인터넷이나 각종 해설서의 도움을 받도록 하자.

물리학, 화학, 생물학, 지구과학 각각의 과목으로 들어가면 문제들이 점점 괴상해지기 시작한다. 물체의 운동을 다루는 각종 역학 문제들, 물질의 화학 반응을 다루는 양적 관계 문제나 산화-환원 문제들, 생명체의 유전, 가계도, 유전 부호(코돈) 문제 등 지금 생각해도 머릿속이 하얘지는 아찔한 문제들이 정말 많다. 이런 문제들을 개념만 있다고 해서 (물론 개념이 없이는 아무것도 풀 수 없겠지만) 시험장에서 재깍재깍 풀어낼 수 있을까? 그렇지 못할 가능성이 크다. 개념 공부에 다소 집착했던 나는 상대적으로 문제 풀이를 경시했던 탓에 선택과목들의 첫 중간고사에서 꽤나 곤혹을 치를 수밖에 없었다. 한번 제대로 피를 보고 나니 공부 방법을 완전히 바꿔야겠다는 생각이 들어 인강도 신청해서 듣고, 문제집도 과목당 일곱 권 이상을 풀며 공부하고, 수능 및 평가원 모의고사 기출문제도 손에 잡히는 대로 풀었다. 문제 풀이가 받쳐주니 그제서야 과학 과목들의 성적이 정상으로 되돌아왔다.

지금도 기억에 남는 것은 고등학교 2학년 생명과학I 중간고사다. 문제 풀이에 실수가 있어 몇 문제를 틀렸는데 하필이면 중간고사가 쉽게 출제된 탓에 모두가 실험을 잘 봐서 내 등급이 4등급까지 떨어져 버린 것이다. 다른 탐구 과목(물리학I, 화학I) 성적도 잘 안 나왔는데, 생명과학I 성적이 4등급이 나와 버리니 그야말로 멘털이 박살

났다. '내가 원하는 대학에 갈 수 있을까?' 하는 불안이 엄습했다. 그때부터 나는 미친 듯이 과학을 공부하기 시작했다. 인강도 돌려 듣고 수행평가도 매우 철저하게 준비하고 온갖 문제들을 다 푼 결과, 학기 말에 기적적으로 1등급을 만들 수 있었다.

중간고사를 망친 이후부터 기말고사 1등급이 나올 때까지 체중이 7킬로그램이 빠졌을 정도로 상당한 스트레스를 받으며 (사실 독서실에 다니며 간식을 줄이기도 했다) 공부를 했는데, 성적도 성공적으로 복구하고 고등학교 과학 과목의 공부법도 제대로 배울 수 있었던, 체중과 맞바꾼 경험이었다.

**개념이 애매하면
반드시 되돌아보기**

최윤서 국어국문학과

통합사회는 지리, 경제, 일반사회 등 다양한 과목의 필수 개념들을 총괄해서 살펴보고 넘어가는 과목이라고 생각한다. 그래서 개념을 반복적으로 정리하면서 조금이라도 빈틈이 있는 개념은 되짚어 보는 것이 중요하다.

나는 '애매하면 무조건 돌아보기' 방식으로 공부했다. 나 같은 경우 통합사회 공부의 시작은 중3 겨울방학 때 인강을 들으며 1회독을 했다. 개념은 암기가 중요한데 미리 1회독을 한 뒤 고등학교에 올라가서 수업을 들으니 빨리 암기할 수 있었다.

의외로 사탐에서는 오답이 무척 중요하다. 확신이 없었던 모든 선지나 개념에 대해서는 다시 짚고 넘어가길 추천한다. 나는 사탐을 풀이할 때 처음 보는 개념이라서 문제에 접근하기 어려운 경우보다 헷갈려서 고민하던 선지 중 잘못 선택해 틀린 경우가 훨씬 많았다. 그래서 출제자의 의도를 분석하면서 '왜 이 보기에서 헷갈렸을까?'라는 질문을 여러 번 던졌다. 그리고 기초개념으로 돌아가 문제 풀이까지 다시 해보았다.

예를 들어 '물가와 환율'처럼 반비례와 비례 관계를 가지는 경제 개념 간 관계를 정리해 두고, 그것을 기본으로 '난 어떤 선지가 나와도 기본 개념을 기반으로 판단할 수 있다'고 생각하며 하나하나 짚고 넘어갔다. '옳은 것을 고르시오' 문제에서는 하나의 선지가 맞다면 나머지 네 개가 어떤 부분에서 틀렸는지 꼼꼼하게 고민했다. 반대로 '틀린 것을 고르시오' 문제에서는 하나의 선지가 틀렸다면 나머지 네 개 중 생소한 개념은 없는지 체크했다. 그래서 오지선다형 문제 20개를 풀 때 선지 100개를 모두 내가 알고 있는지 확인하는 과정이라고 생각하며 빈틈없이 공부할 수 있었다. 채점을 할 때도, 해설서나 답안지를 꼼꼼하게 보며 새롭게 알게 된 개념을 빨간펜으로 추가 정리했다. 그러다 보니 자연스레 어떤 문제가 나와도 자신 있게 풀어낼 수 있는 마인드를 가질 수 있었다.

또 사탐은 교과서 하나에 모든 내용을 다 옮겨 적은 후 단원화하

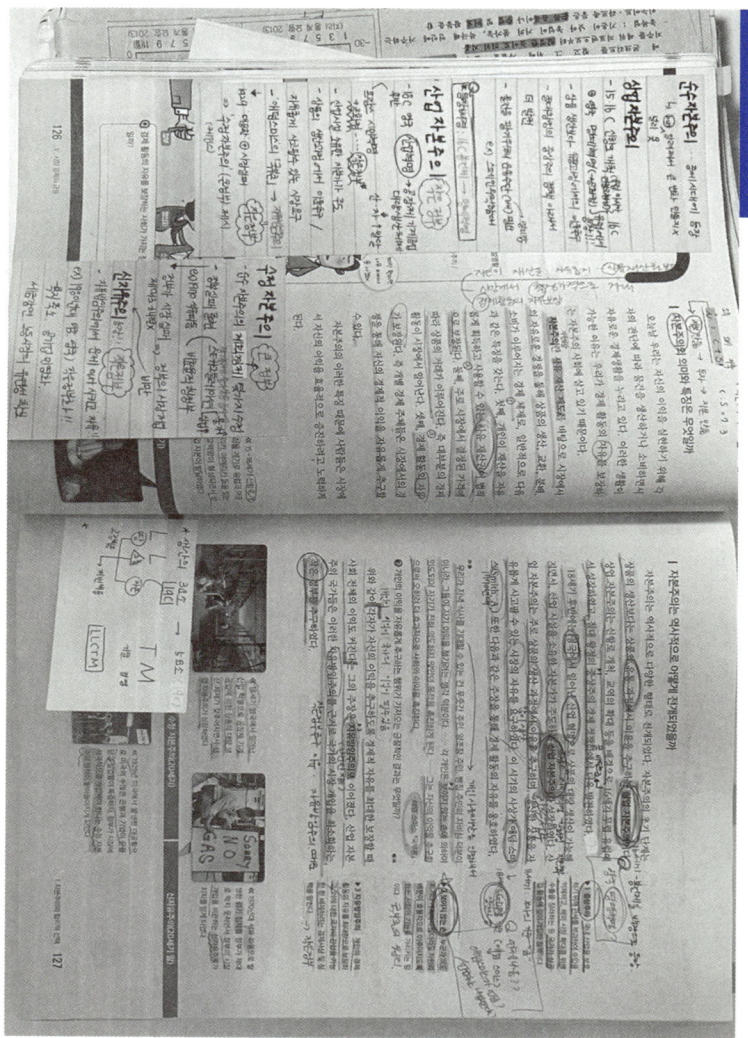

여 공부했다. 여러 자습서와 유인물에서 알게 된 내용과 오답 풀이 과정에서 헷갈렸던 선지 내용 등을 모두 포스트잇에 적어 교과서에 붙이는 것이다. 그래서 고등학교 때 내 교과서는 '백과사전'으로 불리기도 했다. 이렇게 포스트잇으로 단권화해 공부하다 보니 더 탄탄한 개념학습이 가능했던 것 같다.

제5장

성공하는 입시를 위한
서울대 선배들의 필살기

▶ 스튜디오S 영상 보기

서울대 합격하는
생기부 작성법

성적을 올려 주는
나만의 맞춤형 플래너 작성법

월·주·일·분 단위로 관리한
나만의 시간표 포맷

이유림 국어국문학과

플래너를 잘 활용한 덕분에 서울대에 합격했다고 해도 과언이 아니다. 같은 시간을 공부해도 전략적으로 공부하면 결과는 달라지기 때문이다. 나는 직접 만든 플래너와 시간표로 월·주·일·분 단위로 시간을 관리해 공부 효율을 극대화했다. 다음은 내가 사용했던 (대학교에 와서도 사용 중인) 플래너 작성법이다.

예쁜 플래너에 집착하지 말자

나는 시중의 다이어리형 플래너보다 이면지를 활용한, 조금 투박하지만 손수 만든 플래너를 선호한다. 예쁜 플래너는 '예쁘게 써야 한다'는 강박에 매일 쓰기가 어렵기 때문이다. 공부를 위한 도구인 플래너를 꾸미는 것은 시간 낭비라는 생각이 들어 중학교 2학년 때부터 내 방식대로 플래너를 만들어 쓰기 시작했다. 이렇게 하면 시험 일정, 과제 마감일 등 학사 일정을 한눈에 볼 수 있고 수행평가나 숙제도 한곳에 기록할 수 있다.

① A4 용지 이면지 한 페이지를 8등분 한다.
② 하루에 1칸, 총 7칸에 메모용 1칸으로 구성된 주간 플래너를 만든다.
③ 칸마다 날짜와 요일을 적고 시험 보는 날을 표시한다.

일과표 루틴을 만든다(306~307쪽 참고)

무작정 '오늘은 몇 시부터 몇 시까지 무엇을 공부하겠다'는 식으로 써 넣는다면 지키지 못할 가능성이 높다. 큰 체계 없이 계획을 세우면 '10분만 더 쉴까?' 하는 유혹에 홀랑 넘어갈 것이 뻔하다. 필요에 따라 고무줄처럼 늘였다 줄이는 무의미한 계획이 되고 싶지 않다면 하루 일과표를 만들어 공부 시간을 확보하자.

나의 하루 일과표는 고등학교 기숙사 시간표를 기준으로 작성되었다. 기숙사 생활을 하다 강제로 오랜 시간 앉아 있는 것이 맞지 않아 기숙사를 나왔던 터라 집에서 스스로 시간을 관리하며 공부해야 했다. 나태해질까 두려웠던 나는 '남들보다 30분이라도 더 공부하자'는 마음으로 하루 일과표를 직접 만들어 실천했다.

기숙사 일과는 학교 수업 이후 '면학(80분) – 저녁식사(70분) – 면학(110분) – 면학(120분)'으로 하루 총 공부 시간이 310분이다. 반면 엉덩이가 가벼웠던 나는 일과표에서 한 교시를 짧게 쪼개고 전체 시간을 늘리는 방식으로 구성했다. (방학에도 활용할 수 있도록 오전 시간 시간표도 작성해 두었다.)

나의 일과표는 학교 수업 이후 '자습(75분)×5호'로 총 공부 시간이 375분이다. 65분을 더 확보한 셈이다. 이는 식사 시간을 없앴기 때문인데 쉬는 시간 15분이면 저녁 시간으로 충분하다고 판단했다.

일과표를 만들었다면 교시별로 '7교시: 영어 3과 본문 전체 암기 후 테스트'처럼 구체적인 학습 계획을 세우면 된다.

(뒷장에서 계속)

명덕외고 기숙사 시간표

시간	활동 내용	장소
06:30 ~ 06:50	기상 및 점호 (굿모닝 체크)	기숙사 생활실
06:50 ~ 07:20	아침 식사	학교 급식실 (07:35 배식 종료)
~ 07:20	생활실 퇴실 (등교)	※ 07시 20분 이후 23시 10분까지 생활실 출입 금지
07:40 ~ 15:30	학교 수업	학교 본관
15:30 ~ 17:50	방과 후 수업	기숙사 면학실 (자습) 학교 본관 (방과 후 수업)
17:50 ~ 19:00	저녁 식사	학교 급식실
19:00 ~ 20:50	자기주도학습	기숙사 면학실 (자습) 학교 본관 (스터디, 수행평가, 동아리 등)
21:10 ~ 23:10	자기주도학습	기숙사 면학실 (의무면학)
23:10 ~	생활실 입실	
23:10 ~ 24:00	취침 점호 (굿나잇 체크)	기숙사 각 층 생활실
24:00 ~ 01:00	취침/심야 자습 (선택*)	기숙사 면학실 및 다목적실 학습실 *신입생 심야 자습은 3월 18부터 가능

내가 만든 하루 일과표

수업	시간	총 공부 시간
1교시	09:00 ~ 10:15	75분
2교시	10:30 ~ 11:45	75분
3교시	12:00 ~ 13:15	75분
4교시	13:30 ~ 14:45	75분
5교시	15:00 ~ 16:15	75분
6교시	16:30 ~ 17:45	75분
7교시	18:00 ~ 19:15	75분
8교시	19:30 ~ 20:45	75분
9교시	21:00 ~ 22:15	75분
10교시	22:30 ~ 23:45	75분
심야 (2, 3교시는 시험 기간 급할 때 배치)		
1교시	12:00 ~ 01:15	75분
2교시	01:30 ~ 02:45	75분
3교시	03:00 ~ 04:15	75분

시험 전 '해야 할 일' 세분화하기

시험이 임박한 2~3주 전부터는 전략적으로 공부해야 한다. 일단 시험 전까지 무엇을 해야 하는지 적어 보자. 할 일은 작은 부분으로 나누어 적는 것이 좋다.

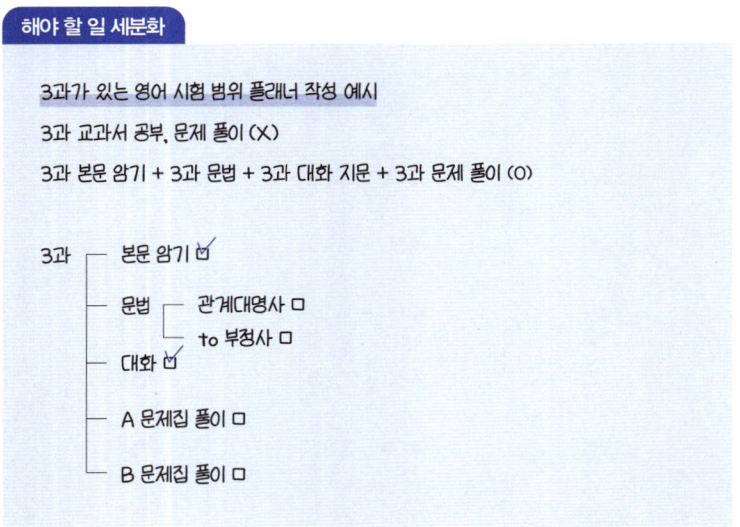

월·주·일·분 단위 관리법

해야 할 일은 알겠는데 지금 당장 뭐부터 해야 할까 막막하기만 하다면 큰 단위부터 작은 단위로 일정을 쪼개 나가면 된다.

월간 목표 → 주간 분배 → 하루 할 일 → 교시별 학습 시간

월·주·일·분 단위 계획

[9월 영어] 본문 완벽히 끝내기 + 외부 지문 3개 암기 → **월 단위**

- 1주: 3과 완성
- 2주: 3과 문제 + 4과 완성
- 3주: 4과 문제
- 4주: 3,4과 문제 + 외부지문 암기

→ **주 단위**

분 단위 / **일 단위**

	9/1(월) 영어, 과학	9/2(화) 수학, 한국사	9/3(수) 영어, 국어	9/4(목) 수학, 사회
영어	6교시: 3과 본문 암기 7교시: 3과 테스트+대화 지문 8교시: 3과 문법+문제 풀이			
과학	9교시: 7단원 개념 이해 10교시: 7단원 설명해 보기 심야1: 수학 A 문제집 200쪽까지 풀기			
	9/5(금) 영어, 과학	9/6(토) 수학, 국어	9/7(일) 국어, 사회	

큰 목표를 생각하는 것도 좋지만 목표를 이루기 위해 당장 내가 어떤 단위의 공부를 실행해야 하는지에 집중하면 계획을 세우는 데 도움이 된다. 자세한 예시는 다음을 참고하기 바란다.

시험 직전, 하루 1~2개 과목 몰입법

하루에 여러 과목을 공부하는 친구들도 몇몇 봤지만 개인적으로는 하루 1~2개 과목에 몰입하는 편이 더 효과적이었다. 보통 어떤 과목을 공부할지 주 단위로 계획했고 과목을 배치할 때는 학교 수업 시간표를 참고했다. 예를 들어 화요일에 한국사 수업이 있다면 화요일에 배치하는 것이 공부하기에 수월하다. 또한 시수에 맞게 공부량을 조절해야 한다.

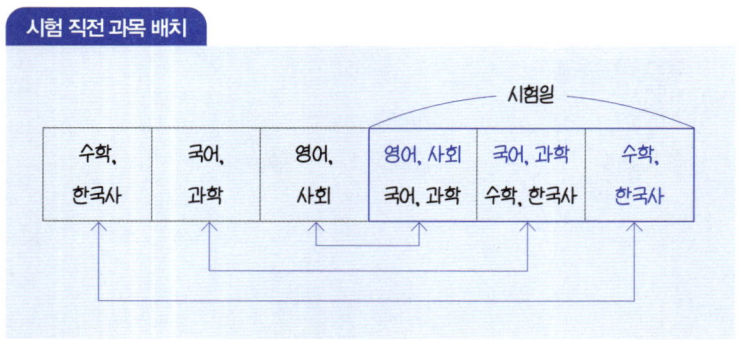

시험 일정에 따라 전략적으로 과목을 배치하자

시험 일정이 나왔다면 기억의 지속 시간을 고려한 전략이 필요하다. 이틀 전에 본 내용보다는 어제 본 내용이 더 생생하게 남는 건 당연하다. 시험 전날에는 무조건 해당 과목을 공부하고 시험 일정을 중심으로 역산하여 학습 과목을 배치하면 된다.

누구나 처음은 어려운 플래너, 하다 보면 플래너 실력도 는다

조시준 의예과

어머니께서 플래너 좀 쓰라며 중학교 때부터 잔소리를 하셨지만 나는 귓등으로 들었다. 그날 할 일은 대략 내 머릿속에 들어 있다는 이유에서였다. 그러나 고등학교에 올라가고 할 일이 하나씩 많아지자 더 이상 플래너를 쓰는 것을 미룰 수 없었다. 아무리 할 일이 머릿속에 들어 있더라도 그걸 머리에 담아 두기에는 뇌 용량이 모자라는 법이고, 할 일을 기억하느라 머리를 복잡하게 할 바에는 종이에 써 두고 잊어버리는 게 훨씬 낫다. 사람이 어영부영 살다가 할 일이 많다는 사실을 깨닫고 정신을 차리면 플래너부터 찾게 되어 있다.

나는 기본적으로 전날 밤에 플래너를 썼다. 다음 날의 스케줄을 고려하여 작성하는 것이다. 처음에는 어떻게 써야 좋을지 몰라 방황했지만 내게 필요한 것들을 고려하며 꾸준히 플래너를 작성해 보니

고3 시절 작성한 플래너

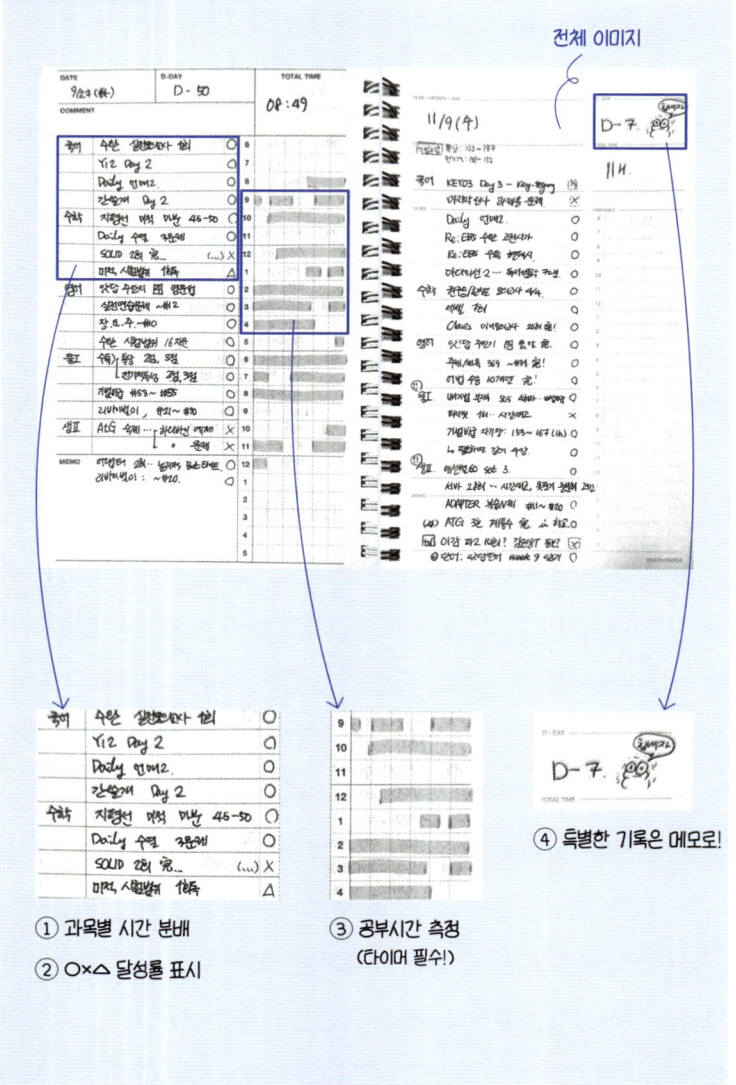

매일매일의 기틀이 갖춰지기 시작했다. 다음 형태는 어느 정도 틀이 잡힌 고3 시절 작성했던 플래너이다.

① 과목별로 시간을 분배한 후 해야 할 공부를 적어 둔다. 고3 때는 매일 전 과목을 공부해야 한다는 대원츠을 세웠기 때문에 '국어-수학-영어-물리I-생물II' 순으로 작성하는 습관을 들여 일목요연하게 할 일을 정리했다.
② 하루를 정리하며 완료하면 O, 미완료하면 X, 완료하지 못하면 △ 표시한다.
③ 공부를 시작하고 끝낼 때 형광펜으로 시간을 표시하고, 공부 시간을 타이머로 누적 측정한다. 하루 공부가 끝난 뒤 타이머에 적힌 시간을 기록하며 형광펜으로 기록한 시간대와 비교하여 집중 정도를 체크한다. 타이머는 무슨 일이 있어도 빼놓지 않고 가지고 다녔다.
④ 할 일 이외에 스스로에게 남길 말, 그날 한 실수 등 특별히 기록하고 싶은 사항이 있으면 메모 칸을 적극 활용한다. 312쪽 사진은 수능을 한 주 남기고 극도로 불안한 하루하루를 보냈을 당시 작성한 플래너인데 한쪽에 당시 애용했던 내 마스코트 '덜덜이'를 그리고 스스로에게 힘내라고 적었다. (당시에는 그냥 마음이 시키는 대로 그렸는데 다시 보니 귀엽다.)

공부 효율을 극대화하는 선배들의 3가지 비법

**매일 공부 습관과 성실함으로
공부 자부심 키우기**

장현우 언론정보학과

중·고등학교 시절 나는 온종일 쉬면서 보낸 하루가 없었다. 중학교 때까지 축구를 했지만 그때도 축구를 하고 집에 돌아오면 책을 읽거나 학원 숙제를 하면서 하루를 마무리했다. 초등학교 때 쌓은 저녁 공부 습관이 계속 이어진 결과였다. 매일 지킨 이 루틴은 고등학교에 가서 공부하는 데 많은 도움이 되었다.

하루 종일 노는 날은 한 학기에 딱 이틀, 중간고사와 기말고사가 끝나는 마지막 날이었다. 시험 마지막 날을 즐겁게 보낸 다음 날부터는 다시 원래 공부 루틴을 지켰고 지속적인 공부량을 가져갈 수 있었다. 가끔 어떤 학생들은 시험 1~3일 차에도 학교가 일찍 끝나니까 PC방에 가거나 친구들과 놀고 저녁부터 공부를 시작하기도 하는데 안타깝다. 적게는 3주, 길게는 한 달 넘게 열심히 공부했는데 하루를 참지 못해 좋은 성적을 받을 기회를 놓칠 수 있으니 마지막 날을 제외하고는 집에 가서 조금 쉬다가 바로 공부하는 습관을 들이길 바란다.

초등학교부터 고등학교까지의 생활을 돌아보면 대입에서 좋은 결과를 받을 수 있었던 가장 큰 힘은 단연 '습관'이었다. 내가 가진 가장 강한 무기는 '습관과 성실함'이라고 믿었기에 하루를 가치 있게 보내고 어제보다 나은 내가 되고자 했다.

때로는 제자리걸음을 한다고 느낄 때도 있었고 내 모습이 너무 싫을 때도 있었다. 그럼에도 내가 걸어온 길을 믿고 조금씩 쌓여가는 내 공부를 믿었다. 어떤 학생들은 "저는 노력해도 안 되는 것 같아요."라고 말하기도 한다. 그럴 때마다 난 제대로 된 노력을 해본 적이 있는지 묻는다. 좋아하는 것과 하고 싶은 것을 참으며 내가 가진 힘을 온전히 쏟아부었는지, 시간을 돌려도 그때만큼 할 수 없다고 말할 수 있는지 되돌아봐야 한다.

제대로 하지 못한 것 같다면 지금부터 다시 시작하면 된다. 늦었다고 말하는 사람이 있다면 보기 좋게 한 방 먹여 주면 된다. 그들이 여러분의 노력을 본 적 있는가? 스스로에게 떳떳한 노력을 한다면 누구도 여러분의 노력에 대해 함부로 말할 수 없다. 공부를 하는 동안 본인을 속이지 말고 스스로에게 떳떳해지길 바란다. 본인의 노력을 자신 있게 누군가에게 말할 수 있을 때 더 성장한 자신과 마주할 것이다. 부디 스스로를 자랑스러워할 날이 오길 바란다.

엉덩이가 가벼운 학생을 위한
거실 공부법

이유림 국어국문학과

나는 엉덩이가 가볍다. 어떻게 서울대에 갔나 싶을 정도로 책상 앞에 앉아 있는 것을 싫어한다. 한자리에 오래 앉아 있으면 몸이 배배 꼬이고 잠이 쏟아진다. 나처럼 순간적인 집중은 잘하지만 오래 유지가 어려운 학생들에게 추천하고 싶은 두 가지 공부법을 소개한다.

유목민처럼 공부하기

나는 중·고등학교 내내 독서실이나 도서관을 거의 가지 않았다. 대신 집안 곳곳을 돌아다니며 오픈된 공간에서 자유롭게 공부했다. 우리 집 거실은 공부를 위해 특별하게 꾸며진 공간은 아니었다. 여느 집처럼 텔레비전과 소파가 있었고 일부러 책상을 들여놓지도 않았다. 다만 거실 한가운데를 비워 걸어 다닐 수 있는 동선을 확보한 덕에 그 안에서 자유롭게 움직이며 공부할 수 있었다.

암기 과목은 주로 거실을 서성이며 소리 내어 외웠고, 문제집을 풀 때는 거실에 상을 펴두고 자세를 바꿔가며 공부했다. 집중력이 떨어질 땐 주방 식탁으로 자리를 옮겼고 그마저도 안 될 땐 최후의 수단으로 안방에 들어가 엄마 앞에서 억지로라도 책을 펼쳤다.

공부만 시작했다 하면 집안을 휩쓸고 다니는 나 때문에 부모님은 꽤 괴로우셨을 것 같다. 그러나 이렇게라도 유목민처럼 공부한 덕에 집중하는 시간을 크게 늘릴 수 있었다. 책상에 앉아 있을 때는 딴생각을 하다가 나도 모르게 시간이 흘러갈 때가 있는데, 이 방법을 통해 끊임없이 자극을 줄 수 있었기 때문이다.

가상의 학생 가르치기

나는 개념을 이해하거나 암기할 때 누군가에게 설명하듯 공부했다. 설명은 생각보다 큰 노력을 필요로 한다. 설명을 하려면 해당 내용을 정확히 이해해서 머릿속으로 구조화하고 적절한 표현을 사용해 발화할 수 있어야 한다. 입력과 출력이 높은 수준으로 수행되었을 때에야 가능한 이 과정이 나에게는 가장 효과적이었다.

방법은 어렵지 않다. 어떤 방법을 동원해서든 내용을 완벽하게 이해하고 '레디~ 액션!' 하는 순간부터 배우나 일타강사처럼 허공에 있는 학생에게 수업을 진행하면 된다.

특히 외고에서 영어를 공부할 때 이 방법을 잘 활용했다. 미국 선거 제도에 대한 긴 영문 텍스트가 시험 범위였던 적이 있다. 한국어로 읽어도 이해하기 힘들 정도로 많은 학생이 골머리를 앓았던 시험이다. 이때 '말하기 공부법'이 빛을 발했다. 나는 (가상의 학생들에게) 설명해줘야 한다는 책임감에 글을 몇 번이고 읽었고 이해된다고 생각할 때쯤 허공에 대고 강의를 시작했다. "자, 여기서 중요한 게 뭐라고 했지?", "이 문장은 무슨 뜻일까?" 같은 질문과 설명을 반복하며 논리적인 흐름을 잡았다. 실제 수업에서 선생님이 강조했던 포인트를 짚어 보며 수업을 복기할 수 있었다. 누군가를 가르친다는 생각으로 설명하다 보면 개념이 단단해지고 시험을 칠 때도 쉽게 떠올릴 수 있다.

말하기 공부법의 다른 효과는 바로 발표와 면접 대비가 된다는 것. 매일 훈련을 하다 보면 자연스레 말하기 실력이 향상된다. 면접 준비가 비교적 수월했던 이유도 말하기 공부법 덕분이었다. 꼭 책상 앞이 아니어도 괜찮다. 별나 보여도 나에게 맞는 방법이면 뭐든 좋다.

제시간에 푹 자야
집중력이 오른다

노규아 영어영문학과

중학교 3학년 때까지 고등학교 진학에 관해 다양한 가능성을 염두에 두고 있었다. 일반고에 가도 크게 상관 없다는 생각이 들어 고입 자체에는 큰 힘을 들이지 않았다. 다만 나중에 선택할 때 불리하지 않도록 내신을 최대한 잘 받기 위해 노력했고, 그 결과 전교 2등으로 졸업할 수 있었다. 내 내신 공부의 비법은 '수면 패턴'에 있다.

중학교 1학년 첫 중간고사 시험 점수가 생각보다 잘 나오자 높은 성적을 유지하고 싶었고 주변 사람들의 기대에 부응해야 한다는 압박감이 들었다. 그래서 2학년이 되자 시험 기간에 잠을 줄여가며 공부 시간을 늘렸고 새벽 1시 이후에 취침하는 게 일상이 되었다. 그런데 이상하게도 공부 시간은 더 늘었는데 성적이 조금씩 떨어지기 시작했다.

공부 방법과 습관을 점검해 본 결과 수면이 부족하니 집중력이 약해져 공부의 효율과 밀도가 떨어졌다는 결론이 나왔다. 그때부터 과감히 저녁 11시, 늦어도 11시 30분에는 취침하고 새벽 5시에 일어나기로 했다. 아침에 깨워 주신 어머니께, 내가 일어나서 의자에 제대로 앉아 있는지 확인해 달라고 부탁했다. 그렇게 수면 패턴을 바꿨더니 성적이 다시 오르기 시작했고 여태껏 받아 왔던 성적을 뛰어넘을 정도로 수직 상승했다. 아침 공부의 중요성을 실감하게 되는 순간이었다.

수면 패턴과 성적 향상은 어떤 연관성이 있을까? 우선 일찍 잠자리에 들기 위해 해야 할 공부를 제때 끝내려 하니 집중도가 올라가고 낭비되는 시간이 줄어들었다. 또한 일찍 잤기 때문에 새벽에도 금방 깰 수 있었고 그 시간에 연락해 오는 사람이 없어 혼자만의 시간에 오롯이 집중할 수 있었다.

우리의 뇌는 자는 동안 장기 기억과 단기 기억을 구분하고 필요 없는 정보들을 정리하는 작업을 진행한다. 그래서 아침에는 빈 도화지처럼 잡념 없이 깨끗한 상태로 세팅된 두뇌를 사용할 수 있다. 또한 충분한 숙면 후 시작하는 첫 활동이기 때문에 소모된 에너지가 없어 최상의 체력으로 공부에 몰두할 수 있었다. 이러한 상태에서 공부하면 이해도가 체감상 평소의 150퍼센트 정도로 높아지고 뇌에서 정보를 스펀지처럼 빨아들이는 듯한 느낌이 들었다.

아침 공부 효과를 톡톡히 본 후부터 수면 패턴에 정착하였고 중학교 졸업까지 최상위권을 유지할 수 있었다. 주의할 점은 반드시 매일 규칙적으로 일정한 수면 패턴을 지키는 것이다. 한 시간 더 공부해야겠다는 생각에 취침 시간이 늦어 지면 다음 날 동일한 새벽 시간에 기상했을 때 집중력이 떨어질 가능성이 크다. 가장 중요한 것은 자신에게 맞는 효과적인 수면 패턴을 일정하게 유지하는 것이다.

동기 부여를 위해 아침에 일어나면 가볍게 먹을 수 있는 간식을 준비해 놓는 것도 좋은 방법이다. 어머니께서는 내가 좋아하는 초밥과 디저트류를 항상 냉장고에 넣어 두셨다. 그래서 초밥을 먹고 싶은 마음에 새벽 5시보다 더 일찍 일어난 날도 있었다. 아침 식사 시간이 빨라지게 되었지만 좋아하는 음식을 먹고 기분이 좋아져 더 열심히 공부에 몰입할 수 있었다.

수행평가와 생기부, 면접까지 합격의 기술

수시 6관왕을 달성한
탄탄한 생기부 꿀팁

최윤서 국어국문학과

서울대 합격의 가장 큰 비결 하나를 꼽으라면 탄탄한 생기부라고 답할 만큼 생기부 하나는 자신 있었다. 내 생기부에는 '어떤 직업을 가지고 싶다'는 확고한 목표가 있었다기보다 '대학에서 공부할 기본적인 준비가 된 학생이구나'라는 걸 보여 주고 싶은 의지가 잘 담겨 있었다고 생각한다. 또 특정 과목에 대한 흥미를 보여 주는 것을 넘어 골고루 충족된 생기부를 만들고 싶었기에 다양한 활동을 열심히 했다.

대다수가 그렇겠지만 나 역시 고등학교에 입학하고 고1 때는 무엇부터 준비해야 할지 막막했다. 일단은 성실하고 알찬 활동을 많이 한 인문학도임을 드러내고 싶어 자유·진로 활동을 다채롭게 하는 데 중점을 뒀다. 예컨대 직접 언어 순화 프로젝트를 기획하고 수행하거나 진로활동의 일환으로 학내 뉴스를 제작하는 일을 하기도 했다.

시간이 지나 관심사가 국어로 좁혀지고 난 이후에는 국어에 유별난 관심이 있는 학생이라는 점을 드러내고 싶었다. 그래서 여러 과목에 진로와의 연결점을 만들고, 그것들을 연결하면 최종적으로 '국어'나 매체에 대한 관심으로 모이도록 기록했다. 예를 들어 한국사 과목에서도 '한글 연구사'에 주목하고 일제강점기에 출간된 아동 잡지와 독서 간행물을 소개하는 발표를 하기도 했다. 정보 과목에서는 음악 알고리즘인 〈훈민정악〉에 주목해 그것을 수행평가에서 보고서로 만들어 소개하기도 했다.

이런 활동 외에도 생활기록부를 의미 있게 채울 수 있는 다양한 활동에 적극적으로 임하길 권한다. 먼저 동아리장·반장·학생회 임원 등 리더십 경험이 있다면 그것을 통해 얻은 역량과 교훈을 기록해 두길 바란다. 나 역시 고교 3년 내내 꾸준히 반장을 맡으며 내가 가진 리더로서의 역량을 드러냈고 교내 학칙개정위원회로 활동을 통해 모범상을 수상한 경험을 드러낼 수 있었다.

탐구 역량을 드러내는 것도 강점이 된다. 나는 고3 1학기에 공동

교육과정 수업 중 〈영화 감상과 비평〉을 수강했는데 이때 단순 학교 수업에서는 할 수 없는 활동을 다양하게 경험했다. 독립영화와 다큐멘터리를 분석하거나 영화에 사용된 촬영 기법을 배우며 영화 기획안을 팀별로 만들었다. 더 나아가 소설을 영화화하는 방법을 개인 프로젝트로 진행해 관심 분야인 국어와 매체의 연결 경험을 보여 주고자 했다. 실제 면접에서 이 활동에 대한 질문을 많이 받았고, 주체적으로 탐구한 경험이라는 점에서 큰 양분이 되었다고 생각한다.

적극적으로 할 수 있는 활동을 찾아내고 생기부에 빈틈을 남기지 않고자 노력했던 경험은 수시 준비 과정에서 뿌듯함을 배로 늘려 주었다. 결국 수시 여섯 장의 카드를 모두 합격할 수 있었던 일등 공신 역시 생기부였다고 생각한다.

학교 선생님과 함께
알찬 생기부를 완성하다

정진용 원자핵공학과

자, 여러분이 고등학교에 막 입학했다고 가정하자. 새로운 교복, 새로운 친구들, 새로운 과목들…. 모든 것이 새로울 것이다. 그 새로움이 여러분을 설레게 만들 수도 부담으로 다가올 수도 있지만 정말 많은 것들을 새롭게 접하게 된다는 점은 변함이 없다.

사실 교복도 중학생 때 입어봤고 새로운 친구와 선생님도 만나봤다. 그러니 앞서 나열한 것들은 '이미 아는 맛'이다. 고등학생이 되면 우리가 지금까지 맛보지 못한 아주 괴상망측한 녀석이 하나 튀어나온다. 아마 대부분의 학생들은 고등학교에 입학한 직후부터 '정시 파이터'라는 선지를 고려하지 않고 대입 정원의 다수를 차지하는 수시 전형을 생각할 것이다. 이렇게 된 이상 학교생활기록부를 좋든 싫든 하나하나 음미해야 한다. 그것도 3년 동안!

학교생활기록부의 중요성을 처음 접하면 '뭐 어떻게 해야 한다는 거지?'라는 생각이 든다. 대부분의 학생들은 고교 입학 전까지 생기부를 관리해 본 경험이 없을 것이다. 경험도 없는데 이 몇 장의 서류가 대입에 그렇게 중요하게 쓰인다니! 어안이 벙벙할 노릇이다.

나 역시 수시 전형으로 대입을 준비했고 서울대학교, 포항공과대학교POSTECH, 고려대학교 총 세 곳의 대학교에 합격했다. 내가 대입을 준비하던 당시의 생기부에 비해 지금의 생기부는 상당수 간소화되었다. 다시 말해 여러분들의 수시 준비는 내가 했던 것보다 조금 더 수월할 것이라는 뜻이다. 내가 생기부를 어떻게 준비했으며 어떤 내용을 녹여냈는지, 생기부를 쓸 때 어떤 과정을 거쳤는지 적어 보고자 한다.

귀에 딱지가 앉도록 들었던 내용

내가 입학했던 고등학교는 공부를 잘 하는 비평준화 지역의 일반 고등학교였다. 우리 학교는 수시 전형, 그중에서도 학생부 종합 전형의 중요성을 굉장히 강조했다. 소위 말하는 명문대에서 학생부 종합 전형으로 많은 학생들을 뽑았기 때문이다. 학생들을 좋은 학교에 보내기 위해서는 사실상 당연히 강조해야 하는 내용인 셈이다.

나는 어렴풋이 '생기부라는 것이 중요하다더라' 하는 얘기만 듣고 학교에 입학해 생기부에 관해서는 백지 상태나 마찬가지였다. 운이 좋았던 것은 고등학교 1학년 때 국어 선생님께서 학생부 종합 전형과 생기부의 중요성을 무척 강조한 분이셨다는 점이다. 국어 선생님은 한 학생의 아버지였는데, 학생부 종합 전형을 통해 자녀 입시에 큰 성공을 거둔 분이셨다. 선생님은 여러 차례 생기부가 무엇인지, '과세특'이 왜 중요한지, 자율·진로·봉사 사항에는 무엇을 적어야 하는지, 자기소개서는 어떻게 써야 하는지 설명하셨다. 이를 통해 자연스럽게 생기부와 자소서의 중요성을 깨닫게 되었다.

학교를 최대한 귀찮게 해라

생기부의 중요성을 알게 되자 열심히 관리를 해야 할 것 같은 마음이 들었다. 이제 어떻게 해야 할까? 정답은 멀지 않은 곳, 교무실에 있다. 생기부를 알차게 채우기 위해 다양한 활동을 하고, 생기부에서 오류나 보완점을 찾는 것은 내 몫이다. 그러나 최종 작성의 권한은 선생님께 있다. 선생님과 상의하고 부탁드리고 계속 질문하자.

대부분의 선생님들께서는 학생이 학업과 진학에 관련된 도움을 요청하면 우리가 생각하는 것 이상으로 기꺼이 맞아 주신다. 운이 나쁜 생기부를 비롯한 학생부 종합 전형에 관심이 없는 선생님을 만나게 될 수도 있다. 그렇다고 너무 낙담하지는 말자. 학교에 도움을 주실 선생님이 한 분쯤은 분명히 계실 것이다.

생기부, 반드시 학과에 맞춰야 할까?

내가 가고 싶은 학과에 맞춰 생기부를 작성해야 할까? 꽤나 머리 아프게 하는 질문이다. 나는 원자핵공학과에 맞춰 생기부를 작성했고 다시 생기부에 맞춰 원자핵공학과, 물리학과 등에 대학 원서를 제출했지만 오랜 시간 동안 이 질문에 대한 명쾌한 해답을 내리지 못했다. 하지만 지금 나만의 답변을 하자면 "그래도 좋고, 아니어도 상관없다."이다.

우선 내 생기부 스타일에 대한 언급이 필요할 것 같다. 나는 앞서 말한 것처럼 학과에 맞춘 생기부를 갖고 있었다. 1학년 때부터 원자력이나 핵융합에 관한 내용을 엮어 교과 활동을 하고, 그를 기반으로 생기부를 채워놓고자 부단히 노력했었다. 아침 영어 토론 교실에서 탈원전 논란에 대해 토론하기도 했고, 모의 유엔 교실에서 원자력 기술과 핵 개발 얘기를 끌고 오기도 했다. 물리학, 생명과학 등 과학 교과목 시간에는 (당연하게도) 원자력 에너지, 핵융합, 방사선과 생명 과학에 관련된 조사와 발표를 했고 에너지 절약 홍보 영상을 만드는 활동에서 핵융합을 소개하기도 했다. 내 생기부를 읽으면 내가 누가 봐도 원자핵공학에 관심이 있는 학생임을 알 수 있었다.

그러나 이것만이 정답은 아니다. 나는 내가 목표한 전공과 실제 진학 결과가 일치했던 아주 '운이 좋은' 사례이나 지망했던 학과와 진학한 학과가 일치하지 않는 경우도 흔하게 찾아볼 수 있다. 한번은 본인이 준비했던 생기부와 지원하는 학과가 잘 맞지 않아 고민하는 학생들에게 선생님께서 이런 말씀을 하셨다.

"입학사정관들도 본인이 입학사정관이 될 줄 몰랐을 텐데, 고등학생들이 어떻게 완벽하게 자기 진로를 계획할 수 있겠어?"

학교에서 한 활동과 자신이 진학하는 학과를 맞추는 것은 어려운 일이니 설령 학과가 생각만큼 잘 맞지 않더라도 자신에게 주어진 일에 최선을 다하고 열심히 대입을 준비하면 대학에서도 크게 이상하게 보지 않을 것이라는 뜻이었다.

생각해 보면 굉장히 합리적인 말씀이다. 고등학생 때 진로에 대한 생각은 하루에도 수차례 바뀐다. 그것이 오히려 더 자연스럽다. 나도 고등학생 때 생각이 많이 바뀌었다. 바뀌지 않는 굳건한 생각이 있었다면 '집에 가서 컵라면 먹어야지' 정도일까? 대학생도 진로 고민으로 날밤을 새우는 마당에 고등학생이라고 오죽할까? 그러니 너무 걱정하지 말고 수업에 집중하며 다양한 활동에 열정적으로 참여해 보자. 자연스레 좋은 결과가 따라올 것이다.

3년간 쌓은 기록을 연결하면
나만의 고유한 스토리가 된다

최윤서 국어국문학과

면접 준비는 곧 '나를 알아가는 것'이라고 생각한다. 공부와 교내외 활동을 병행하면서 3년이라는 긴 시간을 보냈을 텐데, 그만큼 내가 어떤 것을 느끼고 어떤 것을 배웠는지 하나하나 정리해 볼 필요가 있다.

나는 생기부에 있는 활동을 한 문서에 쭉 정리하는 것을 시작으로 스스로 '백문백답'을 만들어 보았다. 지원 동기와 자기소개 같은 기본적인 질문부터 활동별 질문, 꼬리 질문, 인성 및 태도 질문 같은 세세한 질문까지 100가지 정도를 미리 뽑고 하나하나 답을 달아봤다.

생활기록부를 보고 면접관이 어떤 질문을 던질지 알 수 없기 때문에 어떤 부분을 물어도 철석같이 답할 수 있게 준비했다. 이때 3년간 차곡차곡 남겨 두었던 기록이 많은 도움이 됐다. 예컨대 세부능력 특기사항과 독서 활동에 기록된 책이 많았는데 그때그때 정리해 둔 독서 노트를 보며 감상 후기를 요약할 수 있었다. 나아가 내가 어필하고 싶은 독서 활동을 몇 개 뽑고 그 책은 다시 읽으며 보다 효율적으로 면접의 승부수를 던지기 위해 노력했다.

현장에서 처음 마주할 면접관에게 내 노력과 결실을 모두 보여 주기 위해서는 나만의 스토리가 있어야 한다고 생각했다. 이에 3년간 해왔던 각각의 활동들 사이에서 교집합을 찾으려 했다. 예를 들어고3 때 수강한 거점형 교과목인 영화 비평 수업을 단일하게 소개하기보다는 고1 때 했던 관련 독서 활동, 고2 국어 시간에 했던 발표 활동이 동기가 된 결과물로 소개했다. 2년간 꾸준히 했던 수학교육 봉사활동과 고3 수학과제 탐구 수업에서 했던 발표 간 교집합을 찾아 문과생임에도 수학에 꾸준한 관심을 가져왔다는 것을 더욱 강조하고자 했다. 이렇게 자신이 어떤 길을 걸어왔는지 하나하나 짚어간다면 분명 의미 있는 답변이 만들어질 것이다.

면접 당일이 되면 누구나 떨릴 것이다. 나도 서울대 면접 전날까지 질문의 답변을 만들어 정리하고 외우며 철저하게 준비했지만 막상 면접 순서를 기다리는 동안에는 많이 긴장했었다. 하지만 그 긴장을 풀어야 하는 사람도 나 자신이다. 완벽하게 준비할수록 금방 면접 분위기에 적응하고 충분히 원하는 답변을 하고 나올 수 있다. 그러니 면접 전까지 하고 싶은 이야기를 모두 할 수 있도록 자신감을 충전해 가는 것을 추천한다.

별개로 면접을 준비하는 내내 혹은 면접장에 들어가는 순간까지 건강한 멘털을 가지는 것이 필요하다. 나는 강한 멘털을 가졌다고 생각했었는데 면접 준비를 해보니 생각보다 많이 불안했다. 모의 면접임에도 불구하고 준비한 만큼 다 보여 주지 못해 스스로에게 실망한 적도 있지만 '결과보다는 과정'이란 마인드를 가지며 버텨냈다.

어떤 결과가 나와도 3년간 노력해 온 사람이 '나'라는 사실은 변하지 않는다. 그 사실을 누구보다 가장 잘 알고 있는 사람도 나 자신이다. 그러니 '이렇게 긴장하면 좋지 않은 결과가 나오지 않을까' 섣불리 걱정하지 말자. 적당한 긴장과 불안은 오히려 열심히 준비한 사람만이 느낄 수 있는 감정이다. 그러니 스스로를 믿고 잘 보듬어 주길 바란다.

성적 하락과 슬럼프를 이겨낸
나만의 멘털 극복기

멘털이 무너질 때
치료법을 생각해 두자

조시준 의예과

스스로 멘털이 강하고 단단한 편이라고 믿고 살았지만, 이런 나 역시 고등학교 3학년 때는 멘털이 한 번 무너진 적이 있다. 돌아보면 정말 사소한 일이지만 그때 감정적으로 무너졌던 것은 아마 누적된 스트레스 때문이었을 것이다.

어느 날 저녁, 방에서 시간을 재며 물리 모의고사를 풀고 있는데 어머니께서 갑자기 문을 열고 들어오셔서 휴대폰을 거실에 보관하라고 하셨다. 휴대폰을 보고 있지 않았던 나는 억울한 기분을 참으며 어머니께 휴대폰을 드렸다. 그 후 다시 문제에 집중하려니 눈이 글자를 뱉어내기 시작했다. 어찌어찌 다 풀고 채점을 하는데, 절대 틀리지 않던 수준의 문제를 마구 틀려 생전 처음 보는 희한한 점수가 나왔다. 속이 뒤집어졌다. 종이 구기는 것을 혐오하는 내가 살면서 처음으로 시험지를 구겨서 던져 버리고 책상에 엎드려 울었다.

'이 정도 일 가지고 집중을 못하면 수능은 어떻게 칠 거야, 엄마는 왜 하필 중요한 때 들어와서….'

온갖 생각이 지나갔고 참을 수 없을 정도로 기분이 나빠졌다. 한바탕 감정을 쏟아낸 뒤 그날은 남은 공부를 포기하고 인터넷에서 멘털 관리법을 찾아보았다. 행복했던 기억을 하나 찾아서 힘들 때 자동으로 떠올리라는 조언과 달고 맛있는 걸 먹으라는 글이 가장 도움이 되었다. 중학교 때 쓰던 컴퓨터에 백업해 둔 친구들과 찍은 사진을 보며 왁자지껄하고 재밌었던 추억을 떠올리니 기분이 점점 나아졌다. (내 강력한 요청으로 늘 어머니가 담가 두시는) 부추김치를 밥에 비벼 먹는 것도 빼놓지 않았다. 이날 내 멘털이 무너졌던 이유는 특별히 기분 나쁜 일이 있어서가 아니라 '그냥 기분이 나빠서'였다. 귀중한 깨달음이다.

지금도 기분이 나쁠 때면 종종 이 두 가지 방법으로 극복한다. 나만의 멘털 관리법을 찾았으니 한 번쯤 무너지는 경험이 꼭 나쁜 것만은 아닌 것 같다. 감정을 '억제해야 하는 것'이라고 치부하기보다는 달래고 치유할 수 있는 방법을 고민해 두는 편이 좋다.

공부 정체기를
빠져나오는 방법

노규아 영어영문학과

돌이켜 보면 고등학교 시기는 '지금이 슬럼프인가?'라는 생각이 들 여유조차 없을 정도로 빠르게 흘러갔던 것 같다. 모든 순간이 정체되지 않기 위해 발버둥 쳐야만 하는 시간이었다. 중학교 때까지만 해도 남들보다 조금만 더 공부하면 성적이 금방 회복되거나 향상하는 경험을 만끽할 수 있었는데, 고등학교 때는 분명 많이 했다고 생각했음에도 다른 학생들도 같은 속도로 나아가고 있기에 성적 향상은커녕 현상 유지만으로도 벅찼다. 특히 국제고는 130명이 채 되지 않는 전교생이 모두 문과였고 대부분 중학교 때 최상위권인 친구들이 모였기 때문에 내신 경쟁은 늘 치열했다.

나는 특히 고등학교 3학년 때 수시와 정시를 동시에 준비했기 때문에 내신보다도 국어 모의고사 점수가 안정적으로 나오지 않을 때 많이 불안했다. 다른 과목들에 비해 그날의 컨디션에 따라 점수 변동이 가장 클 것 같았고 혹시라도 당일 시험장에서 지문이 제대로 읽히지 않거나 문제를 풀었는데 답이 하나로 나오지 않을 수도 있다는 걱정이 자꾸만 머릿속에서 맴돌았다. 실수하지 않고 제대로 읽어내야 한다는 압박감에 평소에는 술술 잘 읽히던 지문도 독해 속도가 느려지고 시간에 쫓기듯 풀어내는 빈도가 높아졌다. 수능이 임박한 상황에서 이러한 상태가 지속될 경우 나의 기량을 제대로 발휘하지 못할 것 같았다. 하지만 불안의 원인은 실력보다도 지나친 긴장 상태에 있다는 결론을 내렸다.

내게 필요했던 건 실력 향상이나 공부량이 아니라 마인드 컨트롤을 통한 긴장 완화였다. 우선 아침 국어 모의고사를 풀기 전 우울하거나 초조한 마음이 들면 노트에 솟구치는 감정들을 적어 모두 쏟아내었다. 그렇게 적어 보면 한결 마음이 편해질 뿐만 아니라 좀 더 객관적으로 나의 감정을 바라볼 수 있게 되었다. 그렇게 부정적인 감정을 덜어내고 자신을 어루만져 주면서 마음을 추스를 수 있는 시간을 틈틈이 가졌더니 시험을 앞두고 여유를 가질 수 있게 되었다.

다음으로는 시험 당일 과목별로 어떤 방식으로 시간을 운용할지 전략을 세워놓기로 했다. 문제를 풀다가 막히는 경우 어떻게 대응할지, 시간이 촉박한 상황에서 어떤 문제부터 풀 것인지 등 모든 경우의 수를 생각해 보고 행동 방침을 미리 정리해 나갔다. 시험장은 예측하지 못한 변수가 생기기 쉽고 변수에 따라 멘탈이 흔들릴 가능성도 크기 때문에 대응책이 있는 사람과 그렇지 않은 사람의 차이는 생각보다 크다. 시험 당일 긴장도를 낮추고 마음을 편히 먹기 위해 이를 서포트해 줄 수 있는 나만의 전략을 세워보자.

마지막으로는 부모님과 대화하는 시간을 자주 가졌다. 학창 시절 부모님과의 친밀한 관계는 정서적인 안정을 위해서도 매우 중요하다. 부모님은 나를 가장 잘 아는 그리고 내가 가장 신뢰할 수 있는 어른으로서 같은 수험생인 친구들과는 또 다른 관점에서 의견을 제시해 주고 고민 해결을 위한 실마리를 줄 수 있는 분들이다. 부모님께 솔직한 생각이나 감정을 고백하면서 고민을 이야기하다 보면 지금의 상태가 별거 아닌 것처럼 느껴지고 금방 슬럼프를 이겨낼 것만 같은 생각이 들었다. 또한 부모님의 따뜻한 위로와 격려는 스스로에 대한 믿음과 자신감을 되찾는 데에도 큰 도움이 되었다.

전자기기 제재가 없던 기숙사 생활, 휴대폰 사용 팁

최윤 의예과

내가 졸업한 하나고등학교는 전교생이 기숙사 생활을 했고 학교와 기숙사에서 전자기기에 대한 제재가 없었다. 스마트폰과 노트북 등 전자기기는 과제, 비교과 활동, 능동적 학습에 필수적인 도구이기 때문이었다. 그러나 동시에 공부를 방해하는 유혹적인 요소이기도 해서 전자기기 사용을 스스로 관리하기 시작했다.

우선적으로 스마트폰의 기본 기능 중 하나인 애플리케이션 시간 제한을 활성화하여 유튜브를 5분 이상 시청할 수 없도록 하고 스크린타임(휴대폰 사용 시간)도 의식적으로 확인했다. 하지만 클릭 몇 번이면 앱 잠금을 해제할 수 있고 단순히 사용 내역을 확인하는 것만으로는 부족하다는 생각에 'Forest'라는 휴대폰 잠금 앱을 사용했다. 사용자가 지정한 시간 동안 휴대폰를 보지 않으면 나무가 자라고 중간에 잠금을 해제하면 자라던 나무가 말라 버리는 시스템이었다. 자라나는 나무들을 보며 작은 성취감도 느낄 수 있고 공부를 시작하기 전에 앱을 실행하면 초반에 휴대폰을 보고 싶은 충동을 억제할 수 있어 온전한 몰입에 도달하는 시간을 단축할 수 있었다.

이외에도 면학 시간에 휴대폰을 홈베이스(사물함)나 충전 콘센트 근처에 두기도 하고 선생님께 휴대폰을 맡기거나 소형 금고에 전자기기를 넣고 잠가 버리는 등 물리적인 방법으로 전자기기를 시야에서 보이지 않게 하는 친구들도 있었다.

이제는 전자기기 없이 공부하는 것이 거의 불가능한 시대이다. 그만큼 외부 제재가 아닌 학생 본인이 자신을 통제하는 능력을 키우는 것도 중요한 공부가 되었다. 전자기기가 공부를 방해한다는 인식이 들었다면 주저하지 말고 스스로 휴대폰을 멀리해 보려고 노력해 보자. 이러한 노력들이 분명 자신을 더 성장시킬 것이다.

나를 서울대에 보내준 책

올더스 헉슬리, 《멋진 신세계》
충격적인 신세계로의 초대

장현우 언론정보학과

《멋진 신세계》는 미래 세계를 그린 책 중 조지 오웰의 《1984》와 함께 꼽히는 명작이다. 책에서 설정한 미래 세계를 배경으로 그 세계에 대응하는 한 명의 인물이 갈등하는 양상을 그려내는 작품으로, 학창 시절 읽었던 책 한 권을 떠올리라면 가장 먼저 생각나는 책이기도 하다.

지금은 없어졌지만 서울대 자기소개서에 이 책을 첫 번째로 썼다. 전공과 관련된 책을 써야 한다는 이야기도 있었지만 세 권 중 한 권 정도는 내가 정말 재밌게 읽었던 책을 쓰고 싶었다.

책을 읽으며 작가가 만들어 놓은 세계에 깊숙이 빠져드는 느낌을 받았고, 작품에 등장하는 신세계 속 장치가 어떤 역할을 하는지 진로와 연결해 생각하기도 했다. 생활기록부나 자기소개서에 쓰겠다는 생각으로 읽은 책은 아니었지만, 읽다 보니 자연스레 관심이 많은 언론정보 전공과 연관 지어 생각하게 되는 부분이 많았다.

특히 책의 시작부터 충격적인 장면이 등장한다. 아기들이 컨베이어벨트에 실려 찍어나듯 태어나고 태어날 때부터 그들의 계급과 신세계에서 해야 할 일이 정해져 있는 장면이다. 단순히 태어나는 과정만 묘사한 것이 아니라 스피커를 통해 그들이 살아갈 세상에 대해 세뇌하는 장면이 굉장히 인상 깊었다. 스피커라는 장치는 아이들에게 세상을 알려 주는 유일한 통로지만 그것이 하는 역할에 따라 수용자의 삶이 완전히 달라질 수 있다는 것을 느꼈고, 그 점을 자기소개서에 가감 없이 써 내려갔다. 면접에서는 책과 관련한 질문을 받진 않았지만 책을 읽는 동안 내 생각이 확장된다는 느낌을 받았기에 다른 학생들도 꼭 읽어 보았으면 한다.

더불어 독서에 대해서 해주고 싶은 이야기가 있다. 책은 단순한 텍스트가 아니라는 것이다. 그저 읽어야 하니까 무작정 여러 권을 읽기보다는, 한 권을 읽더라도 저자가 만든 세계와 주인공이 경험하는 것을 느끼고 있는지 확인하며 읽기를 바란다. 대충 열 권을 읽는 것과 제대로 한 권을 읽는 것 중 나는 무조건 후자를 추천하며, 한 권의 책을 제대로 읽어낸 경험을 가지게 된다면 이후에 마주할 텍스트에도 두려움이 사라질 것이다.

흔히 텍스트를 '소화한다'라는 표현을 사용하기도 한다. 이 소화 능력은 국어 모의고사를 찍어내듯 푼다고 생기는 것은 아니라고 본다. 소설책이든 만화책든 스스로 몰입하며 읽어낸 경험을 토대로 다른 텍스트들을 접하고 읽어야 한다.

만약 글을 읽는 것이 어렵다면 본인에게 쉬운 책부터 차근차근 씹으며 읽는 연습을 해보자. 이 사람이 나에게 정말 하고 싶은 이야기가 무엇인지 작가가 내 앞에서 설명하고 있다고 생각하며 글을 읽기 시작한다면 조금씩 텍스트를 이해하게 될 것이다.

이기진, 《하루하루의 물리학》
나라는 사람을 보여 준 독서

조시준 의예과

이 책은 일상에서 접할 수 있는 물리적 현상을 쉽게 글로 풀어낸 교양서다. 세특에 작성할 번지르르한 내용을 찾아 헤매는 고등학생의 도서 선택과는 다소 거리가 있지만 서울대학교 합격에 중요한 역할을 한 책을 고르라고 하면 이 책을 꼭 고르고 싶다. 왜냐하면 (지금은 없어진) 서울대 자기소개서 3번 독서 문항에 넣었던 책이기 때문이다.

이 책을 통해 밝히고 싶은 것은 나의 독서 습관이다. 나는 책을 읽을 때 집중해서 읽는 편인데, 쉬이 이해가 되는 내용이면 읽는 속도가 빠르지만 이해가 어려울수록 반복해서 읽느라 속도가 떨어진다. 아예 이해하기 어려운 내용이면 몇 번이고 반복해서 읽다가 자세를 고쳐 앉고 연습장에 연필로 그림을 그려 가며 읽기도 한다.

이 책을 읽을 때도 연필로 그림을 그려야 하는 순간이 있었다. '종단 속도'를 테마로 고양이가 높은 곳에서 떨어지면 살아남을 수 있을지를 풀어 설명하는 장에서 설명을 몇 번이고 읽어도 이해가 되지 않았다. 결국 저자에게 메일까지 보내 설명을 요청하기에 이르렀다. 답신은 크게 기대하지 않았다. 하지만 뜻밖에도 저자인 이기진 교수님께서 그림까지 곁들인 친절한 답신을 보내주셨다. 그전까지 책의 저자와 소통하는 경험을 해본 적이 없었기 때문에 메일을 받고 크게 놀라 학교 물리 선생님께 자랑했다.

한편 이 간단한 문답을 통해 시시각각 운동 상황에 따라 변하는 항력의 존재를 깨닫고 이를 2학기에 집중적으로 연구해 보자는 생각이 들었다. 그래서 공기 저항과 배드민턴공의 궤적을 연관 지어 스케일이 큰 탐구를 기획한 후 끝까지 답을 구하기 위해 애썼다. 다행히 대학원에서 유체역학을 전공한 아버지께서 오래전에 쓰시던 전공 서적이 집에 남아 있었고, 책에서 어떤 부분을 참고할지 조언을 얻으며 열심히 공부한 끝에 연구를 성공적으로 마칠 수 있었다. 이때 제대로 공부한 벡터 미적분과 선형 미분방정식은 다음 학년에서도 세특의 주요한 흐름으로 활용하였고 이 과정은 그대로 생활기록부에 기록되었다.

나는 궁금한 것을 끝까지 파고들어 어떻게든 해결을 보는 학생이었고, 그것은 생기부에도 잘 드러났다고 생각한다. 다른 사람이라면 대수롭지 않게 보고 넘겼을 책의 한 페이지가 나를 가장 잘 대변하는 필살기가 된 것이다.

샬럿 브론테, 《제인 에어》
서양 고전문학을 사랑하게 만든 책

노규아 영어영문학과

나에게 서양 고전문학 작품을 한마디로 정의하자면, '호기심의 근원을 일깨워 준 존재'이다. 호기심은 질문을 낳고 질문은 탐구와 학습으로 연결되기 때문에 공부에 대한 욕구에 불을 지펴 주었다고 보면 되겠다. 서양 고전문학에 처음 입문하게 된 결정적인 책은 샬럿 브론테의 《제인 에어》였다.

초등학교 6학년 겨울방학, 동네 도서관에 있는 세계문학 전집 코너에서 이 책을 처음 골라 읽었다. 시대적 배경을 고려할 때 고전문학 작품 중 여성 작가는 거의 볼 수가 없는데 《제인 에어》는 여성 작가가 쓴 책이라는 점이 눈에 띄었고, 그래서인지 이끌렸던 것 같다. 한국 문학 작품은 고전보다 현대문학과 더 잘 맞았기 때문에 책을 읽기 전에는 지루하거나 이해가 어려울 수 있겠다는 걱정이 앞섰다. 하지만 첫 장을 읽어 나가는 순간 그 생각은 머릿속에서 말끔하게 사라지고, 이 세상에 오직 책과 나만이 존재하는 듯한 착각에 빠졌다. 《제인 에어》는 제목 그대로 제인이라는 여자아이의 유년 시절부터 시작해 한 남자와 사랑하고 결혼할 때까지의 이야기를 세밀하게 묘사한 작품이다.

간단하게 줄거리를 언급하자면 제인은 외삼촌 댁에서 홀로 자라면서 주변 어른들로부터 '쓸모 있는 아이가 될 것'을 강요당한다. 이후에도 제인에 대한 사회적 시선과 고정관념은 계속해서 그녀를 정해진 틀 속에 가두어 놓으려 하지만 제인은 끝까지 자신의 신념을 굽히지 않으며 현실을 당당하게 응시한다. 사회가 규정하는 여성이 아닌, 자기 내면의 주체성과 본성을 들여다보기 위해 끊임없이 고민하고 발버둥 치는 제인 에어의 일생을 담고 있다. 큰 기대 없이 읽었던 서양 고전문학은 새로운 우주를 발견한 것과 같은 신선한 충격을 주었다.

그렇다면 처음에 내가 '호기심의 근원을 일깨워 준 존재'라고 한 이유는 무엇일까? 우선 고전문학은 현대사회와 시대적 배경이 다르기 때문에 수백 년에서 수천 년 가까이 되는 역사를 자연스럽게 펼쳐 볼 수 있었다. 현대적인 시각에 갇혀 살다가 고전이 보여 주는 또 다른 삶과 가치관을 읽어내며 그 매력에 흠뻑 빠지게 된 것이다.

고전문학에는 대중의 입맛에 맞는 자극적인 스토리보단 다소 잔잔하고 느리더라도 깊이 있는 사색과 철학이 담겨 있었다. 그래서인지 고전을 읽고 나면 빠르게 흘러가는 일상에서 잠시 시간이 멈춘 것 같은 생각이 들었고, 그때만큼은 작품 속 인물의 삶을 음미하고 사색에 잠기면서 주인공이 겪는 감정들을 함께 경험하는 시간을 가질 수 있었다.

《제인 에어》를 통해 간접적으로 주인공의 인생을 살아 보면서 평소에는 질문조차 던져 보지 않았던 인간이라는 존재와 본성 그리고 삶에 대해 고민하기 시작했고 전반적인 인생의 가치관이나 방향성을 결정하는 데에도 영향을 주었다.

이과보단 문과적인 성향이 강한 것도 여기서부터 비롯된 것 같다. 나는 인간의 본성, 삶의 가치, 인간관계 등 다소 추상적이고 정해진 답이 없는 철학적인 부분에 관심이 있었다. 명쾌한 답이 없으니 나름대로 사색의 나래를 펼쳤고, 고전문학에 등장하는 인물들로부터 삶의 철학을 배우는 한편 비판적인 시각으로 바라보기도 하면서 사고력을 키워 나갈 수 있었던 것이다.

중·고등학생에게 추천하는 책

칼 세이건, 《코스모스》
순수 자연과학의 세계 속으로

최윤 의예과

칼 세이건의 《코스모스》는 자연과학의 다양한 주제를 다룬 과학 교양계의 고전이다. 이 책을 처음 알게 된 것은 초등학교 시절 한 대중 과학서를 통해서였다. 《코스모스》를 읽고 꿈을 키웠다는 작가의 글을 접한 뒤 《코스모스》를 완독하겠다는 버킷리스트를 갖게 되었다.

중학교 2학년 즈음 책을 읽기 시작했는데 700페이지가 넘는 두꺼운 책은 생각보다 잘 읽히지 않았다. 힘들게 끝까지 읽었지만 당시 책에 대한 감상이 긍정적이지만은 않았다.

그런데 고등학교 1학년 초, 코로나로 인해 개학이 연기되면서 학교에서 〈코스모스〉 다큐멘터리를 보고 내용을 정리하는 과제를 내주었다. 몇 년 만에 영상으로 접한 〈코스모스〉는 너무나도 인상적이었다. 칼 세이건이 직접 출연하여 원소부터 진화, 우주까지 다양한 과학 내용을 설명해 주는 구성이었고 카메라의 색감과 배경 음악은 나의 감수성을 자극하기에 충분했다. 한 편만 골라 봐도 되는 과제였지만 다큐멘터리 전편을 시청했다. 이후 다시 책을 펼치자 내용이 완전히 새롭게 다가왔다. 처음 읽었을 때와는 달리 이번에는 다양한 예시들을 바탕으로 마치 흥미로운 이야기를 듣는 듯한 전개가 아무런 거부감 없이 와닿았다. 이 책을 통해 인간과 우주의 관계를 성찰하며 자연에 대한 깊은 경외감을 느낄 수 있었을 뿐만 아니라 철학이나 인문학과 같은 학문으로까지 사고의 확장을 경험하며 어느새 지적 즐거움을 만끽하고 있는 나 자신을 발견할 수 있었다.

《코스모스》는 요즘 출간되는 수많은 수학·과학·인문 융합 도서와는 차원이 다른 깊이감과 순수함을 지니고 있다. 이 책은 순수 자연 과학의 세계에 깊이 빠져볼 수 있는 진정한 양서이기에 과학을 좋아하고 지적 성장을 꿈꾸는 중고등학교 학생이라면 한 번쯤 읽어보기를 권한다.

나용수, 《태양을 만드는 사람들》
매력 넘치는 핵융합의 세계

정진용 원자핵공학과

서울대에 와서 대학 후배들이나 고등학생인 후배들과 얘기를 나누다 보니 의외로 많은 사람들이 핵융합에 대해 들어봤거나, 이를 흥미롭게 여겼던 경험이 있었다는 사실을 알게 됐다. 심지어 핵융합과는 전혀 관련이 없어 보이는 친구들조차 그랬다.

사심을 조금 섞어서 얘기하자면 핵융합은 매우 매력적이다. '제4의 물질 상태'라 불리는 플라즈마$_{plasma}$(표준어는 '플라스마'지만 전공자들 사이에서는 '플라즈마'라고 쓴다.) 진공 용기 안에 가두어서 전기와 자석의 힘으로 태양이 타오르는 원리를 구현한다니 정말 낭만 넘치는 이야기 아닌가? 꽤나 많은 사람들이 핵융합에 대해 알고 있고 그에 대해 흥미를 가진다는 사실에 비추어 보았을 때, 아마 이런 매력을 나만 느끼는 것은 아닌 것 같다. 친환경적이고 에너지원이 사실상 무한하며, 오염 물질도 적고 탄소 배출도 없거나 매우 적다니! 마치 인류의 에너지 문제를 구원할 메시아가 도래한 것만 같은 느낌을 받게 된다.

하지만 아름다운 장미꽃에는 늘 가시가 있는 법. 핵융합은 정말 어렵다. 대학생이 봐도 정말 어렵다. 단순히 '인공 태양을 만든다'고 생각한다면 정말 아름다운 얘기처럼 들리겠지만 과연 인공 태양을 만드는 것이 쉬울까? 조금만 생각해도 "그럴 리가요."라는 답이 나오게 된다.

　핵융합을 조금 더 이론적으로 살펴보는 과정은 정말 슬프다. 왜 "그럴 리가요."라는 답변이 나오게 되는지 뼈저리게 알게 되는 과정이기 때문이다. 나는 핵융합에 매력을 느껴 원자핵공학과에 들어왔다. 이후 갖은 심적 방황을 겪다가 다시 핵융합의 길로 돌아오게 되었고 지금은 핵융합을 연구하는 연구실에 진학했지만, 핵융합은 앞으로 보나 뒤로 보나 물구나무서기를 해서 보나 매우 어렵다.

　핵융합과 관련된 전공과목들을 공부한 대학생도 핵융합이 어렵다 어렵다 노래를 부르고 있는 마당에 고등학생들은 오죽할까? 난 아직도 서점에서 구입한 핵융합 책을 읽으며 "도대체 이게 무슨 말이야."를 연신 내뱉으며 책을 꾸역꾸역 읽다가 이내 덮어 버리던 고등학생 정진용의 모습이 떠오른다. 불쌍한 녀석….

　《태양을 만드는 사람들》의 장점은 핵융합을 다룬 이전의 책들에 비해 꽤 쉽고 내용 역시 자세하다는 점이다. 물론 과학에 관심이 없거나 과학의 '과' 자만 보아도 표정 관리가 힘든 학생들에게는 이 책 역시 어려울 수 있다. 그러나 과학에 대해 적당한 호기심과 관심을 가지고 과학 수업 시간에 숙면을 취하지 않고 어느 정도 집중해서 들어서 습득한 정도의 과학 지식이 있다면 재미있게 읽을 수 있을 것이다.

　사실 과학적 지식이 그렇게까지 많지 않아도 이 책을 충분히 즐길 수 있다. 핵융합을 '과학기술'이 아닌 '역사'로 접근할 수도 있기 때문이다. 단순히 핵융합에 관한 물리적 내용만을 다루지 않고 핵융합을 둘러싼 여러 과학자들의 고뇌와 번뜩이는 아이디어, 당시의 시대상, 국제적인 긴장 관계와 협력 등 당시 '원자핵공학'을 둘러싼 전반적인 것들을 모두 다루고 있다고 봐도 무방하다. 이런 것에도 관심이 없다면 그냥 과학 소설 하나 읽는다고 생각하고 책을 읽어도 상관없다. 소설책 읽듯 가볍게 읽어도 충분히 재미있다. 즉 과학책으로 읽어도 역사책으로 읽어도 사회 분야의 책으로 읽어도 국제관계 분야의 책으로 읽어도 소설책으로 읽어도 무관하다는 뜻이다.

원자핵공학이나 물리학을 공부하고 싶은 학생들에게는 가장 먼저로 추천하고 싶은 책이다. 더불어 냉전사, 국제 협력, 거대과학, 외교, SF 소설 등 다양한 분야에 관심 있는 학생들에게도 권하고 싶다. 이 책은 내가 대학에 진학한 이후에 세상에 나온 책이라 아쉽게도 나는 대입에 이 책을 활용할 수는 없었지만, 만일 이 책이 있었다면 내 생기부에 반드시 들어갔으리라 확신한다.

조세희, 《난장이가 쏘아올린 작은 공》
질문을 남기는 책의 힘

이유림 국어국문학과

'국어국문학과' 하면 문학과 사랑에 빠져 각종 문학 작품들을 줄줄 꿰고 있을 것 같지만, 안타깝게도 나는 그런 '본투비 국문과'는 아니었다. 오히려 사회 문제에 관심을 가졌고, 고등학교 3학년이 되어서야 지원 학과를 구체화하면서 국문학 역량을 보여 주기 시작했다. 지원 학과를 급선회(?)했던 나에게 《난장이가 쏘아올린 작은 공》은 문학과 사회를 연결하는 징검다리와 같았다. 인문학적 감수성과 사회과학적 비판력을 동시에 어필할 수 있는 해답이 되어 주었던 것이다. 서울대 자기소개서 4번 독서 경험을 쓰는 칸에 나는 이 책을 적었다. 고등도 아닌 중학교 국어 교과서에 실리는 이 책을 선택한 이유는 분명하다. 책을 읽고 나서 무수한 질문이 남았기 때문이다.

《난장이가 쏘아올린 작은 공》은 나에게 충격 그 자체였다. 화가 났다. 왜 세상은 불공평할까. 이렇게까지 비참한 삶이 존재해도 될까. 피해자와 가해자의 선명한 구도는 없구나. 세상은 상상 이상으로 입체적이었고 정답은 없었다.

나는 나름의 정답을 찾아 이때 품은 질문들을 바탕으로 다양한 활동을 쌓아 나갔다. 스터디를 만들어 《난장이가 쏘아올린 작은 공》을 분석하며 토론했고, '빈곤'과 '상생'이라는 주제에 대료되어 관련 도서들을 찾아 읽기도 했다. 다양한 프로젝트와 봉사 활동에서도 해당 주제에 대한 문제의식을 끊임없이 보여 주었다. 독서와 연결되는 활동들을 통해 보여 준 진정성 있는 모습 덕에 매력적인 학생으로 비추어지지 않았을까 추측해 본다.

전문 지식을 쌓기 위한 수준 높은 책도 좋지만 때로는 호기심을 불어넣는 책도 도움이 된다. 전공 적합성을 어필하는 것도 좋지만,

꼭 전공이 아니어도 특정 주제를 얼마나 깊이 파고들 수 있는지가 중요하다고 본다. 질문을 남기는 책, 그 질문을 따라가며 나만의 답을 찾아가는 과정. 이것이야말로 학창 시절 독서가 줄 수 있는 참된 의미가 아닐까.

조지 오웰, 《1984》
나의 고교생활 인생 책

최윤서 국어국문학과

고등학교 시절 조지 오웰의 소설을 무척 좋아했다. 《동물농장》, 《카탈로니아 찬가》 등 조지 오웰의 소설은 역사적 배경과 사회적 현실이 소설 속에 어떻게 녹아드는지를 잘 알려 주는 작품이었다. 특히 수행평가나 발표 시간에도 책을 적극적으로 활용했는데, 그중 나에게 가장 강렬한 인상을 남긴 책은 《1984》이다. 고1 국어 시간에 《1984》를 읽고 감상문을 작성했던 경험이 있어, 고2 심화 영어 과목에서 《1984》를 원서로 읽고 줄거리를 소개하는 발표를 준비했다.

책을 읽으며 매체의 양면성과 사회 통제 기능에 대한 깊은 통찰을 얻을 수 있었다. 특히 언론과 미디어 분야에 관심을 가지고 다양한 활동을 해오던 나에게 《1984》 속 텔레스크린이 대중의 사생활을 감시하고 여론을 조작하는 내용이 무척 인상적이었다. 또 끊임없이 역사를 재구성하고 진실을 왜곡하는 '진리부'의 역할과 인간의 사고를 통제하려는 언어인 '신어'New speak를 보며 정보와 권력이 어떻게 결합해 개인을 억압하는지 깊이 고민할 수 있었다. 이러한 경험들은 서울대 면접을 준비하면서도 한 가지 주제에 대해 다양한 관점으로 깊이 탐구하는 법을 깨닫게 해주었다. 실제 면접에서 관련된 질문을 받았을 때 나는 《1984》에서 본 '신어'의 개념을 바탕으로 미디어 언어의 잠재적 위험을 경계하는 동시에 순기능을 살리는 인문학도가 되고 싶다는 생각을 말했다.

이처럼 《1984》는 가상의 디스토피아를 그린 소설을 넘어 인간의 본성과 사회를 근본적으로 성찰하게 하는 인문학적 질문들을 던진다. 학생 시절에 나는 그 물음에 답하기 위해 다양한 탐구 활동을 하며 권력과 지식이 어떻게 개인의 삶을 규정하는지 끊임없이 고민했고 그 흔적을 다양한 방면으로 녹여낼 수 있었다. 나아가 현실을 비판적으로 바라보고 더 나은 사회를 만들어 가는 데 기여하는 학자가 되겠다는 꿈을 구체화하는 계기가 되었다.

또한 한 권의 책을 한글로 읽고 영어로 읽는 과정에서 원작의 미묘한 뉘앙스와 표현 방식을 깊이 이해하는 안목 또한 얻을 수 있었다. 아울러 한 주제를 다각도에서 탐구하는 역량을 효과적으로 어필할 수 있었기에 내가 3년 동안 해온 학업과 탐구 활동의 진면목을 드러내 준 책이 아니었을까 생각한다. 《1984》는 "비판적 사고는 현실을 살아가는 데 가장 강력한 무기이다."라는 깨달음을 준 나의 고교 생활 인생 책이다.